(사)한국어문회 주관
국가공인 **한자능력검정시험**

자꾸 공부 하고픈 책

3級 II 1500字

羅鍾述 엮음
金道蓮

어문출판사

머 리 말

　　漢字는 하면 할수록 재밌습니다.
뜻을 알고 익힐 경우 그 속에 禮가 있고 그 속에 自然의 理致가 담겨져 있습니다. 漢字 하나 하나를 익히는 것이 아니라, 이런 眞正한 뜻의 漢字 工夫를 많이 함으로써 思考力과 理解力, 남을 配慮하는 마음을 길러 자라나는 아이들의 世上이 보다 따뜻해지고, 다른 學問을 하는데도 土臺가 되도록 自習하기 좋고, 指導하기 便利하도록 이 冊을 心血을 기울여 만들었습니다.

　　아무쪼록 이 冊을 通하여, 初等學校때 부터 段階的인 漢字工夫를 하여 人性에도 도움이 되며 他 科目에도 두루 영향을 끼치는 漢字로 거듭 나기를 바라면서, 더불어 漢字級數資格證까지 取得한다면 그 동안 인내하면서 漢字에 努力을 기울인 것에 대한 보람과 自信感을 가지게 될 것입니다.

　　이 冊으로 工夫하신 모든 분들의 合格을 祈願합니다.

編著者　씀

次 例

- Ⅰ. 배정한자 : 급수별 (8級~3級Ⅱ) ………… 9
  - ▶부수일람표 ……………… 10
  - ▶3Ⅱ 일람표 ……………… 26
- Ⅱ. 본　　문 : 3級Ⅱ 신출한자 500字 ……… 31
  - ▶본문활용단어훈음 ………… 87
  - ▶쓰기범위복습 ……………… 116
- Ⅲ. 필수부분 : ⑴ 훈음테스트 ……………… 97
  - ⑵ 한자테스트 ……………… 115
  - ⑶ 일자다음자 ……………… 120
  - ⑷ 독음테스트 ……………… 122
  - ⑸ 반대자·반대어·유의자 … 127
  - ⑹ 약자 ……………………… 145
  - ⑺ 단어공부 [단　　문] ……… 150
    - [생활한자] ……… 154
    - [신문사설] ……… 158
  - ⑻ 틀리기 쉬운 부수 ………… 162
  - ⑼ 동음이의어·장단음 ……… 163
  - ⑽ 고사성어 ………………… 172
- Ⅳ. 예상 문제 …………………………………… 191

□□ 附錄(부록) □□

字音索引 8級~3級Ⅱ 1,500字 … 213

한자능력검정시험 출제기준

문제유형	8급	7Ⅱ	7급	6Ⅱ	6급	5Ⅱ	5급	4Ⅱ	4급	3Ⅱ	3급	2급	1급	특Ⅱ	특급
배정한자수	50	100	150	225	300	400	500	750	1,000	1,500	1,817	2,355	3,500	4,918	5,978
출제문항수	50	60	70	80	90	100	100	100	100	150	150	150	200	200	200
합 격 점	35	42	49	56	63	70	70	70	70	105	105	105	160	160	160
독음테스트	24	22	32	32	33	35	35	35	32	45	45	45	50	45	45
훈음테스트	24	30	30	29	22	23	23	22	22	27	27	27	32	27	27
한자쓰기	0	0	0	10	20	20	20	20	20	30	30	30	40	40	40
반 대 어	0	2	2	2	3	3	3	3	3	10	10	10	10	10	10
유 의 어	0	0	0	0	2	3	3	3	3	5	5	5	10	10	10
뜻 풀 이	0	2	2	2	2	3	3	3	3	5	5	5	10	5	5
필 순	2	2	2	3	3	3	3	0	0	0	0	0	0	0	0
완성형(성어)	0	2	2	2	3	4	4	5	5	10	10	10	15	10	10
약 자	0	0	0	0	0	3	3	3	3	3	3	3	3	3	3
부 수	0	0	0	0	0	0	0	3	3	5	5	5	10	10	10
동음이의어	0	0	0	0	2	3	3	3	3	5	5	5	10	10	10
장 단 음	0	0	0	0	0	0	0	0	3	5	5	5	10	10	10
한 문	0	0	0	0	0	0	0	0	0	0	0	0	0	20	20
쓰기범위	0	0	0	50	150	225	300	400	500	750	1,000	1,817	2,005	2,355	3,500
시험시간	50분									60분			90분	100분	

● **한자능력검정시험 년4회** : (공인급수 특급~3Ⅱ) ┐ 2, 5, 8, 11월 넷째土 시행
　　　　　　　　　　　　　　(교육급수 4급~8급) ┘ (교육급수 11時, 공인급수 15時)
　　　　　　　　접수기간: 대략 시험일의 2개월前 www.hanja.re.kr

● **한자능력검정시험 국가 재공인 확정** (2019년 11월 17일)
　▷2005학년도 대입 수능 제2외국어로 한문 채택
　▷특급~3Ⅱ는 교육부훈령 제607호 제11조에 의거 학생 생활 기록부 '자격증'란에 기재하고
　　4급~8급은 동령 제18조의 규정에 따라 '세부능력, 특기사항'란에 기재됩니다.

● **한자능력검정자격증의 특혜**
　▷부산대,경상대,경북대,중앙대,경북과학대,한세대등 한자와 관련학과 수시모집 특별 전형
　▷대학 교양과목이수와 졸업 시 자격증 인정　▷육군 간부 승진에 공식 반영
　▷조선일보 기자채용 시 우대　　　　　　　▷각 기업체 입사, 승진 시 반영

접수방법   ① 접수처방문   ② 인터넷접수

① 접수처방문 · 준비물: 사진2매(3×4)/한자성명/주민등록번호/전화번호/주소/우편번호
· 고사장수용인원초과 시 조기마감 될 수 있습니다.
· 전국고사장 및 시험문의: 한국어문회 1566-1400 www.hanja.re.kr

② 인터넷접수 www.hangum.re.kr

◆2003년도 인터넷 원서 접수부터는 이용자약관에 동의하여 회원가입한 분만 인터넷
 원서 접수가 가능.

◆인터넷회원가입준비물 : 이름, 한자이름, 전화번호, 주소 등의 인적사항과 스캔된
 본인의 사진이미지

◆먼저 회원가입을 해 놓은 응시자는 인터넷접수일자에 본인의 개인정보 및 사진
 정보등록 없이 로그인만 하면 바로 접수하기가 가능합니다.

◆회원가입을 하면서의 응시자 인적 정보는 본회의 시험 응시에만 사용 되고
 다른 어떠한 용도로도 사용 되지 않음을 밝힙니다.

한국어문회 2003. 2. 7 발표 인용

(사)한국어문회 · 한국한자능력검정회

서울특별시 서초구 서초동 1627-1 교대벤처타워 401호
02) 525-4951,   02) 6003-1400

http://www.hanja.re.kr
http://www.klls.or.kr

二十四 節氣 (이십사절기)

春	입춘(立春)	봄(春)이 선다(立)-(봄이 시작 되는 때)	2월 4일~ 5일
	우수(雨水)	비와 물(봄비가 내리는 때)	2월19일~20일
	경칩(驚蟄)	벌레가 움추려 있다가 놀람(동면에서 깨어나는 때)	3월 5일~ 6일
	춘분(春分)	봄을 가운데로 나눔(밤낮의 길이가 거의 같은 때)	3월21일~22일
	청명(淸明)	날씨가 맑고 밝음(날씨가 개이고 화창한 때)	4월 5일~ 6일
	곡우(穀雨)	곡식의 비(봄비가 내려 백곡이 윤택해지는 때)	4월20일~21일
夏	입하(立夏)	여름이 선다(여름이 시작되는 때)	5월 6일~ 7일
	소만(小滿)	여름기운이 적게 찬다(봄 곡식이 익어가는 때)	5월21일~22일
	망종(芒種)	씨앗이 자라서 까끄라기가 생김(햇보리를 먹는 때)	6월 6일~ 7일
	하지(夏至)	여름이 최고에 달함(연중 낮이 가장 긴 때)	6월21일~22일
	소서(小暑)	작은 더위(본격적인 더위가 시작되는 때)	7월 7일~ 8일
	대서(大暑)	큰 더위(심한 더위가 오는 때)	7월23일~24일
秋	입추(立秋)	가을이 선다(가을이 시작되는 때)	8월 8일~ 9일
	처서(處暑)	더위를 없애버림(심한 더위가 끝나는 때)	8월23일~24일
	백로(白露)	흰 이슬(이슬이 내리고 가을 기운이 나타나는 때)	9월 8일~ 9일
	추분(秋分)	가을을 가운데로 나눔(밤낮의 길이가 거의 같은 때)	9월23일~24일
	한로(寒露)	찬 이슬(이슬이 차가워지는 때)	10월 8일~ 9일
	상강(霜降)	서리가 내리는 때	10월23일~24일
冬	입동(立冬)	겨울이 선다(겨울이 시작되는 때)	11월 7일~ 8일
	소설(小雪)	작은 눈(눈이 오기 시작하는 때)	11월22일~23일
	대설(大雪)	큰 눈(눈이 몹시 오는 때)	12월 7일~ 8일
	동지(冬至)	겨울이 최고로 다달았음(연중 낮이 가장 짧은 때)	12월22일~23일
	소한(小寒)	작은 추위(본격적인 추위가 오는 때)	1월 6일~ 7일
	대한(大寒)	큰 추위(매서운 추위가 오는 때)	1월20일~21일

漢字와 漢字語의 짜임

漢字의 짜임 (육서)	1. 상형문자 (象形文字) 사물의 모양을 본떠 만든 한자	日 月 火 水 山 川
	2. 지사문자 (指事文字) 볼 수 없는 추상적인 생각이나 뜻 나타낸 한자	一 上 中 下 本 末
	3. 회의문자 (會意文字) 두 글자의 뜻을 모아 새로운 뜻을 나타낸 한자	東 先 安 休 農 明
	4. 형성문자 (形聲文字) 한 글자는 뜻을, 다른 글자는 음으로 만든 한자	村 空 記 問 少 字
	5. 전주문자 (轉注文字) 세월이 지나면서 새로이 뜻이 부여된 한자	樂 復 說
	6. 가차문자 (假借文字) 외래어의 음을 한자로 바꾼 한자	巴里 (파리)
漢字語의 짜임	1. 유사관계 (비슷한자) ~과(와)	土=地　　海=洋　　樹=木
	2. 대립관계 (반대자) ~과(와)	大↔小　　內↔外　　前↔後
	3. 수식관계 (꾸며주는 말) ~의, ~한(은)	國語　　高山　　明月 나라의 말　높은 산　밝은 달
	4. 대등관계 (동등한 말) ~과(와)	衣-食　　仁-義　　言-行 옷과 밥　어짊과 옳음　말과 행동
	5. 주술관계 (주어¹+서술어²) ~은(는), 이, 가, 께서 ~다.	山¹‖高²　月¹‖明²　水¹‖深² 산이 높다　달이 밝다　물이 깊다
	6. 술목관계 (서술어²+목적어¹) ~을(를)~다.	讀²｜書¹　交²｜友¹　問²｜安¹ 글을 읽다　벗을 사귀다　안부를 여쭤보다
	7. 술보관계 (서술어²+보어¹) ~에게, ~에서, ~에(장소),보다, 있다, 없다, 쉽다, 어렵다의 주체	入²/學¹　登²/校¹　出²/席¹ 배움에 들어가다　학교에 가다　자리에 나아가다 有²/口¹　無²/言¹ 입이 있다　말이 없다

Ⅰ. 배정한자

8級 ………… 50字

7Ⅱ ………… 50字

7級 ………… 50字

6Ⅱ ………… 75字

6級 ………… 75字

5Ⅱ ………… 100字

5級 ………… 100字

4Ⅱ ………… 250字

4級 ………… 250字

3Ⅱ ………… 500字

———————

總 1,500 字

부수(部首)

모든 漢字의 基礎이며, 漢字의 主된 뜻을 나타냅니다.

1획
- 一 한 일
- 丨 뚫을 곤
- 丶 불똥 주, 점 주
- 丿 삐침 별
- 乙 새 을
- 亅 갈고리 궐

2획
- 二 두 이
- 亠 뜻없는토두 (돼지해머리)
- 人(亻) 사람 인
- 儿 어진사람인
- 入 들 입
- 八 여덟 팔
- 冂 멀 경
- 冖 덮을 멱
- 冫(氷) 얼음 빙
- 几 자리 궤
- 凵 입벌릴 감
- 刀(刂) 칼 도
- 力 힘 력
- 勹 감쌀 포
- 匕 비수(칼) 비, 숟가락 비
- 匚 상자 방
- 匸 열
- 十 열 십
- 卜 점칠 복, 알릴 복
- 卩(㔾) 병부절(벼슬)
- 厂 언덕 엄
- 厶 마늘모(크다)
- 又 또 우

3획
- 口 입구.사람구
- 囗 큰입 구 (에울위.나라국)
- 土 흙토.땅토
- 士 선비 사
- 夂 천천히걸을쇠
- 夕 저녁 석
- 大 큰 대
- 女 계집 녀
- 子 아들 자
- 宀 집 면
- 寸 마디 촌
- 小 작을 소
- 尢 절름발이왕
- 尸 주검 시
- 屮 싹날 철
- 山 메 산
- 巛(川) 내 천
- 工 장인 공
- 己 몸 기
- 巾 수건건(재물)
- 干 방패 간, 막을 간
- 幺 작을 요
- 广 집 엄
- 廴 당길 인, 멀리갈 인
- 廾 스물입(많다), 팔짱낄공
- 弋 주살 익
- 弓 활 궁
- 彐(彑) (힘쓰다), 돼지머리계, 터진가로왈
- 彡 터럭 삼
- 彳 자축거릴척 (많은사람)

4획
- 礻(示) 보일시 (조상)귀신시
- 心(忄)(㣺) 마음 심
- 戈 창 과
- 耂(老) 늙을 로
- 戶(户) 집 호
- 手(扌) 손 수
- 支 지탱할 지, 나누어질지
- 攴(攵) 칠복(힘쓰다), 글월 문
- 文 글월 문
- 斗 말 두
- 斤 도끼 근
- 方 모 방
- 无 말 일, 날 일
- 日 말할 왈, 가로 왈
- 月 달 월
- 木 나무 목
- 欠 하품 흠 (입벌리다)
- 止 그칠 지
- 歹(歺) 죽을사변, 뼈앙상할알
- 殳 창 수, 없을무.말무
- 母 말 무
- 比 견줄 비
- 毛 터럭 모
- 氏 성씨 씨 (많은사람)
- 气 기운 기
- 艹(艸) 풀 초
- 水(氵) 물 수
- 火(灬) 불 화
- 爪(爫) 손톱 조
- 父 아비 부
- 爻 본받을 효
- 爿 조각 장
- 片 조각 편
- 牙 어금니 아
- 牛(牜) 소 우
- 犬(犭) 개 견
- 辶 (辵)(길을가다), 쉬엄쉬엄갈착

5획
- 衤(衣) 옷 의
- 玄 검을 현
- 玉(王) 구슬 옥
- 瓜 오이 과
- 瓦 기와 와
- 甘 달 감
- 生 날 생
- 用 쓸 용
- 田 밭 전
- 疋 짝 필
- 疒 병녁
- 癶 필발
- 白 흰 백
- 皮 가죽 피
- 皿 그릇 명
- 目 눈 목
- 矛 창 모, 화살 시
- 矢 화살 시
- 石 돌 석
- 示(礻) 보일시 (조상)귀신시
- 内 짐승 유
- 禾 벼화(곡식)
- 穴 구멍 혈
- 立 설 립
- 罒 그물망.법망

6획
- 竹 대 죽(책)
- 米 쌀 미
- 糸 실 사 (다스리다)
- 缶 장군부(그릇)
- 羊 양 양
- 羽(羽) 깃 우
- 而 말이을 이
- 耒 쟁기 뢰
- 耳 귀 이
- 聿 붓율.오직율
- 肉 고기 육
- ■月(肉) 육달월
- 臣 신하 신
- 自 스스로자, 이를 자
- 至 이를 지
- 臼 절구 구
- 舌 혀 설
- 舛 어길 천
- 舟 배 주
- 艮 그칠간(산)
- 色 빛 색
- 虍(虎) 범 호
- 虫 벌레 충
- 血 피 혈
- 行 다닐 행
- 衣(衤) 옷 의
- 襾(西)덮을아

7획
- 見 볼 견
- 角 뿔 각
- 言 말씀 언
- 谷 골 곡
- 豆 콩 두
- 豕 돼지 시
- 豸 벌레 치
- 貝 조개패(재물)
- 赤 붉을 적
- 走 달릴 주
- 足 발 족
- 身 몸 신
- 車 수레차(거)
- 辛 매울 신
- 辰 별진.용진
- 邑 고을 읍
- 酉 술유.닭유
- 釆 분별할변
- 里 마을 리

8획
- 金 쇠 금, 장 금
- 長 긴 장
- 門 문 문
- 阜 언덕 부
- 隶 근본 이
- 隹 새 추
- 雨 비 우
- 非 아닐 비
- 青 푸를 청

9획
- 面 얼굴 면
- 革 가죽 혁
- 韋 군복위, 부추 구
- 韭 부추 구
- 音 소리 음
- 頁 머리 혈
- 風 바람 풍
- 飛 날 비
- 食 밥 식
- 首 머리 수

香 향기 향

10획
- 馬 말 마
- 骨 뼈 골
- 高 높을 고
- 髟 머리희끗할표
- 鬥 싸울 투
- 鬯 울창주창
- 鬲 오지병격
- 鬼 귀신 귀

11획
- 魚 물고기어
- 鳥 새 조
- 鹵 짠땅 로
- 鹿 사슴 록
- 麥 보리 맥
- 麻 삼 마

12획
- 黃 누를 황
- 黍 기장 서
- 黑 검을 흑
- 黹 바느질할치

13획
- 黽 맹꽁이맹
- 鼎 솥 정
- 鼓 북 고
- 鼠 쥐 서

14획
- 鼻 코 비
- 齊 가지런할제

15획
- 齒 이 치

16획
- 龍 용 룡
- 龜 거북 귀

17획
- 龠 피리 약

7급 Ⅱ 배정한자 — 신출한자 50字

한자	훈	음	부수
家	집	가	[宀]
間	사이	간	[門]
江	강	강	[水]
車	수레	차(거)	[車]
空	빌	공	[穴]
工	장인	공	[工]
記	기록할	기	[言]
氣	기운	기	[气]
男	사내	남	[田]
內	안	내	[入]
農	농사	농	[辰]
答	대답	답	[竹]
道	길	도	[辶]
動	움직일	동	[力]
力	힘	력	[力]
立	설	립	[立]
每	매양	매	[毋]
名	이름	명	[口]
物	물건	물	[牛]
方	모	방	[方]
不	아닐	불	[一]
事	일	사	[亅]
上	위	상	[一]
姓	성	성	[女]
世	인간	세	[一]
手	손	수	[手]
時	때	시	[日]
市	저자	시	[巾]
食	먹을	식	[食]
安	편안	안	[宀]
午	낮	오	[十]
右	오른	우	[口]
自	스스로	자	[自]
子	아들	자	[子]
場	마당	장	[土]
電	번개	전	[雨]
前	앞	전	[刀]
全	온전	전	[入]
正	바를	정	[止]
足	발	족	[足]
左	왼	좌	[工]
直	곧을	직	[目]
平	평평할	평	[干]
下	아래	하	[一]
漢	한수	한	[水]
海	바다	해	[水]
話	말씀	화	[言]
活	살	활	[水]
孝	효도	효	[子]
後	뒤	후	[彳]

8급 배정한자 — 신출한자 50字

한자	훈	음	부수
敎	가르칠	교	[攴]
校	학교	교	[木]
九	아홉	구	[乙]
國	나라	국	[囗]
軍	군사	군	[車]
金	쇠	금	[金]
南	남녘	남	[十]
女	계집	녀	[女]
年	해	년	[干]
大	큰	대	[大]
東	동녘	동	[木]
六	여섯	륙	[八]
萬	일만	만	[艹]
母	어미	모	[毋]
木	나무	목	[木]
門	문	문	[門]
民	백성	민	[氏]
白	흰	백	[白]
父	아비	부	[父]
北	북녘	북	[匕]
四	넉	사	[囗]
山	메	산	[山]
三	석	삼	[一]
生	날	생	[生]
西	서녘	서	[襾]
先	먼저	선	[儿]
小	작을	소	[小]
水	물	수	[水]
室	집	실	[宀]
十	열	십	[十]
五	다섯	오	[二]
王	임금	왕	[玉]
外	바깥	외	[夕]
月	달	월	[月]
二	두	이	[二]
人	사람	인	[人]
日	날	일	[日]
一	한	일	[一]
長	긴	장	[長]
弟	아우	제	[弓]
中	가운데	중	[丨]
靑	푸를	청	[靑]
寸	마디	촌	[寸]
七	일곱	칠	[一]
土	흙	토	[土]
八	여덟	팔	[八]
學	배울	학	[子]
韓	나라	한	[韋]
兄	형	형	[儿]
火	불	화	[火]

6급 II 배정한자

신출한자 75字

한자	훈음	부수
童	아이 동	[立]
等	무리 등	[竹]
樂	즐길 락	[木]
利	이할 리	[刀]
理	다스릴 리	[玉]
明	밝을 명	[日]
聞	들을 문	[耳]
班	나눌 반	[玉]
反	돌아올 반	[又]
半	반 반	[十]
發	필 발	[癶]
放	놓을 방	[攵]
部	떼 부	[邑]
分	나눌 분	[刀]
社	모일 사	[示]
書	글 서	[曰]
線	줄 선	[糸]
雪	눈 설	[雨]
省	살필 성	[目]
成	이룰 성	[戈]
消	사라질 소	[水]
術	재주 술	[行]
始	비로소 시	[女]
神	귀신 신	[示]
身	몸 신	[身]
信	믿을 신	[人]
新	새 신	[斤]
藥	약 약	[艹]
弱	약할 약	[弓]
業	업 업	[木]
各	각각 각	[口]
角	뿔 각	[角]
計	셀 계	[言]
界	지경 계	[田]
高	높을 고	[高]
功	공 공	[力]
公	공평할 공	[八]
共	한가지 공	[八]
科	과목 과	[禾]
果	실과 과	[木]
光	빛 광	[儿]
球	공 구	[玉]
今	이제 금	[人]
急	급할 급	[心]
短	짧을 단	[矢]
堂	집 당	[土]
代	대신 대	[人]
對	대할 대	[寸]
圖	그림 도	[口]
讀	읽을 독	[言]
所	바 소	[戶]
少	적을 소	[小]
數	셈 수	[攵]
植	심을 식	[木]
心	마음 심	[心]
語	말씀 어	[言]
然	그럴 연	[火]
有	있을 유	[月]
育	기를 육	[肉]
邑	고을 읍	[邑]
入	들 입	[入]
字	글자 자	[子]
祖	할아비 조	[示]
住	살 주	[人]
主	주인 주	[丶]
重	무거울 중	[里]
地	땅 지	[土]
紙	종이 지	[糸]
川	내 천	[川]
千	일천 천	[十]
天	하늘 천	[大]
草	풀 초	[艹]
村	마을 촌	[木]
秋	가을 추	[禾]
春	봄 춘	[日]
出	날 출	[山]
便	편할 편	[人]
夏	여름 하	[夊]
花	꽃 화	[艹]
休	쉴 휴	[人]

7급 배정한자

신출한자 50字

한자	훈음	부수
歌	노래 가	[欠]
口	입 구	[口]
旗	기 기	[方]
冬	겨울 동	[冫]
洞	골 동	[水]
同	한가지 동	[口]
登	오를 등	[癶]
來	올 래	[人]
老	늙을 로	[耂]
里	마을 리	[里]
林	수풀 림	[木]
面	낯 면	[面]
命	목숨 명	[口]
文	글월 문	[文]
問	물을 문	[口]
百	일백 백	[白]
夫	지아비 부	[大]
算	셈 산	[竹]
色	빛 색	[色]
夕	저녁 석	[夕]

6급 배정한자

신출한자 75字

勇	날랠 용 [力]
用	쓸 용 [用]
運	옮길 운 [辶]
飮	마실 음 [食]
音	소리 음 [音]
意	뜻 의 [心]
昨	어제 작 [日]
作	지을 작 [人]
才	재주 재 [手]
戰	싸울 전 [戈]
庭	뜰 정 [广]
題	제목 제 [頁]
第	차례 제 [竹]
注	부을 주 [水]
集	모을 집 [隹]
窓	창 창 [穴]
淸	맑을 청 [水]
體	몸 체 [骨]
表	겉 표 [衣]
風	바람 풍 [風]
幸	다행 행 [干]
現	나타날 현 [玉]
形	모양 형 [彡]
和	화할 화 [口]
會	모일 회 [曰]

感	느낄 감 [心]
强	강할 강 [弓]
開	열 개 [門]
京	서울 경 [亠]
苦	쓸 고 [艹]
古	예 고 [口]
交	사귈 교 [亠]
區	구분할 구 [匸]
郡	고을 군 [邑]
近	가까울 근 [辶]
根	뿌리 근 [木]
級	등급 급 [糸]
多	많을 다 [夕]
待	기다릴 대 [彳]
度	법도 도 [广]
頭	머리 두 [頁]
例	법식 례 [人]
禮	예도 례 [示]
路	길 로 [足]
綠	푸를 록 [糸]

李	오얏 리 [木]
目	눈 목 [目]
米	쌀 미 [米]
美	아름다울 미 [羊]
朴	성 박 [木]
番	차례 번 [田]
別	다를 별 [刀]
病	병 병 [疒]
服	옷 복 [月]
本	근본 본 [木]
死	죽을 사 [歹]
使	하여금 사 [人]
石	돌 석 [石]
席	자리 석 [巾]
速	빠를 속 [辶]
孫	손자 손 [子]
樹	나무 수 [木]
習	익힐 습 [羽]
勝	이길 승 [力]
式	법 식 [弋]
失	잃을 실 [大]
愛	사랑 애 [心]
野	들 야 [里]
夜	밤 야 [夕]
陽	볕 양 [阜]
洋	큰바다 양 [水]
言	말씀 언 [言]
永	길 영 [水]
英	꽃부리 영 [艹]
溫	따뜻할 온 [水]

園	동산 원 [口]
遠	멀 원 [辶]
油	기름 유 [水]
由	말미암을 유 [田]
銀	은 은 [金]
衣	옷 의 [衣]
醫	의원 의 [酉]
者	놈 자 [耂]
章	글 장 [立]
在	있을 재 [土]
定	정할 정 [宀]
朝	아침 조 [月]
族	겨레 족 [方]
晝	낮 주 [日]
親	친할 친 [見]
太	클 태 [大]
通	통할 통 [辶]
特	특별할 특 [牛]
合	합할 합 [口]
行	다닐 행 [行]
向	향할 향 [口]
號	이름 호 [虍]
畵	그림 화 [田]
黃	누를 황 [黃]
訓	가르칠 훈 [言]

[신출한자 75자]

5급 II 배정한자

신출한자 100字

價	값 가 [人]
客	손 객 [宀]
格	격식 격 [木]
見	볼 견 [見]
決	결단할결 [水]
結	맺을 결 [糸]
敬	공경 경 [攵]
告	고할 고 [口]
課	공부할과 [言]
過	지날 과 [辶]
關	관계할관 [門]
觀	볼 관 [見]
廣	넓을 광 [广]
具	갖출 구 [八]
舊	예 구 [臼]
局	판 국 [尸]
己	몸 기 [己]
基	터 기 [土]
念	생각 념 [心]
能	능할 능 [肉]

團	둥글 단 [囗]
當	마땅 당 [田]
德	큰 덕 [彳]
到	이를 도 [刀]
獨	홀로 독 [犬]
朗	밝을 랑 [月]
良	어질 량 [艮]
旅	나그네려 [方]
歷	지날 력 [止]
練	익힐 련 [糸]
勞	일할 로 [力]
類	무리 류 [頁]
流	흐를 류 [水]
陸	뭍 륙 [阜]
望	바랄 망 [月]
法	법 법 [水]
變	변할 변 [言]
兵	병사 병 [八]
福	복 복 [示]
奉	받들 봉 [大]
史	사기 사 [口]
士	선비 사 [士]
仕	섬길 사 [人]
産	낳을 산 [生]
相	서로 상 [目]
商	장사 상 [口]
鮮	고울 선 [魚]
仙	신선 선 [人]
說	말씀 설 [言]
性	성품 성 [心]

洗	씻을 세 [水]
歲	해 세 [止]
束	묶을 속 [木]
首	머리 수 [首]
宿	잘 숙 [宀]
順	순할 순 [頁]
識	알 식 [言]
臣	신하 신 [臣]
實	열매 실 [宀]
兒	아이 아 [儿]
惡	악할 악 [心]
約	맺을 약 [糸]
養	기를 양 [食]
要	요긴할요 [襾]
友	벗 우 [又]
雨	비 우 [雨]
雲	구름 운 [雨]
元	으뜸 원 [儿]
偉	클 위 [人]
以	써 이 [人]
任	맡길 임 [人]
材	재목 재 [木]
財	재물 재 [貝]
的	과녁 적 [白]
典	법 전 [八]
傳	전할 전 [人]
展	펼 전 [尸]
切	끊을절·온통체 [刀]
節	마디 절 [竹]
店	가게 점 [广]

情	뜻 정 [心]
調	고를 조 [言]
卒	마칠 졸 [十]
種	씨 종 [禾]
週	주일 주 [辶]
州	고을 주 [川]
知	알 지 [矢]
質	바탕 질 [貝]
着	붙을 착 [目]
參	참여할참 [厶]
責	꾸짖을책 [貝]
充	채울 충 [儿]
宅	집 택 [宀]
品	물건 품 [口]
必	반드시필 [心]
筆	붓 필 [竹]
害	해할 해 [宀]
化	될 화 [匕]
效	본받을효 [攵]
凶	흉할 흉 [凵]

[신출한자 100자]

· · · · ·

8급~5II 까지는
總 400字 입니다.

5급 배정한자

신출한자 100字

한자	훈	음	부수
加	더할	가	[力]
可	옳을	가	[口]
改	고칠	개	[攴]
去	갈	거	[厶]
擧	들	거	[手]
健	굳셀	건	[人]
件	물건	건	[人]
建	세울	건	[廴]
輕	가벼울경		[車]
競	다툴	경	[立]
景	볕	경	[日]
固	굳을	고	[口]
考	생각할고		[耂]
曲	굽을	곡	[曰]
橋	다리	교	[木]
救	구원할구		[攴]
貴	귀할	귀	[貝]
規	법	규	[見]
給	줄	급	[糸]
汽	물끓는김기		[水]
期	기약할기		[月]
技	재주	기	[手]
吉	길할	길	[口]
壇	단	단	[土]
談	말씀	담	[言]
都	도읍	도	[邑]
島	섬	도	[山]
落	떨어질락		[艹]
冷	찰	랭	[冫]
量	헤아릴량		[里]
領	거느릴령		[頁]
令	하여금령		[人]
料	헤아릴료		[斗]
馬	말	마	[馬]
末	끝	말	[木]
亡	망할	망	[亠]
買	살	매	[貝]
賣	팔	매	[貝]
無	없을	무	[火]
倍	곱	배	[人]
費	쓸	비	[貝]
比	견줄	비	[比]
鼻	코	비	[鼻]
氷	얼음	빙	[水]
寫	베낄	사	[宀]
査	조사할사		[木]
思	생각	사	[心]
賞	상줄	상	[貝]
序	차례	서	[广]
選	가릴	선	[辶]
船	배	선	[舟]
善	착할	선	[口]
示	보일	시	[示]
案	책상	안	[木]
魚	고기	어	[魚]
漁	고기잡을어		[水]
億	억	억	[人]
熱	더울	열	[火]
葉	잎	엽	[艹]
屋	집	옥	[尸]
完	완전할완		[宀]
曜	빛날	요	[日]
浴	목욕할욕		[水]
牛	소	우	[牛]
雄	수컷	웅	[隹]
院	집	원	[阜]
原	언덕	원	[厂]
願	원할	원	[頁]
位	자리	위	[人]
耳	귀	이	[耳]
因	인할	인	[囗]
災	재앙	재	[火]
再	두	재	[冂]
爭	다툴	쟁	[爪]
貯	쌓을	저	[貝]
赤	붉을	적	[赤]
停	머무를정		[人]
操	잡을	조	[手]
終	마칠	종	[糸]
罪	허물	죄	[罒]
止	그칠	지	[止]
唱	부를	창	[口]
鐵	쇠	철	[金]
初	처음	초	[刀]
最	가장	최	[曰]
祝	빌	축	[示]
致	이를	치	[至]
則	법칙	칙	[刀]
他	다를	타	[人]
打	칠	타	[手]
卓	높을	탁	[十]
炭	숯	탄	[火]
板	널	판	[木]
敗	패할	패	[攴]
河	물	하	[水]
寒	찰	한	[宀]
許	허락	허	[言]
湖	호수	호	[水]
患	근심	환	[心]
黑	검을	흑	[黑]

[신출한자 100자]

8급~5급까지는 總 500字입니다.

4급Ⅱ 배정한자

신출한자 250字

街	거리 가	[行]
假	거짓 가	[人]
減	덜 감	[水]
監	볼 감	[皿]
康	편안 강	[广]
講	욀 강	[言]
個	낱 개	[人]
檢	검사할 검	[木]
潔	깨끗할 결	[水]
缺	이지러질 결	[缶]
慶	경사 경	[心]
警	깨우칠 경	[言]
境	지경 경	[土]
經	지날 경	[糸]
係	맬 계	[人]
故	연고 고	[攵]
官	벼슬 관	[宀]
求	구할 구	[水]
句	글귀 구	[口]
究	연구할 구	[穴]
宮	집 궁	[宀]
權	권세 권	[木]
極	극진할 극	[木]
禁	금할 금	[示]
器	그릇 기	[口]
起	일어날 기	[走]
暖	따뜻할 난	[日]
難	어려울 난	[隹]
怒	성낼 노	[心]
努	힘쓸 노	[力]

斷	끊을 단	[斤]
端	끝 단	[立]
檀	박달나무 단	[木]
單	홑 단	[口]
達	통달할 달	[辶]
擔	멜 담	[手]
黨	무리 당	[黑]
帶	띠 대	[巾]
隊	무리 대	[阜]
導	인도할 도	[寸]
督	감독할 독	[目]
毒	독 독	[毋]
銅	구리 동	[金]
斗	말 두	[斗]
豆	콩 두	[豆]
得	얻을 득	[彳]
燈	등 등	[火]
羅	벌릴 라	[网]
兩	두 량	[入]
麗	고울 려	[鹿]
連	이을 련	[辶]
列	벌릴 렬	[刀]
錄	기록할 록	[金]
論	논할 론	[言]
留	머무를 류	[田]
律	법칙 률	[彳]
滿	찰 만	[水]
脈	줄기 맥	[肉]
毛	터럭 모	[毛]
牧	칠 목	[牛]

武	호반 무	[止]
務	힘쓸 무	[力]
味	맛 미	[口]
未	아닐 미	[木]
密	빽빽할 밀	[宀]
博	넓을 박	[十]
防	막을 방	[阜]
房	방 방	[戶]
訪	찾을 방	[言]
配	나눌 배	[酉]
背	등 배	[肉]
拜	절 배	[手]
罰	벌할 벌	[网]
伐	칠 벌	[人]
壁	벽 벽	[土]
邊	가 변	[辶]
報	갚을 보	[土]
步	걸음 보	[止]
寶	보배 보	[宀]
保	지킬 보	[人]
復	회복할 복	[彳]
府	마을 부	[广]
婦	며느리 부	[女]
副	버금 부	[刀]
富	부자 부	[宀]
佛	부처 불	[人]
備	갖출 비	[人]
飛	날 비	[飛]
悲	슬플 비	[心]
非	아닐 비	[非]

貧 가난할빈 [貝]	守 지킬 수 [宀]	員 인원 원 [口]	製 지을 제 [衣]
謝 사례할사 [言]	純 순수할순 [糸]	衛 지킬 위 [行]	助 도울 조 [力]
師 스승 사 [巾]	承 이을 승 [手]	爲 할 위 [爪]	鳥 새 조 [鳥]
寺 절 사 [寸]	施 베풀 시 [方]	肉 고기 육 [肉]	早 이를 조 [日]
舍 집 사 [舌]	視 볼 시 [見]	恩 은혜 은 [心]	造 지을 조 [辶]
殺 죽일 살 [殳]	詩 시 시 [言]	陰 그늘 음 [阜]	尊 높을 존 [寸]
狀 형상 상 [犬]	試 시험 시 [言]	應 응할 응 [心]	宗 마루 종 [宀]
常 떳떳할상 [巾]	是 이 시 [日]	義 옳을 의 [羊]	走 달릴 주 [走]
床 상 상 [广]	息 쉴 식 [心]	議 의논할의 [言]	竹 대 죽 [竹]
想 생각 상 [心]	申 납 신 [田]	移 옮길 이 [禾]	準 준할 준 [水]
設 베풀 설 [言]	深 깊을 심 [水]	益 더할 익 [皿]	衆 무리 중 [血]
星 별 성 [日]	眼 눈 안 [目]	引 끌 인 [弓]	增 더할 증 [土]
聖 성인 성 [耳]	暗 어두울암 [日]	印 도장 인 [卩]	指 가리킬지 [手]
盛 성할 성 [皿]	壓 누를 압 [土]	認 알 인 [言]	志 뜻 지 [心]
聲 소리 성 [耳]	液 진 액 [水]	障 막을 장 [阜]	至 이를 지 [至]
城 재 성 [土]	羊 양 양 [羊]	將 장수 장 [寸]	支 지탱할지 [支]
誠 정성 성 [言]	如 같을 여 [女]	低 낮을 저 [人]	職 직분 직 [耳]
細 가늘 세 [糸]	餘 남을 여 [食]	敵 대적할적 [攴]	進 나아갈진 [辶]
稅 세금 세 [禾]	逆 거스릴역 [辶]	田 밭 전 [田]	眞 참 진 [目]
勢 형세 세 [力]	演 펼 연 [水]	絶 끊을 절 [糸]	次 버금 차 [欠]
素 본디 소 [糸]	研 갈 연 [石]	接 이을 접 [手]	察 살필 찰 [宀]
掃 쓸 소 [手]	煙 연기 연 [火]	程 길 정 [禾]	創 비롯할창 [刀]
笑 웃음 소 [竹]	榮 영화 영 [木]	政 정사 정 [攴]	處 곳 처 [虍]
續 이을 속 [糸]	藝 재주 예 [艹]	精 정할[潔]정 [米]	請 청할 청 [言]
俗 풍속 속 [人]	誤 그르칠오 [言]	濟 건널 제 [水]	總 다 총 [糸]
送 보낼 송 [辶]	玉 구슬 옥 [玉]	提 끌 제 [手]	銃 총 총 [金]
收 거둘 수 [攴]	往 갈 왕 [彳]	制 절제할제 [刀]	蓄 모을 축 [艹]
修 닦을 수 [人]	謠 노래 요 [言]	際 즈음 제 [阜]	築 쌓을 축 [竹]
受 받을 수 [又]	容 얼굴 용 [宀]	除 덜 제 [阜]	蟲 벌레 충 [虫]
授 줄 수 [手]	圓 둥글 원 [口]	祭 제사 제 [示]	忠 충성 충 [心]

4급 배정한자

신출한자 250字

暇	겨를	가	[日]
覺	깨달을	각	[見]
刻	새길	각	[刀]
簡	간략할	간	[竹]
干	방패	간	[干]
看	볼	간	[目]
敢	감히	감	[攵]
甘	달	감	[甘]
甲	갑옷	갑	[田]
降	내릴	강	[阜]
更	다시	갱	[曰]
據	근거	거	[手]
拒	막을	거	[手]
居	살	거	[尸]
巨	클	거	[工]
傑	뛰어날	걸	[人]
儉	검소할	검	[人]
激	격할	격	[水]
擊	칠	격	[手]
犬	개	견	[犬]
堅	굳을	견	[土]
鏡	거울	경	[金]
傾	기울	경	[人]
驚	놀랄	경	[馬]
戒	경계할	계	[戈]
季	계절	계	[子]
鷄	닭	계	[鳥]
階	섬돌	계	[阜]
系	이어맬	계	[糸]

好	좋을	호	[女]
護	도울	호	[言]
呼	부를	호	[口]
戶	집	호	[戶]
貨	재물	화	[貝]
確	굳을	확	[石]
回	돌아올	회	[口]
吸	마실	흡	[口]
興	일	흥	[臼]
希	바랄	희	[巾]

[신출한자 250자]

· · · · · · · · · ·

8급 ~ 4급Ⅱ 까지는 總 750字입니다.

[3Ⅱ시험 쓰기범위입니다]

▷ 4Ⅱ

取	가질	취	[又]
測	헤아릴	측	[水]
治	다스릴	치	[水]
置	둘	치	[罒]
齒	이	치	[齒]
侵	침노할	침	[人]
快	쾌할	쾌	[心]
態	모습	태	[心]
統	거느릴	통	[糸]
退	물러날	퇴	[辶]
破	깨뜨릴	파	[石]
波	물결	파	[水]
砲	대포	포	[石]
布	베	포	[巾]
包	쌀[감쌀]	포	[勹]
暴	사나울	폭	[日]
票	표	표	[示]
豊	풍년	풍	[豆]
限	한할	한	[阜]
航	배	항	[舟]
港	항구	항	[水]
解	풀	해	[角]
鄕	시골	향	[邑]
香	향기	향	[香]
虛	빌	허	[虍]
驗	시험할	험	[馬]
賢	어질	현	[貝]
血	피	혈	[血]
協	화할	협	[十]
惠	은혜	혜	[心]

4급

繼 이을 계 [糸]	逃 도망할도 [辶]	負 질 부 [貝]	鉛 납 연 [金]
庫 곳집 고 [广]	徒 무리 도 [彳]	粉 가루 분 [米]	延 늘일 연 [廴]
孤 외로울고 [子]	卵 알 란 [卩]	憤 분할 분 [心]	緣 인연 연 [糸]
穀 곡식 곡 [禾]	亂 어지러울란 [乙]	碑 비석 비 [石]	燃 탈 연 [火]
困 곤할 곤 [囗]	覽 볼 람 [見]	批 비평할비 [手]	營 경영할영 [火]
骨 뼈 골 [骨]	略 간략할략 [田]	祕 숨길 비 [示]	迎 맞을 영 [辶]
攻 칠 공 [攵]	糧 양식 량 [米]	辭 말씀 사 [辛]	映 비칠 영 [日]
孔 구멍 공 [子]	慮 생각할려 [心]	私 사사 사 [禾]	豫 미리 예 [豕]
管 대롱 관 [竹]	烈 매울 렬 [火]	絲 실 사 [糸]	優 넉넉할우 [人]
鑛 쇳돌 광 [金]	龍 용 룡 [龍]	射 쏠 사 [寸]	遇 만날 우 [辶]
構 얽을 구 [木]	柳 버들 류 [木]	散 흩을 산 [攵]	郵 우편 우 [邑]
群 무리 군 [羊]	輪 바퀴 륜 [車]	傷 다칠 상 [人]	源 근원 원 [水]
君 임금 군 [口]	離 떠날 리 [隹]	象 코끼리상 [豕]	援 도울 원 [手]
屈 굽힐 굴 [尸]	妹 누이 매 [女]	宣 베풀 선 [宀]	怨 원망할원 [心]
窮 다할 궁 [穴]	勉 힘쓸 면 [力]	舌 혀 설 [舌]	委 맡길 위 [女]
勸 권할 권 [力]	鳴 울 명 [鳥]	屬 붙일 속 [尸]	圍 에워쌀위 [口]
券 문서 권 [刀]	模 본뜰 모 [木]	損 덜 손 [手]	慰 위로할위 [心]
卷 책 권 [卩]	妙 묘할 묘 [女]	松 소나무송 [木]	威 위엄 위 [女]
歸 돌아갈귀 [止]	墓 무덤 묘 [土]	頌 칭송할송 [頁]	危 위태할위 [卩]
均 고를 균 [土]	舞 춤출 무 [舛]	秀 빼어날수 [禾]	遺 남길 유 [辶]
劇 심할 극 [刀]	拍 칠 박 [手]	叔 아재비숙 [又]	遊 놀 유 [辶]
勤 부지런할근 [力]	髮 터럭 발 [髟]	肅 엄숙할숙 [聿]	儒 선비 유 [人]
筋 힘줄 근 [竹]	妨 방해할방 [女]	崇 높을 숭 [山]	乳 젖 유 [乙]
奇 기특할기 [大]	犯 범할 범 [犬]	氏 각씨 씨 [氏]	隱 숨을 은 [阜]
紀 벼리 기 [糸]	範 법 범 [竹]	額 이마 액 [頁]	儀 거동 의 [人]
寄 부칠 기 [宀]	辯 말씀 변 [辛]	樣 모양 양 [木]	疑 의심할의 [疋]
機 틀 기 [木]	普 넓을 보 [日]	嚴 엄할 엄 [口]	依 의지할의 [人]
納 들일 납 [糸]	複 겹칠 복 [衣]	與 더불 여 [臼]	異 다를 이 [田]
段 층계 단 [殳]	伏 엎드릴복 [人]	易 바꿀 역 [日]	仁 어질 인 [人]
盜 도둑 도 [皿]	否 아닐 부 [口]	域 지경 역 [土]	姿 모양 자 [女]

- 19 -

▷ 4급

姉	손위누이 자	[女]
資	재물 자	[貝]
殘	남을 잔	[歹]
雜	섞일 잡	[隹]
裝	꾸밀 장	[衣]
張	베풀 장	[弓]
獎	장려할 장	[大]
帳	장막 장	[巾]
壯	장할 장	[士]
腸	창자 장	[肉]
底	밑 저	[广]
績	길쌈 적	[糸]
賊	도둑 적	[貝]
適	맞을 적	[辶]
籍	문서 적	[竹]
積	쌓을 적	[禾]
轉	구를 전	[車]
錢	돈 전	[金]
專	오로지 전	[寸]
折	꺾을 절	[手]
點	점 점	[黑]
占	점령할 점	[卜]
整	가지런할 정	[攵]
靜	고요할 정	[靑]
丁	장정 정	[一]
帝	임금 제	[巾]
條	가지 조	[木]
潮	조수 조	[水]
組	짤 조	[糸]
存	있을 존	[子]

鍾	쇠북 종	[金]
從	좇을 종	[彳]
座	자리 좌	[广]
周	두루 주	[口]
朱	붉을 주	[木]
酒	술 주	[酉]
證	증거 증	[言]
持	가질 지	[手]
誌	기록할 지	[言]
智	지혜 지	[日]
織	짤 직	[糸]
盡	다할 진	[皿]
珍	보배 진	[玉]
陣	진칠 진	[阜]
差	다를 차	[工]
讚	기릴 찬	[言]
採	캘 채	[手]
冊	책 책	[冂]
泉	샘 천	[水]
廳	관청 청	[广]
聽	들을 청	[耳]
招	부를 초	[手]
推	밀 추, 밀 퇴	[手]
縮	줄일 축	[糸]
就	나아갈 취	[尢]
趣	뜻 취	[走]
層	층 층	[尸]
針	바늘 침	[金]
寢	잘 침	[宀]
稱	일컬을 칭	[禾]

歎	탄식할 탄	[欠]
彈	탄알 탄	[弓]
脫	벗을 탈	[肉]
探	찾을 탐	[手]
擇	가릴 택	[手]
討	칠 토	[言]
痛	아플 통	[疒]
投	던질 투	[手]
鬪	싸움 투	[鬥]
派	갈래 파	[水]
判	판단할 판	[刀]
篇	책 편	[竹]
評	평할 평	[言]
閉	닫을 폐	[門]
胞	세포 포	[肉]
爆	불터질 폭	[火]
標	표할 표	[木]
疲	피곤할 피	[疒]
避	피할 피	[辶]
恨	한 한	[心]
閑	한가할 한	[門]
抗	겨룰 항	[手]
核	씨 핵	[木]
憲	법 헌	[心]
險	험할 험	[阜]
革	가죽 혁	[革]
顯	나타날 현	[頁]
刑	형벌 형	[刀]
或	혹 혹	[戈]
混	섞을 혼	[水]

婚	혼인할 혼	[女]
紅	붉을 홍	[糸]
華	빛날 화	[艹]
環	고리 환	[玉]
歡	기쁠 환	[欠]
況	상황 황	[水]
灰	재 회	[火]
候	기후 후	[人]
厚	두터울 후	[厂]
揮	휘두를 휘	[手]
喜	기쁠 희	[口]

[신출한자 250자]

8급 ~ 4급까지는
總 1,000字입니다.

3급 II 배정한자

신출한자 500字

佳 아름다울가 [人]	桂 계수나무계 [木]	克 이길 극 [儿]
架 시렁 가 [木]	鼓 북 고 [鼓]	琴 거문고금 [玉]
閣 집 각 [門]	姑 시어미고 [女]	錦 비단 금 [金]
脚 다리 각 [肉]	稿 원고 고 [禾]	禽 새 금 [内]
肝 간 간 [肉]	哭 울 곡 [口]	及 미칠 급 [又]
懇 간절할간 [心]	谷 골 곡 [谷]	畿 경기 기 [田]
刊 새길 간 [刀]	恭 공손할공 [心]	企 꾀할 기 [人]
幹 줄기 간 [干]	恐 두려울공 [心]	祈 빌 기 [示]
鑑 거울 감 [金]	貢 바칠 공 [貝]	其 그 기 [八]
剛 굳셀 강 [刀]	供 이바지할공 [人]	騎 말탈 기 [馬]
綱 벼리 강 [糸]	誇 자랑할과 [言]	緊 긴할 긴 [糸]
鋼 강철 강 [金]	寡 적을 과 [宀]	諾 허락할낙 [言]
介 낄 개 [人]	冠 갓 관 [冖]	娘 계집 낭 [女]
槪 대개 개 [木]	貫 꿸 관 [貝]	耐 견딜 내 [而]
蓋 덮을 개 [艹]	寬 너그러울관 [宀]	寧 편안 녕 [宀]
距 상거할거 [足]	慣 익숙할관 [心]	奴 종 노 [女]
乾 하늘 건 [乙]	館 집 관 [食]	腦 골 뇌 [肉]
劍 칼 검 [刀]	狂 미칠 광 [犬]	泥 진흙 니 [水]
隔 사이뜰격 [阜]	怪 괴이할괴 [心]	茶 차다,차차 [艹]
訣 이별할결 [言]	壞 무너질괴 [土]	旦 아침 단 [日]
謙 겸손할겸 [言]	較 비교 교 [車]	但 다만 단 [人]
兼 겸할 겸 [八]	巧 공교할교 [工]	丹 붉을 단 [丶]
頃 이랑 경 [頁]	拘 잡을 구 [手]	淡 맑을 담 [水]
耕 밭갈 경 [耒]	久 오랠 구 [丿]	踏 밟을 답 [足]
徑 지름길경 [彳]	丘 언덕 구 [一]	唐 당나라당 [口]
硬 굳을 경 [石]	菊 국화 국 [艹]	糖 엿당,엿탕 [米]
械 기계 계 [木]	弓 활 궁 [弓]	臺 대(집) 대 [至]
契 맺을 계 [大]	拳 주먹 권 [手]	貸 빌릴 대 [貝]
啓 열 계 [口]	鬼 귀신 귀 [鬼]	途 길 [辶] 도 [辶]
溪 시내 계 [水]	菌 버섯 균 [艹]	陶 질그릇도 [阜]

▷3Ⅱ

刀 칼 도 [刀]	累 자주 루 [糸]	慕 그릴 모 [心]	補 기울 보 [衣]
倒 넘어질도 [人]	漏 샐 루 [水]	謀 꾀 모 [言]	譜 족보 보 [言]
桃 복숭아도 [木]	倫 인륜 륜 [人]	貌 모양 모 [豸]	腹 배 복 [肉]
渡 건널 도 [水]	栗 밤 률 [木]	睦 화목할목 [目]	覆 덮을 부 [襾]
突 갑자기돌 [穴]	率 비율 률 [玄]	沒 빠질 몰 [水]	峯 봉우리봉 [山]
凍 얼 동 [冫]	隆 높을 륭 [阜]	夢 꿈 몽 [夕]	封 봉할 봉 [寸]
絡 이을 락 [糸]	陵 언덕 릉 [阜]	蒙 어두울몽 [艹]	逢 만날 봉 [辶]
欄 난간 란 [木]	吏 관리 리 [口]	貿 무역할무 [貝]	鳳 새 봉 [鳥]
蘭 난초 란 [艹]	履 밟을 리 [尸]	茂 무성할무 [艹]	簿 문서 부 [竹]
廊 사랑채랑 [广]	裏 속 리 [衣]	默 잠잠할묵 [黑]	付 부칠 부 [人]
浪 물결 랑 [水]	臨 임할 림 [臣]	墨 먹 묵 [土]	符 부호 부 [竹]
郞 사내 랑 [邑]	麻 삼 마 [麻]	紋 무늬 문 [糸]	附 붙을 부 [阜]
凉 서늘할량 [水]	磨 갈 마 [石]	勿 말 물 [勹]	扶 도울 부 [手]
梁 들보 량 [木]	漠 넓을 막 [水]	微 작을 미 [彳]	浮 뜰 부 [水]
勵 힘쓸 려 [力]	幕 장막 막 [巾]	尾 꼬리 미 [尸]	腐 썩을 부 [肉]
曆 책력 력 [日]	莫 없을 막 [艹]	薄 엷을 박 [艹]	賦 부세 부 [貝]
戀 그리워할련 [心]	晩 늦을 만 [日]	迫 핍박할박 [辶]	奔 달릴 분 [大]
鍊 쇠불릴련 [金]	妄 망령될망 [女]	般 가지 반 [舟]	奮 떨칠 분 [大]
聯 연이을련 [耳]	梅 매화 매 [木]	盤 소반 반 [皿]	紛 어지러울분 [糸]
蓮 연꽃 련 [艹]	媒 중매 매 [女]	飯 밥 반 [食]	拂 떨칠 불 [手]
裂 찢어질렬 [衣]	麥 보리 맥 [麥]	拔 뽑을 발 [手]	婢 계집종비 [女]
嶺 고개 령 [山]	孟 맏 맹 [子]	芳 꽃다울방 [艹]	卑 낮을 비 [十]
靈 신령 령 [雨]	盟 맹세 맹 [皿]	輩 무리 배 [車]	肥 살찔 비 [肉]
爐 화로 로 [火]	猛 사나울맹 [犬]	排 밀칠 배 [手]	妃 왕비 비 [女]
露 이슬 로 [雨]	盲 소경 맹 [目]	培 북돋을배 [土]	邪 간사할사 [邑]
祿 녹 록 [示]	綿 솜 면 [糸]	伯 맏 백 [人]	詞 말 사 [言]
弄 희롱할롱 [廾]	眠 잘 면 [目]	繁 번성할번 [糸]	司 맡을 사 [口]
賴 의뢰할뢰 [貝]	免 면할 면 [儿]	凡 무릇 범 [几]	沙 모래 사 [水]
雷 우레 뢰 [雨]	滅 멸할 멸 [水]	碧 푸를 벽 [石]	祀 제사 사 [示]
樓 다락 루 [木]	銘 새길 명 [金]	丙 남녁 병 [一]	蛇 긴뱀 사 [虫]

斜 비낄 사 [斗]	殊 다를 수 [歹]	阿 언덕 아 [阜]	烏 까마귀오 [火]
削 깎을 삭 [刀]	隨 따를 수 [阜]	我 나 아 [戈]	悟 깨달을오 [心]
森 수풀 삼 [木]	輸 보낼 수 [車]	岸 언덕 안 [山]	獄 옥 [囚舍] 옥 [犬]
像 모양 상 [人]	帥 장수 수 [巾]	顔 낯 안 [頁]	瓦 기와 와 [瓦]
詳 자세할상 [言]	獸 짐승 수 [犬]	巖 바위 암 [山]	緩 느릴 완 [糸]
裳 치마 상 [衣]	愁 근심 수 [心]	央 가운데앙 [大]	辱 욕될 욕 [辰]
霜 서리 상 [雨]	壽 목숨 수 [士]	仰 우러를앙 [人]	慾 욕심 욕 [心]
尚 오히려상 [小]	垂 드리울수 [土]	哀 슬플 애 [口]	欲 하고자할욕 [欠]
喪 잃을 상 [口]	熟 익을 숙 [火]	若 같을 약 [艹]	愚 어리석을우 [心]
桑 뽕나무상 [木]	淑 맑을 숙 [水]	壤 흙덩이양 [土]	偶 짝 우 [人]
償 갚을 상 [人]	瞬 눈깜짝할순 [目]	揚 날릴 양 [手]	憂 근심 우 [心]
塞 막힐 색 [土]	巡 돌 순 [川]	讓 사양할양 [言]	宇 집 우 [宀]
索 찾을 색 [糸]	旬 열흘 순 [日]	御 거느릴어 [彳]	羽 깃 우 [羽]
署 마을(관청)서 [罒]	述 펼 술 [辶]	抑 누를 억 [手]	韻 운 운 [音]
緖 실마리서 [糸]	襲 엄습할습 [衣]	憶 생각할억 [心]	越 넘을 월 [走]
恕 용서할서 [心]	拾 주울 습 [手]	譯 번역할역 [言]	胃 밥통 위 [肉]
徐 천천할서 [彳]	濕 젖을 습 [水]	役 부릴 역 [彳]	謂 이를 위 [言]
釋 풀 석 [采]	昇 오를 승 [日]	驛 역 역 [馬]	僞 거짓 위 [人]
惜 아낄 석 [心]	僧 중 승 [人]	亦 또 역 [亠]	幽 그윽할유 [幺]
旋 돌 선 [方]	乘 탈 승 [丿]	疫 전염병역 [疒]	誘 꾈 유 [言]
禪 선 선 [示]	侍 모실 시 [人]	燕 제비 연 [火]	裕 넉넉할유 [衣]
疏 트일 소 [足]	飾 꾸밀 식 [食]	沿 물따라갈연 [水]	悠 멀 유 [心]
蘇 되살아날소 [艹]	愼 삼갈 신 [心]	軟 연할 연 [車]	維 벼리 유 [糸]
訴 호소할소 [言]	審 살필 심 [宀]	宴 잔치 연 [宀]	柔 부드러울유 [木]
燒 사를 소 [火]	甚 심할 심 [甘]	悅 기쁠 열 [心]	幼 어릴 유 [幺]
訟 송사할송 [言]	雙 두 쌍 [隹]	染 물들 염 [木]	猶 오히려유 [犬]
刷 인쇄할쇄 [刀]	牙 어금니아 [牙]	炎 불꽃 염 [火]	潤 불을 윤 [水]
鎖 쇠사슬쇄 [金]	芽 싹 아 [艹]	鹽 소금 염 [鹵]	乙 새 을 [乙]
衰 쇠할 쇠 [衣]	雅 맑을 아 [隹]	影 그림자영 [彡]	淫 음란할음 [水]
需 쓰일 수 [雨]	亞 버금 아 [二]	譽 기릴 예 [言]	已 이미 이 [己]

▷³ Ⅱ

漢字	訓	音	部首
翼	날개	익	[羽]
忍	참을	인	[心]
逸	편안할	일	[辶]
壬	북방	임	[士]
賃	품삯	임	[貝]
慈	사랑	자	[心]
刺	찌를	자	[刀]
紫	자주빛	자	[糸]
潛	잠길	잠	[水]
暫	잠깐	잠	[日]
藏	감출	장	[艹]
粧	단장할	장	[米]
掌	손바닥	장	[手]
莊	씩씩할	장	[艹]
丈	어른	장	[一]
臟	오장	장	[肉]
葬	장사지낼	장	[艹]
載	실을	재	[車]
裁	옷마를	재	[衣]
栽	심을	재	[木]
抵	막을	저	[手]
著	나타날	저	[艹]
寂	고요할	적	[宀]
摘	딸	적	[手]
跡	발자취	적	[足]
蹟	자취	적	[足]
笛	피리	적	[竹]
殿	전각	전	[殳]
漸	점점	점	[水]
亭	정자	정	[亠]
廷	조정	정	[廴]
征	칠	정	[彳]
貞	곧을	정	[貝]
淨	깨끗할	정	[水]
井	우물	정	[二]
頂	정수리	정	[頁]
齊	가지런할	제	[齊]
諸	모두	제	[言]
照	비칠	조	[火]
兆	억조	조	[儿]
租	조세	조	[禾]
縱	세로	종	[糸]
坐	앉을	좌	[土]
柱	기둥	주	[木]
洲	물가	주	[水]
宙	집	주	[宀]
奏	아뢸	주	[大]
珠	구슬	주	[玉]
株	그루	주	[木]
鑄	쇠불릴	주	[金]
仲	버금	중	[人]
卽	곧	즉	[卩]
憎	미울	증	[心]
症	증세	증	[疒]
蒸	찔	증	[艹]
曾	일찍	증	[曰]
池	못	지	[水]
之	갈	지	[丿]
枝	가지	지	[木]
振	떨칠	진	[手]
陳	베풀	진	[阜]
鎭	진압할	진	[金]
辰	별	진	[辰]
震	우레	진	[雨]
疾	병	질	[疒]
秩	차례	질	[禾]
執	잡을	집	[土]
徵	부를	징	[彳]
此	이	차	[止]
借	빌릴	차	[人]
錯	어긋날	착	[金]
贊	도울	찬	[貝]
倉	곳집	창	[人]
昌	창성할	창	[日]
蒼	푸를	창	[艹]
彩	채색	채	[彡]
菜	나물	채	[艹]
債	빚	채	[人]
策	꾀	책	[竹]
妻	아내	처	[女]
拓	넓힐	척	[手]
戚	친척	척	[戈]
尺	자	척	[尸]
踐	밟을	천	[足]
賤	천할	천	[貝]
淺	얕을	천	[水]
遷	옮길	천	[辶]
哲	밝을	철	[口]
徹	통할	철	[彳]
滯	막힐	체	[水]
肖	닮을	초	[肉]
超	뛰어넘을	초	[走]
礎	주춧돌	초	[石]
觸	닿을	촉	[角]
促	재촉할	촉	[人]
催	재촉할	최	[人]
追	쫓을	추	[辶]
畜	짐승	축	[田]
衝	찌를	충	[行]
醉	취할	취	[酉]
吹	불	취	[口]
側	곁	측	[人]
値	값	치	[人]
恥	부끄러울	치	[心]
稚	어릴	치	[禾]
漆	옻	칠	[水]
沈	잠길	침	[水]
浸	잠길	침	[水]
奪	빼앗을	탈	[大]
塔	탑	탑	[土]
湯	끓을	탕	[水]
殆	거의	태	[歹]
泰	클	태	[水]
澤	못	택	[水]
兎	토끼	토	[儿]
吐	토할	토	[口]
透	사무칠	투	[辶]
版	판목	판	[片]
片	조각	편	[片]
偏	치우칠	편	[人]

編	엮을 편	[糸]	
弊	폐단 폐	[廾]	
肺	허파 폐	[肉]	
廢	폐할 폐	[广]	
浦	개[水邊] 포	[水]	
捕	잡을 포	[手]	
楓	단풍 풍	[木]	
被	입을 피	[衣]	
皮	가죽 피	[皮]	
彼	저 피	[彳]	
畢	마칠 필	[田]	
何	어찌 하	[人]	
賀	하례할 하	[貝]	
荷	멜 하	[艹]	
鶴	학 학	[鳥]	
汗	땀 한	[水]	
割	벨 할	[刀]	
含	머금을 함	[口]	
陷	빠질 함	[阜]	
項	항목 항	[頁]	
恒	항상 항	[心]	
響	울릴 향	[音]	
獻	드릴 헌	[犬]	
玄	검을 현	[玄]	
懸	달[繫]현	[心]	
穴	굴 혈	[穴]	
脅	위협할 협	[肉]	
衡	저울대 형	[行]	
慧	슬기로울 혜	[心]	
浩	넓을 호	[水]	

胡	되(오랑캐)호	[肉]	
豪	호걸 호	[豕]	
虎	범 호	[虍]	
惑	미혹할 혹	[心]	
魂	넋 혼	[鬼]	
忽	갑자기 홀	[心]	
洪	넓을 홍	[水]	
禍	재앙 화	[示]	
還	돌아올 환	[辶]	
換	바꿀 환	[手]	
皇	임금 황	[白]	
荒	거칠 황	[艹]	
悔	뉘우칠 회	[心]	
懷	품을 회	[心]	
劃	그을 획	[刀]	
獲	얻을 획	[犬]	
橫	가로 횡	[木]	
胸	가슴 흉	[肉]	
戲	놀이 희	[戈]	
稀	드물 희	[禾]	

[신출한자 500자]

· · · · · ·

8급~3급Ⅱ 까지는
總 1,500字 입니다.

일자다음자

한글자에 여러 훈음인 경우
8급~3급Ⅱ 120쪽 참고

▽ 3급Ⅱ ▽

茶	차	다	[茶室 다실]
	차	차	[綠茶 녹차]
糖	엿	당	[糖分 당분]
	엿	탕	[雪糖 설탕]
率	비율	률	[比率 비율]
	거느릴	솔	[統率 통솔]
塞	막힐	색	[窮塞 궁색]
	변방	새	[要塞 요새]
索	찾을	색	[索引 색인]
	노끈	삭	[鐵索 철삭]
拾	주울	습	[拾得 습득]
	열	십	[拾億 십억]
若	같을	약	[萬若 만약]
	반야	야	[般若 반야]
刺	찌를	자	[刺客 자객]
	찌를	척	[刺殺 척살]
辰	별	진	[壬辰 임진]
	때	신	[生辰 생신]
拓	넓힐	척	[開拓 개척]
	박을	탁	[拓本 탁본]
沈	잠길	침	[沈沒 침몰]
	성	심	[沈靑 심청]

■ 3Ⅱ 시험의 출제기준 ■

읽기범위 : 8級 ~ 3Ⅱ (1500字)

쓰기범위 : 8級 ~ 4Ⅱ (750字)

※ 상위급수를 위하여 다 쓸 수 있도록 실력을 갖춥니다.

3급Ⅱ [본문] □ 일람표 □		1	2	3	4	5	6	7	8	9	10
	1	刊	肝	汗	幹	乾	腹	履	覆	麻	磨
	2	莫	幕	慕	漠	妃	祀	肥	剛	綱	鋼
	3	峯	逢	輩	排	卑	婢	澤	譯	驛	釋
	4	懇	貌	浦	補	捕	薄	簿	鍊	蘭	欄
	5	若	諾	妄	盲	旣	槪	兼	謙	勿	忽
	6	旦	但	懷	壞	壤	讓	偏	編	仰	抑
	7	哀	衰	裏	襲	途	徐	錦	綿	枝	鼓
	8	免	晚	冤	逸	浪	郞	廊	曾	憎	僧
	9	谷	裕	欲	慾	付	符	附	殊	珠	株
	10	愼	鎭	踐	賤	淺	阿	何	荷	供	恭
	11	悔	梅	媒	謀	司	詞	胃	謂	誘	透
	12	兆	桃	羽	翼	炎	淡	唐	糖	倉	蒼
	13	諸	緖	著	署	淑	寂	戚	皮	被	彼
	14	愚	偶	載	裁	栽	佳	桂	封	暫	漸
	15	藏	臟	壽	鑄	貫	慣	迫	伯	鬼	魂
	16	辰	振	辱	震	雷	靈	霜	露	需	耐
	17	此	紫	揚	湯	玄	率	肖	削	凡	恐
	18	尙	掌	裳	償	牙	芽	邪	雅	稚	維
	19	役	疫	殿	般	盤	鹽	盟	輸	較	軟
	20	孟	猛	奔	奮	奪	契	亦	跡	蹟	債
	21	賃	貸	借	錯	惜	獸	默	墨	獻	隔
	22	陳	凍	菜	彩	影	宇	宙	笛	衝	衡
	23	照	超	越	拳	泰	奏	稿	秩	稀	租
	24	徵	微	徹	御	征	徑	狂	獄	猶	獲
	25	紛	絡	紋	緩	縱	緊	繁	索	累	畜

가로·세로 테스트 해 보세요

3Ⅱ [본문]

읽기범위지만 상위급수를 위하여 쓰기연습하면 좋습니다.

(1)	(2)	(3)	(4)	(5)	(6)	(7)
새길 간	없을 막	봉우리봉	간절할간	같을 약	아침 단	슬플 애
간 간	장막 막	만날 봉	모양 모	허락할낙	다만 단	쇠할 쇠
땀 한	그릴 모	무리 배	개 포	망령될망	품을 회	속 리
줄기 간	넓을 막	밀칠 배	기울 보	소경 맹	무너질괴	엄습할습
하늘 건	왕비 비	낮을 비	잡을 포	이미 기	흙덩이양	길 도
배 복	제사 사	계집종비	엷을 박	대개 개	사양할양	천천할서
밟을 리	살찔 비	못 택	문서 부	겸할 겸	치우칠편	비단 금
덮을 복	굳셀 강	번역할역	쇠불릴련	겸손할겸	엮을 편	솜 면
삼 마	벼리 강	역 역	난초 란	말 물	우러를앙	가지 지
갈 마	강철 강	풀 석	난간 란	갑자기홀	누를 억	북 고

(8)	(9)	(10)	(11)	(12)	(13)	(14)
면할 면	골 곡	삼갈 신	뉘우칠회	억조 조	모두 제	어리석을우
늦을 만	넉넉할유	진압할진	매화 매	복숭아도	실마리서	짝 우
토끼 토	하고자할욕	밟을 천	중매 매	깃 우	나타날저	실을 재
편안할일	욕심 욕	천할 천	꾀 모	날개 익	마을 서	옷마를재
물결 랑	부칠 부	얕을 천	맡을 사	불꽃 염	맑을 숙	심을 재
사내 랑	부호 부	언덕 아	말 사	맑을 담	고요할적	아름다울가
사랑채랑	붙을 부	어찌 하	밥통 위	당나라당	친척 척	계수나무계
일찍 증	다를 수	멜 하	이를 위	엿 당	가죽 피	봉할 봉
미울 증	구슬 주	이바지할공	꾈 유	곳집 창	입을 피	잠깐 잠
중 승	그루 주	공손할공	사무칠투	푸를 창	저 피	점점 점

(15)	(16)	(17)	(18)	(19)	(20)	(21)
감출 장	별 진	이 차	오히려상	부릴 역	만 맹	품삯 임
오장 장	떨칠 진	자주빛자	손바닥장	전염병역	사나울맹	빌릴 대
목숨 수	욕될 욕	날릴 양	치마 상	전각 전	달릴 분	빌릴 차
쇠불릴주	우레 진	끓을 탕	갚을 상	가지 반	떨칠 분	어긋날착
꿸 관	우레 뢰	검을 현	어금니아	소반 반	빼앗을탈	아낄 석
익숙할관	신령 령	비율 률	싹 아	소금 염	맺을 계	짐승 수
핍박할박	서리 상	닮을 초	간사할사	맹세 맹	또 역	잠잠할묵
맏 백	이슬 로	깎을 삭	맑을 아	보낼 수	발자취적	먹 묵
귀신 귀	쓰일 수	무릇 범	어릴 치	비교 교	자취 적	드릴 헌
넋 혼	견딜 내	두려울공	벼리 유	연할 연	빚 채	사이뜰격

(22)	(23)	(24)	(25)
베풀 진	비칠 조	부를 징	어지러울분
얼 동	넘을 초	작을 미	이을 락
나물 채	넘을 월	통할 철	무늬 문
채색 채	주먹 권	거느릴어	느릴 완
그림자영	클 태	칠 정	세로 종
집 우	아뢸 주	지름길경	긴할 긴
집 주	원고 고	미칠 광	번성할번
피리 적	차례 질	옥 옥	찾을 색
찌를 충	드물 희	오히려유	자주 루
저울대형	조세 조	얻을 획	짐승 축

뒷면 계속 ☞

3급Ⅱ [본문] 일람표	26	館	飯	飾	燒	爐	割	劃	刷	刺	劍
	27	賦	貞	貢	賀	貿	賴	贊	頂	項	顔
	28	忍	慈	愁	戀	恕	惑	懸	慧	悠	恥
	29	恒	悟	悅	怪	憶	寡	寬	寧	審	宴
	30	岸	巖	嶺	坐	塔	培	塞	執	熟	燕
	31	茂	蒙	茶	蘇	葬	莊	菊	芳	蓮	蒸
	32	蓋	菌	荒	哭	喪	吹	吐	哲	啓	含
	33	倫	像	侍	催	促	側	値	仲	倒	僞
	34	溪	滅	沒	浮	沈	浸	沿	潤	潛	洲
	35	池	沙	淨	浩	洪	涼	泥	漏	渡	淫
	36	滯	濕	漆	染	梁	架	桑	栗	柔	森
	37	械	橫	樓	柱	楓	追	巡	述	還	遷
	38	訴	訟	詳	誇	訣	譜	禍	祈	祿	禪
	39	距	踏	眠	睦	瞬	銘	鑑	鎖	幼	幽
	40	扶	拾	抵	摘	拓	換	拘	拂	拔	鳳
	41	鶴	雙	肺	腦	脚	胸	腐	脅	響	韻
	42	症	疾	陶	隨	隆	陵	陷	娘	姑	奴
	43	妻	碧	硬	礎	亭	豪	禽	閣	企	耕
	44	冠	巧	克	琴	臺	突	勵	曆	聯	弊
	45	弄	臨	旋	帥	昇	甚	譽	粧	殆	策
	46	觸	畿	畢	蛇	廢	垂	皇	夢	尾	疏
	47	丘	斜	麥	裂	我	戲	騎	醉	瓦	憂
	48	久	之	乘	胡	齊	卽	片	版	頃	旬
	49	介	吏	虎	尺	及	丹	丙	亞	昌	廷
	50	央	烏	已	弓	丈	井	其	穴	乙	壬

3Ⅱ [본문]

읽기범위지만 상위급수를 위하여 쓰기연습하면 좋습니다.

(26)
집 관
밥 반
꾸밀 식
사를 소
화로 로
벨 할
그을 획
인쇄할 쇄
찌를 자
칼 검

(27)
부세 부
곧을 정
바칠 공
하례할 하
무역할 무
의뢰할 뢰
도울 찬
정수리 정
항목 항
낯 안

(28)
참을 인
사랑 자
근심 수
그리울 련
용서 서
미혹할 혹
매달 현
슬기로울 혜
멀 유
부끄러울 치

(29)
항상 항
깨달을 오
기쁠 열
괴이할 괴
생각할 억
적을 과
너그러울 관
편안 녕
살필 심
잔치 연

(30)
언덕 안
바위 암
고개 령
앉을 좌
탑 탑
북돋을 배
막힐 색
잡을 집
익을 숙
제비 연

(31)
무성할 무
어두울 몽
차 다
되살아날 소
장사지낼 장
씩씩할 장
국화 국
꽃다울 방
연꽃 련
찔 증

(32)
덮을 개
버섯 균
거칠 황
울 곡
잃을 상
불 취
토할 토
밝을 철
열 계
머금을 함

(33)
인륜 륜
모양 상
모실 시
재촉할 최
재촉할 촉
곁 측
값 치
버금 중
넘어질 도
거짓 위

(34)
시내 계
멸할 멸
빠질 몰
뜰 부
잠길 침
잠길 침
물따라갈 연
불을 윤
잠길 잠
물가 주

(35)
못 지
모래 사
깨끗할 정
넓을 호
넓을 홍
서늘할 량
진흙 니
샐 루
건널 도
음란할 음

(36)
막힐 체
젖을 습
옻 칠
물들 염
들보 량
시렁 가
뽕나무 상
밤 률
부드러울 유
수풀 삼

(37)
기계 계
가로 횡
다락 루
기둥 주
단풍 풍
쫓을 추
돌 순
펼 술
돌아올 환
옮길 천

(38)
호소할 소
송사할 송
자세할 상
자랑할 과
이별할 결
족보 보
재앙 화
빌 기
녹 록
선 선

(39)
상거할 거
밟을 답
잠잘 면
화목할 목
눈깜짝할 순
새길 명
거울 감
쇠사슬 쇄
어릴 유
그윽할 유

(40)
도울 부
주울 습
막을 저
딸 적
넓힐 척
바꿀 환
잡을 구
떨칠 분
뽑을 발
새 봉

(41)
학 학
쌍 쌍
허파 폐
골 뇌
다리 각
가슴 흉
썩을 부
위협할 협
울릴 향
운 운

(42)
증세 증
병 질
질그릇 도
따를 수
높을 릉
언덕 릉
빠질 함
계집 낭
시어미 고
종 노

(43)
아내 처
푸를 벽
굳을 경
주춧돌 초
정자 정
호걸 호
새 금
집 각
꾀할 기
밭갈 경

(44)
갓 관
공교할 교
이길 극
거문고 금
대 대
갑자기 돌
힘쓸 려
책력 력
연이을 련
폐단 폐

(45)
희롱할 롱
임할 림
돌 선
장수 수
오를 승
심할 심
기릴 예
단장할 장
거의 태
꾀 책

(46)
닿을 촉
경기 기
마칠 필
긴뱀 사
폐할 폐
드리울 수
임금 황
꿈 몽
꼬리 미
트일 소

(47)
언덕 구
비낄 사
보리 맥
찢어질 렬
나 아
놀이 희
말탈 기
취할 취
기와 와
근심 우

(48)
오랠 구
갈 지
탈 승
되 호
가지런할 제
곧 즉
조각 편
판목 판
이랑 경
열흘 순

(49)
낄 개
관리 리
범 호
자 척
미칠 급
붉을 단
남녘 병
버금 아
창성할 창
조정 정

(50)
가운데 앙
까마귀 오
이미 이
활 궁
어른 장
우물 정
그 기
굴 혈
새 을
북방 임

□ 3Ⅱ 신출한자 500자 □

- 29 -

愛 國 歌

安益泰 作詞・作曲

一. 東海물과 白頭山이 마르고 닳도록
　　하느님이 保佑하사 우리나라 萬歲.

二. 南山 위에 저 소나무 鐵甲을 두른 듯
　　바람 서리[霜] 不變함은 우리 氣像일세.

三. 가을 하늘 空豁한데 높고 구름 없이
　　밝은 달은 우리 가슴 一片丹心일세.

四. 이 氣像과 이 맘으로 忠誠을 다하여
　　괴로우나 즐거우나 나라 사랑하세.

후렴: 無窮花 三千里 華麗江山
　　　大韓 사람 大韓으로 길이 保全하세.

國 慶 日		
1월 1일 元旦(원단)	7월 17일 制憲節(제헌절)	10월 1일 國軍의 날
3월 1일 三一節(삼일절)	8월 15일 光復節(광복절)	10월 3일 開天節(개천절)
6월 6일 顯忠日(현충일)	음력 8월15일 秋夕[한가위]	10월 9일 한글날

Ⅱ. 本　文

3Ⅱ ……… 500字 ※

4級 ……… 250字

4Ⅱ ……… 250字

5級 ……… 100字

5Ⅱ ……… 100字

6級 ………　75字

6Ⅱ ………　75字

7級 ………　50字

7Ⅱ ………　50字

8級 ………　50字

―――――――

總　1,500字

도움말

[본문]　① "◆"는 동음이의어(소리는 같으나 뜻이 다른 말) 표시입니다.

② 본문활용단어훈음정답은 87쪽에 있습니다.

③ 활용단어를 급수범위내에서 채택하였습니다.(한자표기83쪽 참고)

④ 한자외곽선에 부수표시를 하면 유익합니다.

⑤ 외곽선밑의 (　)는 부수명입니다.(부수일람표 10쪽)

⑥ 반대자⑪, 유의자⑭를 수록하였습니다.

⑦ 한자를 눈에 익히도록 다양한 활자의 크기와 서체로 수록하였습니다.(본문일람표 26쪽)

⑧ 대부분 연상자학습법으로 나열되었습니다.

⑨ 복습부분을 두어 매일 반복하도록 하였습니다.

⑩ 세로로 훈음을 가리고 읽기공부하기에 적당합니다.

3Ⅱ<1>　　　　　　　　　　　　　　　　　　　　　　　　　　　　　　　　　　　[독음정답 87쪽]

刊	새길 간 刀(刂) 5	간행 신간 주간	부수표시 刊 (칼 도)				新刊 (　　　　) 새로이 책을 발간함 　　　　반舊刊(구간)
肝	간 간 月(肉) 7	간장 간염 간유	肝 (육달 월)				肝腸 (　　　　) 간과 창자
汗	땀 한 水(氵) 6	발한 주한 한증	汗 (물 수)				發汗 (　　　　) 땀을 내는 일
幹	줄기 간 [간부.핵심] 干 13	간선 간부 근간	幹 (방패 간)				幹線 (　　　　) [도로,철도] 줄기(중심)되는 선 　　　　반支線(지선)
乾	하늘 건 乙 11	건성 건기 건달	乾 (새 을)				乾性 (　　　　) 건조한 성질
腹	배 복 月(肉)13	복통 복부 공복	腹 (육달 월)				腹痛 (　　　　) 배의 통증 　　　반腹↔背[복배]
履	밟을 리 尸 15	이력 이행 이수	履 (주검 시)				履歷 (　　　　) [학업,직업] 밟아서 지내온 경력
覆	덮을 복 襾 18	복면 복개 복각	覆 (덮을 아)				覆面 (　　　　) 얼굴을 가림
麻	삼 마 ※痲 11	마약 마포 마의	麻 (삼 마)				痲藥 (　　　　) 마취나 환각 등의 작용을 하는 약물
磨	갈 마 [갈다] 石 16	연마 마석 연마	磨 (돌 석)				윤硏磨(　　　　) 실력을 갈고 닦음 　　　　　　　◆練磨

- 33 -

3Ⅱ <2>

漢字	훈음	단어	쓰기				용례	복습
莫	없을 막 [없다/크다] 艸(艹)11	막강 막대 막중	莫 (풀 초)				莫強 ( ) 크게 강함	刊肝汗幹乾腹履覆麻磨
幕	장막 막 巾 14	개막 막사 주막	幕 (수건 건)				開幕 ( ) 막을 열다 밴閉幕(폐막)	
慕	그릴 모 [그리워함] 心(忄)15	사모 연모 추모	慕 (마음 심)				思慕 ( ) 생각하고 그리워 함 ◆師母	
漠	넓을 막 水(氵)14	막막 막연 사막	漠 (물 수)				漠漠 ( ) 끝없이 넓고 아득함	
妃	왕비 비 女 6	대비 왕비 황비	妃 (계집 녀)				大妃 ( ) 선왕의 아내 ◆對備	
祀	제사 사 示 8 (祀)	제사 고사 사천	祀 (보일 시)				밴祭祀( ) 신령이나 죽은 사람의 넋에게 음식을 차려놓고 정성을 나타내는 의식	
肥	살찔 비 月(肉) 8	비만 비료 비옥	肥 (육달 월)				肥滿 ( ) 살이 쪄서 몸이 뚱뚱함	
剛	굳셀 강 刀(刂)10	강직 강건 강유	剛 (칼 도)				剛直 ( ) [성격,태도] 굳세고 곧음 ◆降職	
綱	벼리 강 다스릴강 糸 14	기강 요강 강령	綱 (실 사)				三綱 : 君爲臣綱 (삼강)　父爲子綱 　　　　夫爲婦綱 五倫(오륜) : 65쪽	
鋼	강철 강 金 16	강철 강판 제강	鋼 (쇠 금)				鋼鐵 ( ) 강철로 된 쇠	

- 34 -

3Ⅱ<3>

峯	봉우리봉 山 10	설봉 고봉 주봉	峯 (메 산)				雪峯( ) 눈이 내린 봉우리	복습 刊肝汗幹乾腹履覆麻磨 莫幕慕漠妃祀肥剛綱鋼
逢	만날 봉 辵(辶)11	상봉 봉착 봉변	逢 (쉬엄쉬엄갈착)				相逢( ) 서로 만남	
輩	무리 배 車 15	선배 후배 연배	輩 (수레 차)				先輩( ) [같은 분야,학교] 먼저 들어온 사람 ⒨後輩(후배)	
排	밀칠 배 手(扌)11	배타 배구 배설	排 (손 수)				排他( ) 다른 사람을 밀쳐냄	
卑	낮을 비 十 8	존비 비천 비겁	卑 (열 십)				⒨尊卑( ) [지위,신분] 높고 낮음	
婢	계집종비 女 11	노비 비복 비녀	婢 (계집 녀)				老婢( ) 늙은 계집종 ◆路費	
澤	못 택 水(氵)16	혜택 덕택 광택	澤 (물 수)				惠澤( ) 은혜와 덕택	
譯	번역할역 言 20	직역 통역 내역	譯 (말씀 어)				直譯( ) 글자의 뜻 그대로 충실히 번역함 ⒨意譯(의역)	
驛	역 역 馬 23	역전 역사 역장	驛 (말 마)				驛前( ) 정거장 앞 ◆逆轉	
釋	풀 석 [풀다] 釆 20	해석 석방 석연	釋 (분별할변)				解釋( ) [뜻, 내용] 풀어서 이해하도록 설명함	

3Ⅱ<4>

懇	간절할간 心 17	간청 간절 간곡	懇 (마음 심)				懇請 (　　　) 간절히 청함	복습
貌	모양 모 豸 14	미모 모양 용모	貌 (풀벌레치)				美貌 (　　　) 아름다운 모습	刊肝汗幹乾腹履覆麻磨
浦	개[水邊]포 물가 포 水(氵)10	포구 포항 포촌	浦 (물 수)				浦口 (　　　) 물가의 입구	
補	기울 보 [깁다/돕다] 衣(衤)12	보약 보조 보상	補 (옷 의)				補藥 (　　　) 몸을 도와 주는 약	
捕	잡을 포 手(扌)10	포수 포획 포졸	捕 (손 수)				捕手 (　　　) 야구에서 투수의 공을 받는 사람　◆砲手	莫幕慕漠妃祀肥剛綱鋼
薄	엷을 박 艸(艹)17	박리 박명 박복	薄 (풀 초)				薄利 (　　　) 적은 이익 [반]厚↔薄[후박]	
簿	문서 부 竹 19	장부 부기 가계부	簿 (대 죽)				帳簿 (　　　) 금품의 수입과 지출을 기록하는 일	
鍊	쇠불릴련 단련할련 金 17	교련 수련 시련	鍊 (쇠 금)				敎鍊 (　　　) 가르쳐 단련시킴	峯逢輩排卑婢澤譯驛釋
蘭	난초 란 艸(艹)21	난향 난초 양란	蘭 (풀 초)				蘭香 (　　　) 난초의 향기	
欄	난간 란 木 21	공란 난간 난외	欄 (나무 목)				空欄 (　　　) 빈칸	

若	같을 약 반야 야 艸(++) 9	만약 약간 반야	若 (풀 초)				萬若 ( ) 어쩌다가, 혹시 ※般若(반야)	복습
諾	허락할낙 言 16	승낙 허락 수락	諾 (말씀 언)				承諾 ( ) 승인하고 허락함 ※受諾(수락) 快諾(쾌락) ※許諾(허락)	莫幕慕漠妃祀肥剛綱鋼
妄	망령될망 女 6	망령 망동 망상	妄 (계집 녀)				妄言 ( ) 망령된 말	
盲	소경 맹 目 8	색맹 맹목 맹아	盲 (눈 목)				色盲 ( ) 빛깔을 가려내지 못하는 증세	
旣	이미 기 无 11	기성 기결 기득	旣 (없을 무)				旣存 ( ) 이미 존재하고 있음	峯逢輩排卑婢澤譯驛釋懇貌浦補捕薄簿鍊蘭欄
槪	대개 개 木 15 [槪=概]	개념 개론 개요	槪 (나무 목)				槪念 ( ) 대개의 생각	
兼	겸할 겸 八 10	겸용 겸임 겸직	兼 (여덟 팔)				兼用 ( ) 겸하여 씀	
謙	겸손할겸 言 17	겸허 공겸 겸양	謙 (말씀 언)				謙稱 ( ) 겸손하게 일컬음	
勿	말 물 [하지말라/없다] 勹 4	물론 물입 물시	勿 (감쌀 포)				勿論 ( ) 말할 필요가 없음	
忽	갑자기홀 心 8	홀연 소홀 홀대	忽 (마음 심)				忽然 ( ) 갑자기	

3Ⅱ<5>

3Ⅱ<6>

旦	아침 단 日 5	원단 단석 일단	旦 (날 일)				元旦 (　　　) 으뜸의 아침[설날] [반]旦↔夕[단석]	복습
但	다만 단 人(亻) 7	단서 비단 단공	但 (사람 인)				但書 (　　　) 본문 다음에 덧붙여 쓴 말	峯逢輩排卑婢澤譯驛釋
懷	품을 회 心(忄)19	감회 회고 회의	懷 (마음 심)				感懷 (　　　) 마음에 느끼어 일어나는 회포	
壞	무너질괴 土 19	파괴 손괴 괴멸	壞 (흙 토)				破壞 (　　　) [건물,기물] 깨뜨리거나 무너뜨림	
壤	흙덩이양 土 20	평양 토양 격양	壤 (흙 토)				平壤 (　　　) 평평하고 부드러운 흙으로 형성되어 있다 하여 지은 지명	懇貌浦補捕薄簿鍊蘭欄
讓	사양할양 言 24	사양 양보 양도	讓 (말씀 언)				謙讓 (　　　) 겸손하게 사양함	
偏	치우칠편 人(亻)11	편애 편견 편두통	偏 (사람 인)				偏愛 (　　　) 치우치게 사랑함	
編	엮을 편 糸 15	편성 편물 편대	編 (실 사)				改編 (　　　) 책 따위를 다시 엮음	若諾妄盲旣槪兼謙勿忽
仰	우러를앙 人(亻) 6	앙망 앙축 신앙	仰 (사람 인)				信仰 (　　　) 믿고 우러러 봄	
抑	누를 억 手(扌) 7	억압 억제 억류	抑 (손 수)				㉠抑壓 (　　　) 상대를 힘으로 누름	

3Ⅱ<7>

哀	슬플 애 口 9	애환 애석 비애	哀 (입 구)					㉫哀歡( ) 슬프고 기쁨 ㉫哀↔慶 [애경] ㉴悲=哀 [비애]	복 습
衰	쇠할 쇠 衣 10	쇠약 쇠퇴 노쇠	衰 (옷 의)					衰弱( ) 몸이 쇠퇴하고 약해짐 ㉫盛↔衰[성쇠]	懇貌浦補捕薄簿鍊蘭欄
裏	속 리 衣 13	이면 이서 표리	裏 (옷 의)					裏面( ) 속, 안 ㉫表↔裏[표리]	
襲	엄습할 습 衣 22	기습 급습 세습	襲 (옷 의)					奇襲( ) 몰래 움직여 갑자기 들이침	
途	길 도 辵(辶)11	도중 전도 중도	途 (쉬엄쉬엄갈착)					途中( ) 길을 걷고 있는 때, 무엇을 하는 중	若諾妄盲旣概兼謙勿忽
徐	천천할 서 彳 10	서행 서보 서완	徐 (자축거릴척)					徐行( ) 천천히 다님	
錦	비단 금 金 16	금의 금계 금지	錦 (쇠 금)					錦衣( ) 비단 옷	
綿	솜 면 糸 14	순면 면직 면밀	綿 (실 사)					純綿( ) 순수한 면	旦但懷壞壤讓偏編仰抑
枝	가지 지 木 8	지엽 간지 죽지	枝 (나무 목)					枝葉( ) 가지와 잎	
鼓	북 고 ※鼓 13	고수 고동 고적	鼓 (북 고)					鼓手( ) 북을 치는 사람 ◆固守,高手	

3Ⅱ<8>

漢字	訓音	단어	筆順				예시	복습
免	면할 면 儿 7 同:免	면책 면제 모면	免 (어진사람인)				免稅（　　） 세금을 면제함 　　　　반任↔免[임면]	若諾妄盲旣槪兼謙勿忽
晩	늦을 만 日 11	조만 만추 만성	晩 (날 일)				반早晩（　　） 이르고 늦음	
兎	토끼 토 儿 8 同:兔/兎	토피 견토 가토	兎 (어진사람인)				兎角（　　） 토끼의 뿔 ※兎角龜毛 [억지의 말]	
逸	편안할일 숨다/뛰어나다 辵(辶)12	일화 일품 독일	逸 (쉬엄쉬엄갈착)				安逸（　　） 편안하고 한가로움	旦但懷壞壤讓偏編仰抑
浪	물결 랑 水(氵)10	낭비 낭설 방랑	浪 (물 수)				浪費（　　） 물 쓰듯이 함부로 씀	
郎	사내 랑 邑(阝)10	신랑 화랑 낭군	郎 (우부방/고을읍)				新郞（　　） 새로이 장가가는 남자	
廊	사랑채랑 广 13	화랑 사랑 행랑	廊 (집 엄)				畫廊（　　） 그림을 판매, 전시하는 전시장　　◆花郞	
曾	일찍 증 높을 증 日 12	증조 증손 증발	曾 (말할 왈)				曾祖（　　） 祖父의 父母, 三代위의 祖上	哀衷裏襲途徐錦綿枝鼓
憎	미울 증 心(忄)15	증오 애증 가증	憎 (마음 심)				반愛憎（　　） 사랑하고 미워함 　　　　유憎＝惡[증오]	
僧	중 승 人(亻)14	승무 승복 승명	僧 (사람 인)				僧舞（　　） 불교적 색채가 짙은 혼자 추는 춤　◆乘務	

- 40 -

3Ⅱ <9>

한자	훈음	단어	쓰기				용례	복습
谷	골 곡 골짜기곡 谷 7	계곡 유곡 율곡	谷 (골 곡)				溪谷 (　　　) 시냇물이 흐르는 골짜기 溪:시내계	복습 旦但懷壞壤讓偏編仰抑哀衰裏襲途徐錦綿枝鼓免晚冕逸浪郎廊曾憎僧
裕	넉넉할유 衣(衤)12	부유 풍유 여유	裕 (옷 의)				富裕 (　　　) 재물이 많아 생활이 넉넉함	
欲	하고자할욕 欠 11	욕구 욕망 과욕	欲 (하품 흠)				欲求 (　　　) 무슨 일을 하고자 구함	
慾	욕심 욕 心 15	욕심 과욕 물욕	慾 (마음 심)				物慾 (　　　) 물질에 대한 욕심	
付	부칠 부 人(亻) 5	교부 송부 배부	付 (사람 인)				交付 (　　　) [증명서,원서] 내어 줌	
符	부호 부 竹 11	부적 부합 부호	符 (대 죽)				符籍 (　　　) 악귀나 잡신을 쫓기위하여 붉은색으로 야릇한 글자나 모양을 그린 종이	
附	붙을 부 阜(阝) 8	부속 부가 부근	附 (좌부방/언덕부)				附屬 (　　　) 주된 것에 딸려 있음 ◆部屬	
殊	다를 수 歹(歺)10	특수 수상 수이	殊 (뼈앙상할알)				特殊 (　　　) 특별히 다름　◆特秀	
珠	구슬 주 玉(王)10	주옥 주산 진주	珠 (구슬 옥)				珠玉 (　　　) 구슬과 옥	
株	그루 주 木 10	주식 주가 주주	株 (나무 목)				株式 (　　　) 주식회사의 자본을 이루는 단위　◆主食	

3Ⅱ<10>

愼	삼갈 신 心(忄)13	신중 신독	愼 (마음 심)				愼重 (　　　) 삼가 조심성이 있음	복습 哀衰裏襲途徐錦綿枝鼓 免晩兔逸浪郎廊曾憎僧 谷裕欲慾付符附殊珠株
鎭	진압할진 金 18	진화 진압 진정	鎭 (쇠 금)				鎭火 (　　　) 불을 끔　　◆進化	
踐	밟을 천 足 15	실천 천약 천력	踐 (발 족)				實踐 (　　　) 실제로 이행함	
賤	천할 천 貝 15	천직 천대 귀천	賤 (조개 패)				賤職 (　　　) 천한 직업　◆天職 반貴↔賤[귀천]	
淺	얕을 천 水(氵)11	심천 천박 천학	淺 (물 수)				반深淺(　　　) 깊고 얕음 유淺=薄[천박]	
阿	언덕 아 아첨할아 阜(阝)8	아부 아첨 아편	阿 (좌부방/언덕부)				阿附 (　　　) [남의 환심을 사기 위해] 아첨하고 붙좇음	
何	어찌 하 人(亻)7	육하 하시 여하	何 (사람 인)				六何 (　　　) [기사작성] 여섯가지의 필수 조건	
荷	멜 하 艸(艹)11	출하 하역 하물	荷 (풀 초)				出荷 (　　　) 생산품을 시장으로 실어 냄	
供	이바지할공 공급 공 人(亻)8	공급 불공 제공	供 (사람 인)				供給 (　　　) [요구나 필요에 따라] 물품 따위를 제공함 반需要(수요)	
恭	공손할공 心(忄)10	공경 공대 불공	恭 (마음 심)				유恭敬(　　　) [남을 대할 때] 몸가짐을 공손히 하고 존경함	

3Ⅱ<11>

漢字	訓音·部首·劃	뜻들	筆順				單語	複習
悔	뉘우칠 회 心(忄)10	후회 감회 회개	悔 (마음 심)				後悔 (　　) 뒤에 뉘우침	伏合
梅	매화 매 木 11	매화 매실 설중매	梅 (나무 목)				梅實 (　　) 매화나무의 열매	免晚冕逸浪郎廊曾憎僧
媒	중매 매 女 12	매체 중매 매개	媒 (계집 녀)				媒體 (　　) 전하는 구실을 하는 물체	
謀	꾀 모 言 16	음모 모략 도모	謀 (말씀 언)				陰謀 (　　) 몰래 좋지 못한 일을 꾸밈	
司	맡을 사 口 5	사회 사령 사법	司 (입 구)				司會 (　　) [집회, 예식] 진행을 맡음 ◆社會	谷裕欲慾付符附殊珠株
詞	말 사 言 12	명사 품사 대사	詞 (말씀 언)				名詞 (　　) 사물의 이름을 나타내는 말　◆名士	
胃	밥통 위 月(肉)9	위장 위액 위통	胃 (육달 월)				胃腸 (　　) 위와 창자	
謂	이를 위 言 16	소위 칭위 가위	謂 (말씀 언)				所謂 (　　) 이른바	愼鎭踐賤淺阿何荷供恭
誘	꾈 유 言 14	유인 유혹 유도	誘 (말씀 언)				誘引 (　　) 남을 꾀어냄	
透	사무칠 투 [통하다] 辵(辶)11	투시 투명 투과	透 (쉬엄쉬엄갈착)				透視 (　　) 속의 것을 환히 꿰뚫어 봄	

3Ⅱ<12>

兆	억조 조 ル 6	억조 징조 조짐	兆 (어진사람인)				億兆 (　　) 억과 조, 한없이 많은 수
桃	복숭아도 木 10	도화 도원 황도	桃 (나무 목)				桃花 (　　) 복숭아꽃　◆圖畫
羽	깃 우 날개 우 羽 6	우모 우익 우대	羽 (깃 우)				羽隊 (　　) '군대에서 화살을 지는 부대'를 이르던 말 ◆優待
翼	날개 익 羽 17	우익 좌익 학익	翼 (깃 우)				右翼 (　　) 오른쪽 날개
炎	불꽃 염 火 8	폭염 염서 염량	炎 (불 화)				暴炎 (　　) 매우 사나운 더위 凹炎↔涼[염량]
淡	맑을 담 水(氵)11	담수 담백 냉담	淡 (물 수)				淡水魚(　　) 맑은 물에서 사는 고기 [민물고기]
唐	당나라당 갑자기당 ※口 10	당돌 당시 황당	唐 (입 구)				唐突 (　　) 꺼리거나 어려워함이 없음
糖	엿 당 엿 탕 米 16	당분 제당 사탕	糖 (쌀 미)				糖乳 (　　) 진하게 달인 우유 *雪糖(설탕)
倉	곳집 창 人 10	창고 곡창 탄창	倉 (사람 인)				倉庫(　　) 곳집
蒼	푸를 창 艸(艹)14	창공 창생 창연	蒼 (풀 초)				蒼空 (　　) 푸른 하늘

복습　谷裕欲慾付符附殊珠株　愼鎭踐賤淺阿何荷供恭　悔梅媒謀司詞胃謂誘透

- 44 -

諸	모두 제 言 16	제군 제반 제위	諸 (말씀 언)				諸君 (　　　) 여러분, 그대들	복습
緖	실마리 서 糸 15	단서 정서 유서	緖 (실 사)				端緖 (　　　) 실마리, 끄트머리 ◆但書	愼鎭踐賤淺阿何荷供恭
著	나타날 저 책지을 저 艸(⺿)13	저자 저작 저술	著 (풀 초)				著者 (　　　) 책을 지은 사람, 지은이	
署	마을 서 관청 서 罒 14	관서 부서 서명	署 (그물 망)				警察署(　　　) 국민의 안전을 살피는 일을 맡아보는 관청	
淑	맑을 숙 水(氵)11	숙녀 정숙 사숙	淑 (물 수)				淑女 (　　　) 정숙하고 품위 있는 여자	悔梅媒謀司詞胃謂誘透
寂	고요할 적 宀 11	한적 적막 고적	寂 (집 면)				閑寂 (　　　) 한가하고 고요함	
戚	친척 척 戈 11	외척 친척 척신	戚 (창 과)				外戚 (　　　) 외가쪽의 친척	
皮	가죽 피 皮 5	피골 피혁 표피	皮 (가죽 피)				皮骨 (　　　) 살갗과 뼈	兆桃羽翼炎淡唐糖倉蒼
被	입을 피 衣(衤)10	피해 피복 피살	被 (옷 의)				被害 (　　　) 신체·재물·정신상의 손해를 입는 일	
彼	저 피 [저것] 彳 8	피일 피차 피아	彼 (자축거릴 척)				彼日 (　　　) 저날　　*차일피일	

3Ⅱ<14>

愚	어리석을우 心 13	현우 우문 우롱	愚 (마음 심)					㊤賢愚( ) 현명함과 어리석음
偶	짝 우 人(亻)11	배우 우연 우발	偶 (사람 인)					㊤配偶( ) 짝 *配:짝배
載	실을 재 車 13	적재 기재 연재	載 (수레 차)					連載( ) [신문,잡지,소설] 연속해서 실음
裁	옷마를재 衣 12	재단 재판 결재	裁 (옷 의)					裁斷( ) 옷을 만들때의 마름질 ◆財團
栽	심을 재 木 10	식재 재배 이재	栽 (나무 목)					㊤栽植( ) 심다
佳	아름다울가 人(亻)8	가인 가작 가약	佳 (사람 인)					佳人( ) 아름다운 여자
桂	계수나무계 木 10	계피 계수 월계관	桂 (나무 목)					桂樹( ) 계수나무
封	봉할 봉 寸 9	개봉 봉인 봉창	封 (마디 촌)					開封( ) 봉한 것을 떼어서 열다
暫	잠깐 잠 日 15	잠정 잠간 잠시	暫 (날 일)					暫定( ) 임시로 잠깐 정함
漸	점점 점 水(氵)14	점차 점진 점퇴	漸 (물 수)					漸次( ) 점점, 차차

복合 悔梅媒謀司詞胃謂誘透 兆桃羽翼炎淡唐糖倉蒼 諸緒著署淑寂戚皮被彼

3Ⅱ ⟨15⟩

藏	감출 장 艹(++)18	저장 장치 장서	藏 (풀 초)				貯藏 (　　　) 물건을 모아서 간수함	복 습
臟	오장 장 月(肉)22	오장 장기 장부	臟 (육달 월)				肝臟 (　　　) 복강의 오른편 위쪽에 있는 장기　◆肝腸	兆桃羽翼炎淡唐糖倉蒼
壽	목숨 수 ※士 14	장수 수명 수복	壽 (선비 사)				長壽 (　　　) 오래 삶　　◆將帥	
鑄	쇠불릴주 金 22	주물 주조 주화	鑄 (쇠 금)				鑄物 (　　　) 일정한 거푸집에 쇳물을 부어 만든 물건	
貫	꿸 관 貝 11	관통 관철 관향	貫 (조개 패)				貫通 (　　　) 꿰뚫어 통함	諸緖著署淑寂戚皮被彼
慣	익숙할관 心(忄)14	습관 관례 관행	慣 (마음 심)				習慣 (　　　) 익숙해진 버릇	
迫	핍박할박 走(辶) 9	급박 박두 박력	迫 (쉬엄쉬엄갈착)				急迫 (　　　) [일의 형세가] 급함	
伯	맏 백 人(亻) 7	백부 백모 백씨	伯 (사람 인)				伯父 (　　　) 큰아버지	愚偶載裁栽佳桂封暫漸
鬼	귀신 귀 ※鬼 10	귀신 귀재 귀화	鬼 (귀신 귀)				鬼才 (　　　) 귀신같은 재능	
魂	넋 혼 鬼 14	원혼 혼백 혼령	魂 (귀신 귀)				怨魂 (　　　) 원통하게 죽은 사람의 넋	

3Ⅱ<16>

辰	별 진 때 신 辰 7	일진 생신 성신	辰 (별 진)				日辰 (　　　　) 날의 육십갑자 ※生辰(생신) 星辰(성신)	복습
振	떨칠 진 手(扌)10	진동 진흥 부진	振 (손 수)				振動 (　　　　) 흔들려 움직임	諸緒著署淑寂戚皮被彼
辱	욕될 욕 辰 10	욕설 치욕 굴욕	辱 (별 진)				辱說 (　　　　) 남을 모욕하는 말	
震	우레 진 [천둥] 雨 15	지진 진동 진노	震 (비 우)				震怒 (　　　　) 몹시 노함	
雷	우레 뢰 雨 13	뇌전 뇌성 낙뢰	雷 (비 우)				落雷 (　　　　) 벼락이 떨어짐	愚偶載裁栽佳桂封暫漸
靈	신령 령 雨 24	신령 유령 혼령	靈 (비 우)				聖靈 (　　　　) 성스러운 신령	
霜	서리 상 雨 17	풍상 추상 상설	霜 (비 우)				風霜 (　　　　) 바람과 서리	
露	이슬 로 [나타나다] 雨 21	노숙 노출 초로	露 (비 우)				露宿 (　　　　) 한데서 나타나게 잠을 잠	藏臟壽鑄貫慣迫伯鬼魂
需	쓰일 수 雨 14	수요 수급 수용	需 (비 우)				四需給(　　　　) 수요와 공급	
耐	견딜 내 ※而 9	인내 내구 내열	耐 (말이을이)				忍耐 (　　　　) 참고 견딤	

此	이 차 [이것] ※止 6	피차 차후 차제	此 (그칠 지)				毗彼此(　　　) 저쪽과 이쪽
紫	자주빛자 糸 12	자주 자운 자색	紫 (실 사)				紫雲(　　　) 자주빛 구름
揚	날릴 양 手(扌)12	인양 양수 양명	揚 (손 수)				揚名(　　　) 이름을 날림[떨침]
湯	끓을 탕 水(氵)12	탕약 욕탕 잡탕	湯 (물 수)				湯藥(　　　) 끓인 약
玄	검을 현 玄 5	현미 현손 현관	玄 (검을 현)				玄米(　　　) 왕겨만 벗긴 쌀
率	비율 률 거느릴솔 玄 11	비율 능률 솔직	率 (검을 현)				比率(　　　) "률"은 몸이나 "ㄴ"다음에선 "율"이라한다 ※統率(통솔) 引率(인솔) 率直(솔직) 率先(솔선)
肖	닮을 초 작을 초 月(肉) 7	불초 초상 초형	肖 (육달 월)				不肖(　　　) 닮지 않음(못나고 어리석음) *불초소인
削	깎을 삭 刀(刂) 9	삭발 삭제 삭감	削 (칼 도)				削髮(　　　) 머리털을 깎음
凡	무릇 범 [보통/대개] 几 3	비범 평범 범례	凡 (자리 궤)				非凡(　　　) 평범하지 않음 毗平凡(평범)
恐	두려울공 心 10	공룡 진공 가공	恐 (마음 심)				恐龍(　　　) 중생대의 파충류 화석 동물

복습

愚偶載裁栽佳桂封暫漸藏臟壽鑄貫慣迫伯鬼魂辰振辱震雷靈霜露需耐

3Ⅱ<18>

漢字	訓音	부수	쓰기				단어	복습
尚	오히려상 높을 상 小 8	고상 숭상 상무	尚 (작을 소)				亞高尚(　　　) [인품이나 학문·취미 따위가] 높고 품위가 있음 亞崇=尚[숭상]	복습 藏臟壽鑄貫慣迫伯鬼魂辰振辱震雷靈霜露需耐此紫揚湯玄率肖削凡恐
掌	손바닥장 手 12	박장 합장 여반장	掌 (손 수)				拍掌(　　　) 손바닥을 침	
裳	치마 상 衣 14	의상 홍상 청상	裳 (옷 의)				衣裳(　　　) 저고리와 치마, 옷	
償	갚을 상 人(亻)17	보상 상환 무상	償 (사람 인)				補償(　　　) 남에게 끼친 재산상의 손해를 금전으로 갚음	
牙	어금니아 牙 4	치아 아성 상아탑	牙 (어금니아)				齒牙(　　　) 사람의 이를 높여 이르는 말	
芽	싹 아 艸(艹)8	발아 맥아 신아	芽 (풀 초)				發芽(　　　) 싹이 틈	
邪	간사할사 邑(阝)7	사악 사련 사교	邪 (우부방/고을읍)				邪惡(　　　) 간사하고 악함	
雅	맑을 아 隹 12	우아 아량 아담	雅 (새 추)				優雅(　　　) 인품이 넉넉하고 맑음	
稚	어릴 치 禾 13	치어 유치 치기	稚 (벼 화)				稚魚(　　　) 어린 물고기	
維	벼리 유 糸 14	유지 유신 사유	維 (실 사)				維持(　　　) [어떤 상태를] 그대로 지니어 감　　　　　◆有志	

3Ⅱ<19>

役	부릴 역 彳 7	사역 주역 역군	役 (자축거릴 척)				㊌使役(　　) 남을 써서 일을 시킴	복 습 辰 振 辱 震 雷 靈 霜 露 需 耐 此 紫 揚 湯 玄 率 肯 削 凡 恐 尙 掌 裳 償 牙 芽 邪 雅 稚 維
疫	전염병 역 疒 9	역학 방역 면역	疫 (병 녁)				疫學(　　) 의학을 연구하는 학문 ◆易學	
殿	전각 전 [궁궐] 殳 13	궁전 편전 불전	殿 (창 수)				宮殿(　　) 임금이 거처하는 집	
般	가지 반 일반 반 ※舟 10	제반 일반 만반	般 (배 주)				諸般(　　) 여러 가지 모든 것	
盤	소반 반 皿 15	기반 선반 소반	盤 (그릇 명)				基盤(　　) 기본이 되는 자리	
鹽	소금 염 鹵 24	염전 염분 염화	鹽 (짠땅 로)				鹽田(　　) 소금밭	
盟	맹세 맹 皿 13	동맹 가맹 연맹	盟 (그릇 명)				同盟(　　) 동일한 목적을 위하여 하는 맹세	
輸	보낼 수 車 16	수송 수출 수혈	輸 (수레 차)				輸入(　　) 외국에서 물품을 사들임 ㊌輸出(수출)　◆收入	
較	비교 교 車 13	비교 교략 교량	較 (수레 차)				比較(　　) [둘이상의 사물을] 서로 견주어 봄	
軟	연할 연 車 11	연약 유연 연금	軟 (수레 차)				軟禁(　　) 정도가 가벼운 감금 ◆年金	

3Ⅱ<20>

孟	맏 맹 子 8	맹모 맹춘 맹랑	孟 (아들 자)				孟春(　　　) 초봄, 이른 봄	복습 此紫揚湯玄率肯削凡恐 尚掌裳償牙芽邪雅稚維 役疫殿般盤鹽盟輸較軟
猛	사나울맹 犬(犭)11	맹호 맹장 맹수	猛 (개 견)				猛犬(　　　) 사나운 개	
奔	달릴 분 大 8	분주 분산 분마	奔 (큰 대)				㊟奔走(　　　) 몹시 바쁘게 뛰어다님	
奮	떨칠 분 大 16	분발 분투 분격	奮 (큰 대)				興奮(　　　) 감정이 북받치거나 분기(奮起)함	
奪	빼앗을탈 大 14	탈취 탈환 강탈	奪 (큰 대)				奪取(　　　) 빼앗아 가짐	
契	맺을 계 大 9	계약 계원 계주	契 (큰 대)				㊟契約(　　　) 두 사람 이상의 합의에 따라 성립하는 법률행위	
亦	또 역 亠 6	역시 차역 기역	亦 (뜻없는토두)				亦是(　　　) 또한	
跡	발자취적 足 13	인적 추적 필적	跡 (발 족)				人跡(　　　) 사람이 다닌 발자취 ◆人的	
蹟	자취 적 足 18	유적 고적 행적	蹟 (발 족)				古蹟(　　　) 남아 있는 옛적건물이나 시설물이나 터	
債	빚 채 人(亻)13	채무 채권 부채	債 (사람 인)				債務(　　　) 빚을 짐　㉰債權	

3Ⅱ<21>

賃	품삯 임 貝 13	임금 임대 임차	賃 (조개 패)				賃金 (　　　) 품삯으로 받는 돈	복 습 尚 掌 裳 償 牙 芽 邪 雅 稚 維 役 疫 殿 般 盤 鹽 盟 輸 較 軟 孟 猛 奔 奮 奪 契 亦 跡 蹟 債
貸	빌릴 대 [빌려줌] 貝 12	대차 대부 대여	貸 (조개 패)				貸與 (　　　) 빌려 줌	
借	빌릴 차 人(亻)10	차용 차입 차가	借 (사람 인)				貸借 (　　　) 빌려주고 빌림	
錯	어긋날착 金 16	착각 착오 착란	錯 (쇠 금)				錯誤 (　　　) 착각으로 말미암은 잘못	
惜	아낄 석 心(忄)11	석별 석패 애석	惜 (마음 심)				哀惜 (　　　) 슬프고 아까움	
獸	짐승 수 犬 19	금수 맹수 야수	獸 (개 견)				猛獸 (　　　) 사나운 짐승	
默	잠잠할묵 黑 16	묵념 묵인 묵독	默 (개 견)				默念 (　　　) 말없이 생각에 잠김	
墨	먹 묵 土 15	묵화 묵향 묵즙	墨 (흙 토)				墨香 (　　　) 먹의 향기	
獻	드릴 헌 犬 20	헌납 헌혈 문헌	獻 (개 견)				獻納 (　　　) 금품을 바침	
隔	사이뜰격 阜(阝)13	간격 격리 격일	隔 (좌부방/언덕부)				間隔 (　　　) 사이 떨어진 거리	

3Ⅱ<22>

陳	베풀 진 阜(阝)11	진술 진열 진설	陳 (좌부방/언덕부)				陳設( ) 잔치나 제사 때, 법식에 따라서 상 위에 음식을 벌여 차림	복 습
凍	얼 동 冫 10	동상 동사 해동	凍 (얼음 빙)				凍結( ) 얼어 붙음	役疫殿般盤鹽盟輸較軟
菜	나물 채 艹(⧺)12	채식 생채 채근	菜 (풀 초)				菜食( ) 나물위주의 식사 반肉食(육식)	
彩	채색 채 彡 11	채색 광채 문채	彩 (터럭 삼)				彩色( ) 여러가지 고운 빛깔	
影	그림자 영 彡 15	영상 영향 음영	影 (터럭 삼)				陰影( ) 그늘과 그림자	孟猛奔奮奪契亦跡蹟債
宇	집 우 宀 6	우주 기우 전우	宇 (집 면)				"宀" 부수인 글자를 아는데로 써 보세요. ( )	
宙	집 주 宀 8	우주 주수 주연	宙 (집 면)				宇宙( ) 온 세계를 둘러싸고 있는 공간	
笛	피리 적 竹 11	경적 기적 고적	笛 (대 죽)				警笛( ) 위험을 알리거나 경계를 위하여 울리는 고동	賃貸借錯惜獸默墨獻隔
衝	찌를 충 부딪힐충 行 15	충돌 충동 충격	衝 (다닐 행)				衝動( ) 마음을 들쑤셔서 흔들어 놓음	
衡	저울대형 行 16	평형 균형 도량형	衡 (다닐 행)				衡平( ) 균형이 잡혀 있는 일	

3Ⅱ<23>

照	비칠 조 火(灬)13	조명 대조 참조	照 (불 화)				照明 (　　　) 빛을 비추어 밝게 함	복 습
超	뛰어넘을초 走 12	초월 초과 초탈	超 (달릴 주)				超過 (　　　) [일정한 수나 한도] 넘어 지나감	孟猛奔奮奪契亦跡蹟債
越	넘을 월 走 12	월등 월동 월권	越 (달릴 주)				㊿超越(　　　) 어떤 한계나 표준을 뛰어넘음	
拳	주먹 권 手 10	권투 철권 권총	拳 (손 수)				拳鬪 (　　　) 주먹으로 겨루는 경기	
泰	클 태 너그러울태 水(氺)10	태산 태연 태평	泰 (물 수)				泰平 (　　　) [세상, 성격] 너그럽고 평안함　◆太平	賃貸借錯惜獸默墨獻隔
奏	아뢸 주 大 9	연주 주악 주효	奏 (큰 대)				演奏 (　　　) 악기를 다루어 음악을 들려주는 일	
稿	원고 고 禾 15	원고 고료 초고	稿 (벼 화)				原稿 (　　　) 출판하기 위하여 초벌로 쓴 글　◆原告	
秩	차례 질 禾 10	질서 질만 질미	秩 (벼 화)				㊿秩序(　　　) 차례와 순서	陳凍菜彩影宇宙笛衝衡
稀	드물 희 禾 12	희귀 희소 희미	稀 (벼 화)				稀貴 (　　　) 드물고 귀함	
租	조세 조 禾 10	조세 조계 조차	租 (벼 화)				㊿租稅(　　　) 세금	

徵	부를 징 彳 15	징병 징수 징조	徵 (자축거릴척)				徵收 (　　　) [법규의 규약 등에 따라] 세금이나 수수료 따위를 거두어 들임	복습
微	작을 미 彳 13	미세 미약 미소	微 (자축거릴척)				微弱 (　　　) 미미하고 약하여 보잘 것 없음	賃貸借錯惜獸默墨獻隔
徹	통할 철 彳 15	철저 관철 철야	徹 (자축거릴척)				貫徹 (　　　) 자신의 주장이나 방침 따위 를 처음부터 끝까지 일관하 여 밀고 나감	
御	거느릴어 임금 어 彳 11	어명 어사 어용	御 (자축거릴척)				御命 (　　　) 임금의 명령	陳凍菜彩影宇宙笛衝衡
征	칠 정 彳 8	정벌 정복 원정	征 (자축거릴척)				征伐 (　　　) 적을 침	
徑	지름길경 彳 10	직경 경륜 반경	徑 (자축거릴척)				直徑 (　　　) 지름	
狂	미칠 광 犬(犭) 7	광란 열광 광분	狂 (개 견)				狂信 (　　　) 미치다시피 덮어놓고 믿음	照超越拳泰奏稿秩稀租
獄	옥 옥 감옥 옥 犬(犭)14	감옥 옥사 옥리	獄 (개 견)				獄死 (　　　) 감옥에서 죽음　◆獄舍	
猶	오히려유 같을 유 犬(犭)12	유예 유녀 유자	猶 (개 견)				猶豫 (　　　) 시일을 오히려 미룸	
獲	얻을 획 犬(犭)17	획득 어획 포획	獲 (개 견)				獲得 (　　　) 얻거나 얻어냄	

紛	어지러울분 糸 10	분실 분쟁 분잡	紛 (실 사)				紛爭 ( ) 어지러이 다툼	복습
絡	이을 락 얽힐 락 糸 12	연락 맥락 경락	絡 (실 사)				連絡 ( ) 정보 따위를 전하거나 이어짐	陳凍菜彩影宇宙笛衝衡
紋	무늬 문 糸 10	지문 파문 문양	紋 (실 사)				指紋 ( ) 손가락의 무늬	
緩	느릴 완 糸 15	완행 완화 완충	緩 (실 사)				緩急 ( ) 느리고 급함	
縱	세로 종 糸 17	종횡 방종 종단	縱 (실 사)				縱橫 ( ) 세로와 가로	照超越拳泰奏稿秩稀租
緊	긴할 긴 요긴할긴 糸 14	긴급 긴요 긴축	緊 (실 사)				緊急 ( ) 일이 아주 중대하고 급함	
繁	번성할번 糸 17	번창 번화 번영	繁 (실 사)				繁盛 ( ) 한창 잘되어 성함	
索	찾을 색 노끈 삭 糸 10	색인 철삭 삭막	索 (실 사)				索引 ( ) 쉽게 찾아볼 수 있도록 일정한 순서로 배열해 놓은 목록 ※鐵索(철삭)	徵微徹御征徑狂獄猶獲
累	자주 루 糸 11	누계 누적 누란	累 (실 사)				累計 ( ) 계산을 모두 합한 상태	
畜	짐승 축 [가축] 田 10	축산 축사 가축	畜 (밭 전)				牧畜 ( ) 가축을 기름	

3Ⅱ<26>

館	집 관 食17 (館)	회관 여관 별관	館 (먹을 식)				別館 (　　　) 별채의 집	복 습
飯	밥 반 食13 (飯)	반점 반주 조반	飯 (먹을 식)				朝飯 (　　　) 아침밥	照超越拳泰奏稿秩稀租
飾	꾸밀 식 食14 (飾)	가식 장식 수식	飾 (먹을 식)				假飾 (　　　) 거짓으로 꾸밈	
燒	사를 소 火 16	소멸 소사 소주	燒 (불 화)				燒火 (　　　) 불에 태움　◆消化	徵微徹御征徑狂獄猶獲
爐	화로 로 火 20	화로 향로 노변	爐 (불 화)				香爐 (　　　) 향을 피우는 자그마한 화로　　　◆向路	
割	벨 할 刀(刂)12	할복 분할 할부	割 (칼 도)				分割 (　　　) 둘 또는 그 이상으로 나눔	紛絡紋緩縱緊繁索累畜
劃	그을 획 刀(刂)14	획일 구획 획기적	劃 (칼 도)				劃順 (　　　) 획을 긋는 순서	
刷	인쇄할 쇄 刀(刂) 8	인쇄 쇄신 축쇄	刷 (칼 도)				印刷 (　　　) 문자나 그림, 사진 등을 종 이나 기타 물체의 겉면에 옮겨 찍는 일	
刺	찌를 자 찌를 척 수라 라 刀(刂) 8	자객 난자 척살	刺 (칼 도)				刺客 (　　　) 사람을 몰래 찔러 죽이는 사람　※刺殺(척살)	
劍	칼 검 刀(刂)15 同:劒	검객 검술 검도	劍 (칼 도)				劍道 (　　　) 劍術로 인간 수양의 道를 닦음	

3Ⅱ<27>

賦	부세 부 貝 15	부과 부세 월부	賦 (조개 패)				賦課 (　　　) 세금이나 물릴 돈을 매겨서 부담하게 함	복습
貞	곧을 정 貝 9	정조 정절 정결	貞 (조개 패)				貞節 (　　　) 곧은 절개	徵微徹御征徑狂獄猶獲
貢	바칠 공 貝 10	공물 공납 공헌	貢 (조개 패)				貢納 (　　　) 현물로 나라에 바치는 일　◆公納	
賀	하례할 하 貝 12	축하 하객 하례	賀 (조개 패)				祝賀 (　　　) 기쁘고 즐겁다는 뜻으로 인사함	
貿	무역할 무 貝 12	무역 무살	貿 (조개 패)				㈜貿易(　　　) 외국 상인과 물품을 수출입하는 상행위	紛絡紋緩縱緊繁索累畜館飯飾燒爐割劃刷刺劍
賴	의뢰할 뢰 [믿다] 貝 16	신뢰 의뢰 무뢰	賴 (조개 패)				㈜信賴(　　　) 믿고 의뢰함	
贊	도울 찬 貝 19	찬성 찬조 찬반	贊 (조개 패)				㈜贊反(　　　) 찬성과 반대	
頂	정수리 정 꼭대기 정 頁 11	정상 정점 절정	頂 (머리 혈)				頂上 (　　　) 산 꼭대기, 한나라의 최고 수뇌　◆正常	
項	항목 항 頁 12	항목 사항 조항	項 (머리 혈)				事項 (　　　) 일의 조목	
顔	낯 안 頁 18	안색 용안 안료	顔 (머리 혈)				顔色 (　　　) 얼굴 빛	

3Ⅱ<28>

忍	참을 인 心 7	인내 잔인 은인	忍 (마음 심)				忍苦 (　　　) 괴로움을 참음	복 습
慈	사랑 자 心 13	자애 자비 자당	慈 (마음 심)				慈善 (　　　) 사랑과 착한 마음 🔑仁慈, 慈愛	紛絡紋緩縱緊繁索累畜
愁	근심 수 心 13	수심 애수 향수	愁 (마음 심)				愁心 (　　　) 근심하는 마음 ◆水深	
戀	그리울 련 心 23	연모 연애 연정	戀 (마음 심)				🔑戀慕(　　　) 그리워함	
恕	용서 서 心 10	용서 충서 관서	恕 (마음 심)				🔑容恕(　　　) 잘못이나 죄를 꾸짖거나 벌하지 않고 끝냄	舘飯飾燒爐割劃刷刺劍
惑	미혹할 혹 心 12	의혹 유혹 불혹	惑 (마음 심)				🔑疑惑(　　　) 의심하고 미혹됨	
懸	달 현 매달 현 心 20	현상 현안 현판	懸 (마음 심)				懸賞 (　　　) 상금과 상품을 내거는 일 ◆現狀	
慧	슬기로울 혜 心 15	지혜 혜심 혜조	慧 (마음 심)				🔑智慧(　　　) 사물의 도리나 선악따위 를 잘 분별하는 슬기	賦貞貢賀貿賴贊項顔
悠	멀 유 心 11	유구 유유 유연	悠 (마음 심)				悠然 (　　　) 아득히 길고 오래 됨	
恥	부끄러울 치 心 10	수치 치사 치욕	恥 (마음 심)				恥事 (　　　) 부끄러운 일　◆致謝	

3Ⅱ<29>

恒	항상 항 心(忄) 9	항상 항구 항성	恒 (마음 심)				㐮恒常(　　) 늘	복습
悟	깨달을오 心(忄)10	각오 오성 회오	悟 (마음 심)				㐮覺悟(　　) 깨달음	館飯飾燒爐割劃刷刺劍
悅	기쁠 열 心(忄)10	희열 열락 법열	悅 (마음 심)				㐮喜悅(　　) 기쁨	
怪	괴이할괴 心(忄) 8	괴물 괴담 괴수	怪 (마음 심)				怪談(　　) 괴이한 이야기	賦貞貢賀貿賴贊頂項顔
憶	생각할억 心(忄)16	기억 추억	憶 (마음 심)				記憶(　　) 지난 일을 잊지 않고 외워 둠	
寡	적을 과 宀 14	과부 과인 과묵	寡 (집 면)				㐮衆寡(　　) 수효의 많고 적음	忍慈愁戀恕惑懸慧悠恥
寬	너그러울관 宀 15	관대 관용 관대	寬 (집 면)				寬待(　　) 너그러이 대함	
寧	편안 녕 宀 14	안녕 영일 강녕	寧 (집 면)				㐮安寧(　　) 편안함 㐮康=寧[강녕]	
審	살필 심 宀 15	심판 심의 심문	審 (집 면)				審判(　　) 살펴서 판단함	
宴	잔치 연 宀 10	연회 연가 향연	宴 (집 면)				宴會(　　) 잔치하기 위한 모임 ◆年會	

3Ⅱ<30>

岸	언덕 안 山 8	해안 연안 서안	岸 (메 산)				海岸 (　　　) 육지와 바다가 닿은 곳. 바다의 기슭
巖	바위 암 山 23	암석 암벽 기암	巖 (메 산)				巖石 (　　　) 바위
嶺	고개 령 山 17	준령 영상 분수령	嶺 (메 산)				嶺南 (　　　) 鳥嶺의 남쪽 [경상도]
坐	앉을 좌 土 7	좌시 좌선 좌상	坐 (흙 토)				坐視 (　　　) 앉아서 봄 [참견하지 않고 보고만 있음]
塔	탑 탑 土 13	석탑 불탑 탑영	塔 (흙 토)				金塔 (　　　) 황금이나 금도금으로 만든 탑
培	북돋을배 土 11	재배 배양 배판	培 (흙 토)				栽培 (　　　) 심어서 가꿈　◆再拜
塞	막힐 색 변방 새 土 13	색원 요새 새옹	塞 (흙 토)				塞源 (　　　) 근원을 막음 *塞翁(새옹) 要塞(요새)
執	잡을 집 ※土 11	집념 집권 고집	執 (흙 토)				執權 (　　　) 권세를 잡음
熟	익을 숙 火(灬)15	숙달 숙지 능숙	熟 (불 화)				完熟 (　　　) 완전히 익힘
燕	제비 연 火(灬)16	연미 연작 연자	燕 (불 화)				燕尾 (　　　) 제비 꼬리

복습

賦貞貢賀貿賴贊頂項顏

忍慈愁戀恕惑懸慧悠恥

恒悟悅怪憶寡寬寧審宴

茂	무성할무 艹(++) 9	무성 무림 무재	茂 (풀 초)				茂盛( ) 초목이 우거짐 ◆無聲	복습 忍慈愁戀怒惑懸慧悠恥 恒悟悅怪憶寡寬寧審宴 岸巖嶺坐塔培塞執熟燕
蒙	어두울몽 艹(++)14	계몽 동몽 훈몽	蒙 (풀 초)				童蒙( ) 장가를 들지 않은 아이 [童蒙先習]	
茶	차 다 차 차 艹(++)10	다기 다례 녹차	茶 (풀 초)				茶室( ) 차를 다려 마시는 집 ※綠茶(녹차)	
蘇	되살아날소 艹(++)20	소생 소련 소복	蘇 (풀 초)				蘇生( ) 다시 살아남 ◆小生	
葬	장사지낼장 艹(++)13	장례 이장 장지	葬 (풀 초)				葬禮( ) 장사를 지내는 일	
莊	씩씩할장 艹(++)11	장엄 산장 별장	莊 (풀 초)				莊嚴( ) 엄숙하고 위엄있는 모습	
菊	국화 국 艹(++)12	황국 국판 국화	菊 (풀 초)				菊花( ) 가을의 대표적인 다년초	
芳	꽃다울방 艹(++) 8	방년 방향 방명	芳 (풀 초)				芳名錄( ) 남의 성명을 기록해 두는 책	
蓮	연꽃 련 艹(++)15	연화 연지 연근	蓮 (풀 초)				蓮根( ) 연꽃의 뿌리	
蒸	찔 증 艹(++)14	증기 한증 증발	蒸 (풀 초)				蒸氣( ) 액체나 고체가 증발 또는 승화하여 생긴 기체	

3Ⅱ<32>

蓋	덮을 개 艸(艹)14	복개 개판 개와	蓋 (풀 초)				蓋世 (　　) [기개나 기세] 세상을 덮을 만큼 왕성함	복습
菌	버섯 균 艸(艹)12	살균 병균 멸균	菌 (풀 초)				殺菌 (　　) 세균을 죽임	恒悟悅怪憶寡寬寧審宴
荒	거칠 황 艸(艹)10	황폐 황야 허황	荒 (풀 초)				荒野 (　　) 거친 들판	
哭	울 곡 ※口 10	곡성 통곡 졸곡	哭 (입 구)				痛哭 (　　) 목놓아 큰 소리로 욺	
喪	잃을 상 [잃다/죽다] 口 12	상가 상복 초상	喪 (입 구)				⊞喪失(　　) [기억·자신·자격·권리] 잃어버림	岸巖嶺坐塔培塞執熟燕
吹	불 취 口 7	고취 취타 취주	吹 (입 구)				吹打 (　　) [나발, 북] 불고 치는 것	
吐	토할 토 口 6	실토 토혈 토로	吐 (입 구)				吐露 (　　) 속마음을 다 드러내어 말함	
哲	밝을 철 口 10	철학 명철 현철	哲 (입 구)				哲學 (　　) 세계, 인생, 지식에 관한 근본 원리를 연구하는 학문	茂蒙茶蘇葬莊菊芳蓮蒸
啓	열 계 口 11	계도 계발 계몽	啓 (입 구)				啓蒙 (　　) 어리석음을 깨우침	
含	머금을 함 口 7	포함 함축 함량	含 (입 구)				含量 (　　) 어떤 물질 속에 성분으로 포함되어 있는 분량	

倫	인륜 륜 人(亻)10	인륜 천륜 윤리	倫 (사람 인)				◇五倫(오륜)◇ 君臣有義 (군신유의) 父子有親 (부자유친) 夫婦有別 (부부유별) 長幼有序 (장유유서) 朋友有信 (붕우유신)	복습 岸巖嶺坐塔培塞執熟燕 茂蒙茶蘇葬莊菊芳蓮蒸 蓋菌荒哭喪吹吐哲啓舍
像	모양 상 人(亻)14	동상 불상 초상	像 (사람 인)					
侍	모실 시 人(亻)8	근시 시종 시녀	侍 (사람 인)				侍女 (　　　) 시중을 드는 여자	
催	재촉할 최 人(亻)13	주최 개최 최면	催 (사람 인)				開催 (　　　) 어떤 모임이나 행사를 엶	
促	재촉할 촉 人(亻)9	독촉 촉진 촉박	促 (사람 인)				促求 (　　　) 재촉하여 요구함 催=促[최촉]	
側	곁 측 人(亻)11	양측 측면 측근	側 (사람 인)				側近 (　　　) 곁에 가까이 있는 사람	
値	값 치 人(亻)10	수치 가치 상치	値 (사람 인)				價值 (　　　) 값	
仲	버금 중 人(亻)6	중매 중재 중개	仲 (사람 인)				仲介 (　　　) 당사자 사이에 들어 어떤 일을 주선함　*介:낄개	
倒	넘어질 도 人(亻)10	도산 졸도 압도	倒 (사람 인)				壓倒 (　　　) 월등한 힘으로 상대편을 누름	
僞	거짓 위 人(亻)14	위선 위조 허위	僞 (사람 인)				眞僞 (　　　) 진실과 거짓	

3Ⅱ<34>

溪	시내 계 水(氵)13	청계 벽계 계류	溪 (물 수)				溪谷 (　　　) 시냇물이 흐르는 골짜기	복습
滅	멸할 멸 水(氵)13	멸망 멸종 괴멸	滅 (물 수)				㘴滅亡 (　　　) 망하여 없어짐	茂蒙茶蘇葬莊菊芳蓮蒸
沒	빠질 몰 水(氵)7	몰락 몰두 일몰	沒 (물 수)				沒頭 (　　　) [한가지 일에만] 푹 빠져 생각함. 㘴出↔沒[출몰]	
浮	뜰 부 水(氵)10	부력 부상 부운	浮 (물 수)				浮力 (　　　) 뜨는 힘　　　◆富力	蓋菌荒哭喪吹吐哲啓含
沈	잠길 침 姓 심 水(氵)7 예 船의 침몰	격침 음침 침묵	沈 (물 수)				㘴浮沈 (　　　) 뜨고 가라앉음 　　　㘴沈=沒[침몰]	
浸	잠길 침 水(氵)10 예 家屋의 침수	침윤 침투 침염	浸 (물 수)				浸透 (　　　) 속으로 스며 젖어듦	倫像侍催促側値仲倒僞
沿	물따라갈 연 水(氵)8	연변 연안 연혁	沿 (물 수)				沿邊 (　　　) [강이나 도로] 길게 이어져 있는 것의 양쪽 지역	
潤	불을 윤 윤택할 윤 水(氵)15	윤택 윤기 이윤	潤 (물 수)				潤澤 (　　　) [살림·생활] 넉넉하거나 여유가 있음	
潛	잠길 잠 水(氵)15	잠수 잠재 잠복	潛 (물 수)				潛水 (　　　) 물 속으로 들어감	
洲	물가 주 섬 주 水(氵)9	미주 아주 만주	洲 (물 수)				六大洲 (　　　) 지구상의 여섯 개의 대륙	

3Ⅱ<35>

漢字	訓音	단어	習字				용례	복습
池	못 지 水(氵) 6	천지 탕지 연지	池 (물 수)				貯水池（　　　） 인공으로 둑을 쌓아 물을 모아 두는 못	蓋菌荒哭喪吹吐哲啓含倫像侍催促側値仲倒僞溪滅沒浮沈浸沿潤潛洲
沙	모래 사 水(氵) 7	사막 사기 사과	沙 (물 수)				白沙場（　　　） 강가나 바닷가의 흰 모래가 깔려 있는 곳	
淨	깨끗할정 水(氵)11	청정 정화 정결	淨 (물 수)				㘸淨潔（　　　） 깨끗함	
浩	넓을 호 水(氵)10	호연 호기 호박	浩 (물 수)				浩氣（　　　） 호연한 기운	
洪	넓을 홍 水(氵) 9	홍수 홍범 홍복	洪 (물 수)				洪水（　　　） 큰물	
凉	서늘할량 水(氵)11 同:涼	납량 청량 황량	凉 (물 수)				㘸炎涼（　　　） 더위와 서늘함. 융성함과 쇠퇴함.	
泥	진흙 니 水(氵) 8	이전 이토 도니	泥 (물 수)				雲泥（　　　） 구름과 진흙 [차이가 큼]	
漏	샐 루 水(氵)14	누전 누락 탈루	漏 (물 수)				漏落（　　　） 기록에서 빠뜨려짐	
渡	건널 도 水(氵)12	부도 양도 도미	渡 (물 수)				渡美（　　　） 미국으로 건너감	
淫	음란할음 水(氵)11	음란 음담 음행	淫 (물 수)				淫談（　　　） 음란한 이야기	

3Ⅱ<36>

漢字	훈음	단어	쓰기				단어	복습
滯	막힐 체 水(氵)14	연체 정체 체증	滯 (물 수)				滯留(　　) 오래 머물러 있음	復習
濕	젖을 습 水(氵)17	습기 습지 습도	濕 (물 수)				반乾濕(　　) 마르고 젖음	倫像侍催促側值仲倒僞
漆	옻 칠 水(氵)14	칠기 칠판 칠흑	漆 (물 수)				漆器(　　) 옻칠의 잿물을 입힌 도자기	
染	물들 염 木 9	염색 감염 전염	染 (나무 목)				染色(　　) 빛깔을 물들임	溪滅沒浮沈浸沿潤潛洲
梁	들보 량 다리 량 木 11	교량 상량 어량	梁 (나무 목)				유橋梁(　　) 건너다닐 수 있도록 만든 다리	
架	시렁 가 木 9	가설 가공 고가	架 (나무 목)				架空(　　) 공중에 건너지르는 듯한 근거 없는 일 ◆加工	池沙淨浩洪涼泥漏渡淫
桑	뽕나무 상 木 10	상엽 상전	桑 (나무 목)				桑田(　　) 뽕나무밭	
栗	밤 률 木 10	율곡 황률 생률	栗 (나무 목)				生栗(　　) 날밤	
柔	부드러울 유 木 9	온유 유도 유연	柔 (나무 목)				柔軟(　　) 부드럽고 연함 반剛↔柔[강유]	
森	수풀 삼 木 12	삼엄 삼라 삼림	森 (나무 목)				유森林(　　) 나무가 많이 우거진 곳	

3Ⅱ<37>

械	기계 계 木 11	기계 기계	械 (나무 목)				🔁機械(　　　) 동력으로 움직여서 일정한 일을 하게 만든 장치 ◆器械	복 습
橫	가로 횡 木 16	횡단 횡재 종횡	橫 (나무 목)				橫斷(　　　) 가로지름 *橫斷步道, 地球橫斷	溪滅沒浮沈浸沿潤潛洲
樓	다락 루 木 15	누각 종루 망루	樓 (나무 목)				望樓(　　　) 멀리 내다보기 위해 세운 누각	
柱	기둥 주 木 9	전주 사주 지주	柱 (나무 목)				電柱(　　　) 전선, 통신선을 늘여 매기 위하여 세운 기둥 ◆前週	
楓	단풍 풍 木 13	단풍 풍엽	楓 (나무 목)				楓葉(　　　) 단풍잎	池沙淨浩洪涼泥漏渡淫
追	쫓을 추 辶(辶)10	추방 추적 추돌	追 (쉬엄쉬엄갈착)				追跡(　　　) 도망자나 사건 따위의 자취를 쫓음 🔁追=從[추종]	
巡	돌 순 [돌다] ※川 7	순경 순찰 순항	巡 (내 천)				巡察(　　　) 돌아다니며 살핌	
述	펼 술 지을 술 辶(辶) 9	저술 논술 약술	述 (쉬엄쉬엄갈착)				著述(　　　) 글을 지어 펼침	滯濕漆染梁架桑栗柔森
還	돌아올 환 辶(辶)17	귀환 탈환 환급	還 (쉬엄쉬엄갈착)				🔁歸還(　　　) 돌아옴	
遷	옮길 천 辶(辶)15	천도 변천 좌천	遷 (쉬엄쉬엄갈착)				遷都(　　　) 도읍을 옮김	

3Ⅱ<38>

訴	호소할소 言 12	고소 호소 항소	訴 (말씀 언)					告訴 ( ) 수사 기관에 범죄 사실을 신고하여 소송함 ◆苦笑	복습
訟	송사할송 言 11	송사 소송 송안	訟 (말씀 언)					訴訟 ( ) 법원에 재판을 청구하는 일	池沙淨浩洪涼泥漏渡淫
詳	자세할상 言 13	상세 상술 상보	詳 (말씀 언)					詳細 ( ) 자상하고 세밀함 ◆商稅	
誇	자랑할과 言 13	과장 과시 과대	誇 (말씀 언)					誇示 ( ) 자랑하여 남에게 보임 ◆科試	
訣	이별할결 言 11	결별 영결 요결	訣 (말씀 언)					訣別 ( ) 이별하여 헤어짐	滯濕漆染梁架桑栗柔森
譜	족보 보 言 19	가보 악보 족보	譜 (말씀 언)					族譜 ( ) 혈통관계를 기록한 책	
禍	재앙 화 示(ネ)14	화근 화복 재화	禍 (보일 시)					禍根 ( ) 화가 되는 근본 反禍↔福[화복]	
祈	빌 기 示(ネ) 9	기우 기원 기도	祈 (보일 시)					祈願 ( ) 빌어서 원함 ◆紀元	械橫樓柱楓追巡述還遷
祿	녹 록 [녹봉/봉록] 示(ネ)13	관록 국록 복록	祿 (보일 시)					福祿 ( ) 복과 녹, 행복	
禪	선 선 [참선] 示(ネ)17	선방 선사 참선	禪 (보일 시)					參禪 ( ) 좌선하여 불도를 닦는 일	

距	상거할거 거리 거 足 12	상거 거리 시거	距 (발 족)				距離 (　　　) 서로 떨어져 있는 두 곳 사이의 길이	복습 滯濕漆染梁架桑栗柔森械橫樓柱楓追巡述還遷訴訟詳誇訣譜禍祈祿禪
踏	밟을 답 足 15	답습 답사 답보	踏 (발 족)				踏査 (　　　) 실지로 현장을 밟고 조사함	
眠	잠잘 면 目 10	동면 휴면 최면	眠 (눈 목)				催眠 (　　　) 잠을 재촉함	
睦	화목할목 目 13	친목 화목	睦 (눈 목)				㊤和睦 (　　　) 뜻이 화하고 맞음	
瞬	눈깜짝할순 目 17	순간 일순 순발력	瞬 (눈 목)				瞬間 (　　　) 눈깜짝할 사이	
銘	새길 명 金 14	감명 비명 명기	銘 (쇠 금)				銘心 (　　　) 마음에 깊이 새김 ㊤銘=刻[명각]	
鑑	거울 감 金 22	감별 감정 인감	鑑 (쇠 금)				寶鑑 (　　　) 보배로운 거울	
鎖	쇠사슬쇄 잠글 쇄 金 18	봉쇄 폐쇄 쇄국	鎖 (쇠 금)				鎖國 (　　　) 나라간의 소통없이 굳게 교류를 닫음	
幼	어릴 유 幺 5	유치 유아 장유	幼 (작을 요)				㊥長幼 (　　　) 어른과 어린이 ㊤幼=稚[유치]	
幽	그윽할유 幺 9	유령 유명 유곡	幽 (작을 요)				幽谷 (　　　) 그윽하고 깊은 골짜기	

3Ⅱ<40>

扶	도울 부 手(扌) 7	부양 부조 부지	扶 (손 수)				扶助( ) 남을 도와줌 ◆浮彫
拾	주울 습 열 십 手(扌) 9	습득 수습 십만	拾 (손 수)				拾得( ) [잃어버린 물건] 주워서 얻음 ※拾萬(십만) ◆習得
抵	막을 저 手(扌) 8	저항 저당 저촉	抵 (손 수)				抵抗( ) [힘·권위] 맞서서 버팀
摘	딸 적 手(扌)14	적발 적출 지적	摘 (손 수)				摘發( ) [숨겨진 것을] 들추어 냄
拓	넓힐 척 박을 탁 手(扌) 8	간척 개척 탁본	拓 (손 수)				開拓( ) 거친 땅을 일구어 논밭을 만듦 ※拓本(탁본)
換	바꿀 환 手(扌)12	교환 환전 환율	換 (손 수)				換錢( ) 서로 종류가 다른 화폐와 화폐를 교환하는 일
拘	잡을 구 手(扌) 8	구속 구금 구치	拘 (손 수)				拘束( ) 마음대로 못하게 얽어맴
拂	떨칠 불 手(扌) 8	지불 완불 선불	拂 (손 수)				支拂( ) 돈을 내어 값을 치름
拔	뽑을 발 手(扌) 8	발취 선발 해발	拔 (손 수)				選拔( ) 뽑음
鳳	새 봉 鳥 14	봉조 봉등 봉탕	鳳 (새 조)				鳳鳥( ) 봉황 [고대중국에서 상서로운 새로 여기던 상상의 새]

복습

械橫樓柱楓追巡述還遷

訴訟詳誇訣譜禍祈祿禪

距踏眠睦瞬銘鑑鎖幼幽

3Ⅱ<41>

한자	훈음	단어	쓰기					단어	복습
鶴	학 학 鳥 21	학익 학학 학무 학수	鶴 (새 조)					鶴舞 (　　　) 학춤	訴訟詳誇訣譜禍祈祿禪距踏眠睦瞬銘鑑鎖幼幽扶拾抵摘拓換拘拂拔鳳
雙	쌍 쌍 佳 18	쌍방 쌍친 무쌍	雙 (새 추)					雙方 (　　　) 상대가 되는 두쪽 땐一方(일방)	
肺	허파 폐 月(肉) 9	폐활량 폐결핵 폐기량	肺 (육달 월)					肺病 (　　　) 폐의 질병을 통틀어 이르는 말	
腦	골 뇌 月(肉)13	두뇌 세뇌 뇌리	腦 (육달 월)					頭腦 (　　　) 머릿골, 슬기, 지혜	
脚	다리 각 月(肉)11	각광 입각 교각	脚 (육달 월)					橋脚 (　　　) 다리의 몸체를 받치는 기둥	
胸	가슴 흉 月(肉)10	흉상 흉위 흉부	胸 (육달 월)					胸部 (　　　) 가슴부위	
腐	썩을 부 月(肉)14	부패 부식 방부	腐 (육달 월)					腐敗 (　　　) 썩음	
脅	위협할 협 月(肉)10	협박 위협 협통	脅 (육달 월)					威脅 (　　　) 으르고 협박함	
響	울릴 향 音 22	영향 음향 향응	響 (소리 음)					音響 (　　　) 소리의 울림	
韻	운 운 울림 운 音 19	운치 운율 여운	韻 (소리 음)					韻律 (　　　) 詩文에서 운의 법칙	

3Ⅱ<42>

症	증세 증 疒 10	증상 증세 염증	症 (병 녁)				痛症( ) 아픈 증세	복습
疾	병 질 疒 10	질병 질환 역질	疾 (병 녁)				🈯疾病( ) 몸의 온갖 기능장애로 말미암은 병	距踏眠睦瞬銘鑑鎖幼幽
陶	질그릇도 阜(阝)11	도기 도예 도취	陶 (좌부방/언덕부)				陶器( ) 질그릇	
隨	따를 수 阜(阝)16	수행 수필 수시	隨 (좌부방/언덕부)				隨行( ) 높은 지위에 있는 사람을 따라감 ◆修行	
隆	높을 륭 융성할륭 阜(阝)12	융숭 융성 융기	隆 (좌부방/언덕부)				🈯隆盛( ) 매우 기운차게 대단히 번성함 🈯隆=崇[융숭]	扶拾抵摘拓換拘拂拔鳳
陵	언덕 릉 阜(阝)11	왕릉 강릉 구릉	陵 (좌부방/언덕부)				王陵( ) 임금의 무덤	
陷	빠질 함 阜(阝)11	함락 함몰 결함	陷 (좌부방/언덕부)				🈯陷沒( ) [땅,물속,재난] 빠지거나 멸망함	
娘	계집 낭 女 10	낭자 낭낭	娘 (계집 녀)				娘子( ) 아가씨 ◆郎子	鶴雙肺腦脚胸腐脅響韻
姑	시어미고 女 8	고부 고모 고종	姑 (계집 녀)				🈯姑婦( ) 시어머니와 며느리	
奴	종 노 女 5	노비 노예 가노	奴 (계집 녀)				🈯奴婢( ) 사내종과 계집종	

3Ⅱ<43>

妻	아내 처 女 8	부처 공처 엄처	妻 (계집 녀)				妻家 (　　　) 아내의 친정 ︎반 夫↔妻[부처]	복습 扶拾抵摘拓換拘拂拔鳳鶴雙肺腦脚胸腐脅響韻症疾陶隨隆陵陷娘姑奴
碧	푸를 벽 石 14	벽해 벽계 벽안	碧 (돌 석)				碧海 (　　　) 푸른 바다	
硬	굳을 경 石 12	경도 경연 경직	硬 (돌 석)				︎반 硬軟(　　　) 단단함과 무름　◆競演	
礎	주춧돌 초 石 18	기초 주초 정초	礎 (돌 석)				礎石 (　　　) 주춧돌, 사물의 기초	
亭	정자 정 亠 9	정자 요정 역정	亭 (뜻없는토두)				八角亭(　　　) 여덟모가 지게 지은 정자	
豪	호걸 호 豕 14	호걸 호쾌 호화	豪 (돼지 시)				豪傑 (　　　) 智勇이 뛰어나고 도량과 기개를 갖춘 사람	
禽	새 금 禸 13	금수 맹금 금획	禽 (짐승 유)				禽獸 (　　　) 날짐승과 길짐승	
閣	집 각 門 14	누각 개각 조각	閣 (문 문)				樓閣 (　　　) 사방이 탁 트이게 높이 지은 다락집	
企	꾀할 기 人 6	기대 기업 기획	企 (사람 인)				企業 (　　　) 영리를 목적으로 하여 사업을 경영하는 일	
耕	밭갈 경 耒 10	경작 경지 농경	耕 (쟁기 뢰)				耕作 (　　　) 논밭을 갈아 농사를 지음	

3Ⅱ<44>

冠	갓 관 冖 9	금관 약관 관례	冠 (덮을 멱)				金冠(　　　) 금으로 만들거나 장식한 관	복습
巧	공교할교 工 5	교묘 기교 정교	巧 (장인 공)				巧妙(　　　) 솜씨나 재치가 있고 약삭빠름	鶴雙肺腦脚胸腐脅響韻
克	이길 극 儿 7	극기 극복 극명	克 (어진사람인)				克己(　　　) 자기자신을 이김	
琴	거문고금 玉(王)12	탄금 풍금 심금	琴 (구슬 옥)				彈琴(　　　) 거문고나 가야금을 튕김	
臺	대대.집대 至 14	무대 침대 등대	臺 (이를 지)				燈臺(　　　) 등불을 켜 놓은 탑모양의 건물	症疾陶隨隆陵陷娘姑奴
突	갑자기돌 부딪힐돌 穴 9	충돌 당돌 돌변	突 (구멍 혈)				突進(　　　) 거침없이 곧장 나아감	
勵	힘쓸 려 力 17	면려 독려 장려	勵 (힘 력)				㉠勉勵(　　　) 힘씀	
曆	책력 력 日 16	책력 음력 양력	曆 (날 일)				太陽曆(　　　) 지구가 태양을 한 번 회전하는 시간을 1년으로 삼는 달력	妻碧硬礎亭豪禽閣企耕
聯	연이을련 耳 17	관련 소련 연맹	聯 (귀 이)				聯合(　　　) 두개 이상의 것을 합쳐 하나의 조직을 만듦	
弊	폐단 폐 나쁠 폐 廾 15	폐습 폐단 피폐	弊 (팔짱낄공)				弊習(　　　) 나쁜 관습	

3Ⅱ<45>

漢字	訓音	관련어	쓰기				용례	복습
弄	희롱할롱 廾 7	희롱 우롱 농간	弄 (팔짱낄공)				弄談 ( ) 희롱하는 말	복습 症疾陶隨隆陵陷娘姑奴
臨	임할 림 臣 17	임전 임시 임상	臨 (신하 신)				臨終 ( ) 죽음[마지막]에 임함	
旋	돌[回]선 方 11	선풍 선율 선회	旋 (모 방)				㉠旋回( ) 원을 그리며 돎	
帥	장수 수 巾 9	장수 원수 총수	帥 (수건 건)				元帥 ( ) 군인의 가장 높은 계급 ◆元首	
昇	오를 승 日 8	승진 승격 승강	昇 (날 일)				㉤昇降( ) 오르고 내려감 ◆乘降	妻碧硬礎亭豪禽閣企耕
甚	심할 심 甘 9	심난 극심 격심	甚 (달 감)				甚難 ( ) 심하게 어려움	
譽	기릴 예 [명예] 言 21	명예 영예 예언	譽 (말씀 언)				名譽 ( ) 훌륭하다고 인정되는 이름이나 존엄	
粧	단장할장 米 12	단장 화장 치장	粧 (쌀 미)				化粧 ( ) 화장품을 얼굴 따위에 바르고 매만져 곱게 단장함 ◆火葬	冠巧克琴臺突勵曆聯弊
殆	거의 태 위태 태 歹(歺) 9	위태 태반 불태	殆 (뼈앙상할알)				㉠危殆( ) 형세나 형편이 어려운 지경	
策	꾀 책 竹 12	책략 책정 계책	策 (대 죽)				㉠計策( ) 꾀나 방책 ※計(꾀계)	

- 77 -

3Ⅱ<46>

觸	닿을 촉 角 20	촉감 촉각 접촉	觸 (뿔 각)				觸感 (　　　) 닿는 느낌	복습
畿	경기 기 왕터 기 田 15	왕기 경기 기내	畿 (밭 전)				京畿道(　　　) 서울주변 왕터	妻碧硬礎亭豪禽閣企耕
畢	마칠 필 田 11	필업 필납 필생	畢 (밭 전)				未畢 (　　　) 마치지 아니함	
蛇	긴뱀 사 虫 11	사독 사주 장사진	蛇 (벌레 충)				長蛇陣(　　　) 긴 뱀처럼 늘어져 있는 모양	
廢	폐할 폐 广 15	폐물 폐품 폐인	廢 (집 엄)				밴存廢 (　　　) 남겨 두는 일과 없애는 일	冠巧克琴臺突勵曆聯弊
垂	드리울 수 土 8	수직 수범 수훈	垂 (흙 토)				垂直 (　　　) 똑바로 드리운 모양 밴水平[수평]	
皇	임금 황 ※白 9	황제 황성 황천	皇 (흰 백)				윤皇帝 (　　　) 임금	
夢	꿈 몽 夕 14	몽상 몽유 길몽	夢 (저녁 석)				解夢 (　　　) 꿈의 내용을 풀어서 길흉을 판단	弄臨旋帥昇甚譽粧殆策
尾	꼬리 미 尸 7	미행 교미 후미	尾 (주검 시)				밴首尾 (　　　) 머리와 꼬리	
疏	트일 소 [멀/드물] 疋 12	소외 소통 소탈	疏 (짝 필)				밴親疏 (　　　) [사이] 친함과 멂 밴疏↔密[소밀]	

漢字	훈음	부수/획	쓰기				단어	복습
丘	언덕 구 一 5	구릉 구산 구묘	丘 (한 일)				㊀丘陵(　　) 언덕	冠巧克琴臺突勵曆聯弊
斜	비낄 사 [기울다] 斗 11	경사 사양 사면	斜 (말 두)				㊀傾斜(　　) 기울어짐　◆慶事	
麥	보리 맥 ※麥 11	맥주 맥반 맥아	麥 (보리 맥)				麥酒(　　) 보리를 발효시켜 만든 술	
裂	찢어질 렬 衣 12	파열 분열 멸렬	裂 (옷 의)				滅裂(　　) 멸하여 찢어짐	弄臨旋帥昇甚譽粧殆策
我	나 아 戈 7	아집 자아 아군	我 (창 과)				我執(　　) 자기만의 고집	
戲	놀이 희 戈 17 俗字:戱	희롱 희극 유희	戲 (창 과)				遊戲(　　) 즐겁게 노는 일	
騎	말탈 기 馬 18	기사 기병 기수	騎 (말 마)				騎士(　　) 말탄 기사　◆記事	觸幾畢蛇廢垂皇夢尾疏
醉	취할 취 酉 15	취객 만취 취흥	醉 (술 유)				醉客(　　) 술에 취한 사람	
瓦	기와 와 ※瓦 5	와가 와옥 와해	瓦 (기와 와)				瓦解(　　) 조직이나 기능 따위가 기와 같이 무너져 흩어짐	
憂	근심 우 心 15	우려 우환 우수	憂 (마음 심)				㊀憂患(　　) 근심　㊀憂=愁[우수]	

3Ⅱ<48>

久	오랠 구 ノ 3	영구 항구 장구	久 (삐침 별)				㊤永久( ) 길고 오램	복습
之	갈 지 ノ 4	지동 지서	之 (삐침 별)				之의用法 는지(주격조사) 의지(관형격조사) 갈지(동사) 그지(대명사)	弄臨旋帥昇甚譽粧殆策
乘	탈 승 곱할 승 ノ 10	승객 승마 승제	乘 (삐침 별)				㊥乘除( ) 곱하기와 나누기 ※加減乘除[＋－×÷]	
胡	되(오랑캐)호 ※月(肉)9	호란 호적 호수	胡 (육달 월)				胡亂( ) 오랑캐들로 말미암아 일어난 병란	
齊	가지런할제 ※齊 14	제가 제창 정제	齊 (가지런할제)				齊唱( ) 모두가 가지런히 노래를 부름 ㊤整=齊[정제]	觸幾畢蛇廢垂皇夢尾疏
卽	곧 즉 卩 9	즉각 즉결 즉흥	卽 (병부 절)				卽死( ) 그 자리에서 곧 죽음	
片	조각 편 ※片 4	파편 아편 편도	片 (조각 편)				片舟( ) 조각배	
版	판목 판 인쇄할판 片 8	판권 출판 조판	版 (조각 편)				出版( ) 저작물을 책으로 꾸며 세상에 내놓음	丘斜麥裂我戲騎醉瓦憂
頃	이랑 경 잠깐 경 頁 11	경각 경전 경보	頃 (머리 혈)				頃刻( ) 아주 짧은 시각 ◆警覺	
旬	열흘 순 日 6	상순 하순 초순	旬 (날 일)				上旬( ) 초하루부터 초열흘까지의 동안	

3Ⅱ<49>

介	낄 개 人 4	중개 개의 개입	介 (사람 인)					介入 (　　　) 어떤 일에 끼여 듦	복 습 觸 畿 畢 蛇 廢 垂 皇 夢 尾 疏 丘 斜 麥 裂 我 戱 騎 醉 瓦 憂 久 之 乘 胡 齊 卽 片 版 頃 旬
吏	관리 리 口 6	관리 이방 이속	吏 (입 구)					官吏 (　　　) 관직에 있는 사람 ◆管理	
虎	범 호 虍 8	호구 호피 호반	虎 (범 호)					白虎 (　　　) 主山에서 오른쪽으로 갈려 나간 산줄기. [左靑龍/右白虎]	
尺	자 척 尸 4	척도 척량 척관	尺 (주검 시)					尺度 (　　　) 자로 재는 길이의 표준	
及	미칠 급 又 4	급제 언급 보급	及 (또 우)					及第 (　　　) 시험이나 검사에 합격함 凹落第(낙제)	
丹	붉을 단 丶 4	단풍 단장 단주	丹 (불똥 주)					凹丹靑 (　　　) 전통양식의 건물에 붉고 푸르게 색칠함	
丙	남녘 병 一 5	병자 병종 병야	丙 (한 일)					丙亂 (　　　) <병자호란>의 준말 ◆兵亂	
亞	버금 아 二 8	아주 아열대 아한대	亞 (두 이)					亞洲 (　　　) 아세아주의 略稱	
昌	창성할창 日 8	창성 융창 번창	昌 (날 일)					昌盛 (　　　) [일, 세력] 번성하여 잘 되어 감　◆創成	
廷	조정 정 廴 7	조정 법정 퇴정	廷 (당길 인)					朝廷 (　　　) 임금이 정치를 집행하던 곳　◆調整	

- 81 -

3Ⅱ <50>

한자	훈음	한자어	쓰기				독음	복습
央	가운데 앙 大 5	중앙 연앙 진앙	央 (큰 대)				中央 (　　) 가운데	丘斜麥裂我戲騎醉瓦憂久之乘胡齊卽片版頃旬
烏	까마귀 오 火(灬)10	오비 오석 오죽헌	烏 (불 화)				烏飛 (　　) 까마귀가 날다	
已	이미 이 己 3	이왕 이심 부득이	已 (몸 기)				已往 (　　) 지나간 때	
弓	활 궁 弓 3	궁술 궁사 양궁	弓 (활 궁)				弓矢 (　　) 활과 화살	
丈	어른 장 一 3	장모 장부 장인	丈 (한 일)				丈夫 (　　) <대장부>의 준말	
井	우물 정 二 4	감정 정연 정화수	井 (두 이)				井水 (　　) 우물물	
其	그 기 [그것] 八 8	기타 각기 기인	其 (여덟 팔)				其他 (　　) 그 외	
穴	굴 혈 구멍 혈 穴 5	혈거 묘혈 공혈	穴 (굴 혈)				3Ⅱ 자학공부가 끝났습니다.	
乙	새 을 乙 1	을야 을미 을숙도	乙 (새 을)				1. 연상자학습법 (일람표 26쪽) 가로와 세로로 번갈아 읽고	
壬	북방 임 천간임/클임 士 4	임공 임인	壬 (선비 사)				2. 배정한자 (21쪽) 가나다 순으로도 읽고 써 봅시다.	

- 82 -

▶3Ⅱ 본문활용단어한자표기◀

				<5>	<6>	<7>	<8>	<9>	<10>	<11>	<12>	<13>
刊行 新刊 週刊	莫強 莫大 莫重	雪峯 高峯 主峰	懇請 懇切 懇曲	萬若 若干 般若	元旦 旦夕 一旦	哀歡 哀惜 悲哀	免責 免除 謀免	溪谷 幽谷 栗谷	愼重 愼讀	後悔 感悔 悔改	億兆 徵兆 兆朕	諸君 諸般 諸位
肝腸 肝炎 肝油	開幕 幕舍 酒幕	相逢 逢着 逢變	美貌 貌樣 容貌	承諾 許諾 受諾	但書 非但 但空	衰弱 衰退 老衰	早晚 晚秋 晚成	富裕 豊裕 餘裕	鎭火 鎭壓 鎭靜	梅花 梅實 雪中梅	桃花 桃園 黃桃	端緖 情緖 由緖
發汗 珠汗 汗蒸	思慕 戀慕 追慕	先輩 後輩 年輩	浦口 浦港 浦村	妄靈 妄動 妄想	感懷 懷古 懷疑	裏面 裏書 表裏	兔皮 犬兔 家兔	欲求 欲望 寡欲	實踐 踐約 踐歷	媒體 仲媒 媒介	羽毛 羽翼 羽隊	著者 著作 著述
幹線 幹部 根幹	漠漠 漠然 沙漠	排他 排球 排泄	補藥 補助 補償	色盲 盲目 盲兒	破壞 損壞 壞滅	奇襲 急襲 世襲	逸話 逸品 獨逸	慾心 過慾 物慾	賤職 賤待 貴賤	陰謀 謀略 圖謀	右翼 左翼 鶴翼	官署 部署 署名
乾性 乾期 乾達	大妃 王妃 皇妃	尊卑 卑賤 卑怯	捕手 捕獲 捕卒	旣成 旣決 旣得	平壤 土壤 擊壤	途中 前途 中途	浪費 浪說 放浪	交付 送付 配付	深淺 淺薄 淺學	司會 司令 司法	暴炎 炎署 炎涼	淑女 貞淑 私淑
腹痛 腹部 空腹	祭祀 告祀 祀天	奴婢 婢僕 婢女	薄利 薄命 薄福	槪念 槪論 槪要	辭讓 讓步 讓渡	徐行 徐步 徐緩	新郞 花郞 郞君	符籍 符合 符號	阿附 阿諂 阿片	名詞 品詞 臺詞	淡水 淡白 冷淡	閑寂 寂寞 孤寂
履歷 履行 履修	肥滿 肥料 肥沃	惠澤 德澤 光澤	帳簿 簿記 家計簿	兼用 兼任 兼職	偏愛 偏見 偏頭痛	錦衣 錦鷄 錦地	畫廊 舍廊 行廊	附屬 附加 附近	六何 何時 如何	胃腸 胃液 胃痛	唐突 唐詩 荒唐	外戚 親戚 戚臣
覆面 覆蓋 覆刻	剛直 剛健 剛柔	直譯 通譯 內譯	敎鍊 修鍊 試鍊	謙虛 恭謙 謙讓	編成 編物 編隊	純綿 綿織 綿密	曾祖 曾孫 曾發	特殊 殊常 殊異	出荷 荷役 荷物	所謂 稱謂 可謂	糖分 製糖 沙糖	皮骨 皮革 表皮
麻藥 麻布 麻衣	紀綱 要綱 綱領	驛前 驛舍 驛長	蘭香 蘭草 洋蘭	勿論 勿入 勿施	仰望 仰祝 信仰	枝葉 幹枝 竹枝	憎惡 愛憎 可憎	珠玉 珠算 珍珠	供給 佛供 提供	誘引 誘惑 誘導	倉庫 穀倉 彈倉	被害 被服 被殺
硏磨 磨石 鍊磨	鋼鐵 鋼板 製鋼	解釋 釋放 釋然	空欄 欄杆 欄外	忽然 疏忽 忽待	抑壓 抑制 抑留	鼓手 鼓動 鼓笛	僧舞 僧服 僧名	株式 株價 株主	恭敬 恭待 不恭	透視 透明 透過	蒼空 蒼生 蒼然	彼日 彼此 彼我

<14>	<15>	<16>	<17>	<18>	<19>	<20>	<21>	<22>	<23>	<24>	<25>	<26>
賢愚 愚問 愚弄	貯藏 藏置 藏書	日辰 生辰 星辰	彼此 此後 此際	高尚 崇尚 尚武	使役 主役 役軍	孟母 孟春 孟浪	賃金 賃貸 賃借	陳述 陳列 陳設	照明 對照 參照	徵兵 徵收 徵兆	紛失 紛爭 紛雜	會館 旅館 別館
配偶 偶然 偶發	五臟 臟器 臟府	振動 振興 不振	紫朱 紫雲 紫色	拍掌 合掌 如反掌	疫學 防疫 免疫	猛虎 猛將 猛獸	貸借 貸付 貸與	凍傷 凍死 解凍	超越 超過 超脫	微細 微弱 微笑	連絡 脈絡 經絡	飯店 飯酒 朝飯
積載 記載 連載	長壽 壽命 壽福	辱說 恥辱 屈辱	引揚 揚水 揚名	衣裳 紅裳 靑裳	宮殿 便殿 佛殿	奔走 奔散 奔馬	借用 借入 借家	菜食 生菜 菜根	越等 越冬 越權	徹底 貫徹 徹夜	指紋 波紋 紋樣	假飾 裝飾 修飾
裁斷 裁判 決裁	鑄物 鑄造 鑄貨	地震 震動 震怒	湯藥 浴湯 雜湯	報償 償還 無償	諸般 一般 萬般	奮發 奮鬪 奮激	錯覺 錯誤 錯亂	彩色 光彩 文彩	拳鬪 鐵拳 拳銃	御命 御使 御用	緩行 緩和 緩衝	燒滅 燒死 燒酒
植栽 栽培 移栽	貫通 貫徹 貫鄕	雷電 雷聲 落雷	玄米 玄孫 玄關	齒牙 牙城 象牙塔	基盤 旋盤 小盤	奪取 奪還 强奪	惜別 惜敗 哀惜	影像 影響 陰影	泰山 泰然 泰平	征伐 征服 遠征	縱橫 放縱 縱斷	火爐 香爐 爐邊
佳人 佳作 佳約	習慣 慣例 慣行	神靈 幽靈 魂靈	比率 能率 率直	發芽 麥芽 新芽	鹽田 鹽分 鹽化	契約 契員 契主	禽獸 猛獸 野獸	宇宙 氣宇 殿宇	演奏 奏樂 奏效	直徑 徑輪 半徑	緊急 緊要 緊縮	割腹 分割 割賦
桂皮 桂樹 月桂冠	急迫 迫頭 迫力	風霜 秋霜 霜雪	不肖 肖像 肖形	邪惡 邪戀 邪敎	同盟 加盟 聯盟	亦是 此亦 其亦	默念 默認 默讀	宇宙 宙水 宙然	原稿 稿料 草稿	狂亂 熱狂 狂奔	繁昌 繁華 繁榮	劃一 區劃 劃的
開封 封印 封窓	伯父 伯母 伯氏	露宿 露出 草露	削髮 削除 削減	優雅 雅量 雅淡	輸送 輸出 輸血	人跡 追跡 筆跡	墨畵 墨香 墨汁	警笛 汽笛 鼓笛	秩序 秩滿 秩米	監獄 獄舍 獄吏	索引 鐵索 索漠	印刷 刷新 縮刷
暫定 暫間 暫時	鬼神 鬼才 鬼火	需要 需給 需用	非凡 平凡 凡例	稚魚 幼稚 稚氣	比較 較略 較量	遺蹟 古蹟 行蹟	獻納 獻血 文獻	衝突 衝動 衝擊	稀貴 稀少 稀微	猶豫 猶女 猶子	累計 累積 累卵	刺客 亂刺 刺殺
漸次 漸進 漸退	冤魂 魂魄 魂靈	忍耐 耐久 耐熱	恐龍 震恐 可恐	維持 維新 四維	軟弱 柔軟 軟禁	債務 債權 負債	間隔 隔離 隔日	平衡 均衡 度量衡	租稅 租界 租借	獲得 漁獲 捕獲	畜産 畜舍 家畜	劍客 劍術 劍道

<27>	<28>	<29>	<30>	<31>	<32>	<33>	<34>	<35>	<36>	<37>	<38>	<39>
賦課 賦稅 月賦	忍耐 殘忍 隱忍	恒常 恒久 恒星	海岸 沿岸 西岸	茂盛 茂林 茂才	覆蓋 蓋板 蓋瓦	人倫 天倫 倫理	淸溪 碧溪 溪流	天池 湯池 蓮池	延滯 停滯 滯症	機械 器械	告訴 呼訴 抗訴	相距 距離 視距
貞操 貞節 貞潔	慈愛 慈悲 慈堂	覺悟 悟性 悔悟	巖石 巖壁 奇巖	啓蒙 童蒙 訓蒙	殺菌 病菌 滅菌	銅像 佛像 肖像	滅亡 滅種 壞滅	沙漠 沙器 沙果	濕氣 濕地 濕度	橫斷 橫財 縱橫	訟事 訴訟 訟案	踏襲 踏查 踏步
貢物 貢納 貢獻	愁心 哀愁 鄕愁	喜悅 悅樂 法悅	峻嶺 嶺上 分水嶺	茶器 茶禮 綠茶	荒廢 荒野 虛荒	近侍 侍從 侍女	沒落 沒頭 日沒	淸淨 淨化 淨潔	漆器 漆板 漆黑	樓閣 鍾樓 望樓	詳細 詳述 詳報	冬眠 休眠 催眠
祝賀 賀客 賀禮	戀慕 戀愛 戀情	怪物 怪談 怪獸	坐視 坐禪 坐像	蘇生 蘇聯 蘇復	哭聲 痛哭 卒哭	主催 開催 催眠	浮力 浮上 浮雲	浩然 浩氣 浩博	染色 感染 傳染	電柱 四柱 支柱	誇張 誇示 誇大	親睦 和睦
貿易 貿殺	容恕 忠恕 寬恕	記憶 追憶	石塔 佛塔 塔影	葬禮 移葬 葬地	喪家 喪服 初喪	督促 促進 促迫	擊沈 陰沈 沈默	洪水 洪範 洪福	橋梁 上梁 魚梁	丹楓 楓葉	訣別 永訣 要訣	瞬間 一瞬 瞬發力
信賴 依賴 無賴	疑惑 誘惑 不惑	寡婦 寡人 寡默	栽培 培養 培判	莊嚴 山莊 別莊	鼓吹 吹打 吹奏	兩側 側面 側近	浸潤 浸透 浸染	納涼 淸涼 荒涼	架設 架空 高架	追放 追跡 追突	家寶 樂譜 族譜	感銘 碑銘 銘記
贊成 贊助 贊反	懸賞 懸案 懸板	寬大 寬容 寬待	塞源 要塞 否塞	黃菊 菊版 菊花	實吐 吐血 吐露	數値 價値 相値	沿邊 沿岸 沿革	泥田 泥土 途泥	桑葉 桑田	巡警 巡察 巡航	禍根 禍福 災禍	鑑別 鑑定 印鑑
頂上 頂點 絶頂	智慧 慧心 慧鳥	安寧 寧日 康寧	執念 執權 固執	芳年 芳香 芳名	哲學 明哲 賢哲	仲媒 仲裁 仲介	潤澤 潤氣 利潤	漏電 漏落 脫漏	栗谷 黃栗 生栗	著述 論述 略述	祈雨 祈願 祈禱	封鎖 閉鎖 鎖國
項目 事項 條項	悠久 悠悠 悠然	審判 審議 審問	熟達 熟知 能熟	蓮花 蓮池 蓮根	啓導 啓發 啓蒙	倒産 卒倒 壓倒	潛水 潛在 潛伏	不渡 讓渡 渡美	溫柔 柔道 柔軟	歸還 奪還 還給	官祿 國祿 福祿	幼稚 幼兒 長幼
顔色 龍顔 顔料	羞恥 恥事 恥辱	宴會 宴歌 饗宴	燕尾 燕雀 燕子	蒸氣 汗蒸 蒸發	包含 含蓄 含量	僞善 僞造 虛僞	美洲 亞洲 滿洲	淫亂 淫談 淫行	森嚴 森羅 森林	遷都 變遷 左遷	禪房 禪師 參禪	幽靈 幽明 幽谷

<40>	<41>	<42>	<43>	<44>	<45>	<46>	<47>	<48>	<49>	<50>
扶養 扶助 扶持	鶴翼 鶴舞 鶴首	症狀 症勢 炎症	夫妻 恐妻 嚴妻	金冠 弱冠 冠禮	戲弄 愚弄 弄奸	觸感 觸覺 接觸	丘陵 丘山 丘墓	永久 恒久 長久	仲介 介意 介入	中央 年央 震央
拾得 收拾 拾萬	雙方 雙親 無雙	疾病 疾患 疫疾	碧海 碧溪 碧眼	巧妙 技巧 精巧	臨戰 臨時 臨床	王畿 京畿 畿內	傾斜 斜陽 斜面	之東 之西	官吏 吏房 吏屬	烏飛 烏石 烏竹軒
抵抗 抵當 抵觸	肺活量 肺結核 肺氣量	陶器 陶藝 陶醉	硬度 硬軟 硬直	克己 克服 克明	旋風 旋律 旋回	畢業 畢納 畢生	麥酒 麥飯 麥芽	乘客 乘馬 乘除	虎口 虎皮 虎班	已往 已甚 不得已
摘發 摘出 指摘	頭腦 洗腦 腦裏	隨行 隨筆 隨時	基礎 柱礎 定礎	彈琴 風琴 心琴	將帥 元帥 總帥	蛇毒 蛇酒 長蛇陣	破裂 分裂 滅裂	胡亂 胡笛 胡壽	尺度 尺量 尺貫	弓術 弓師 洋弓
干拓 開拓 拓本	脚光 立脚 橋脚	隆崇 隆盛 隆起	亭子 料亭 驛亭	舞臺 寢臺 燈臺	昇進 昇格 昇降	廢物 廢品 廢人	我執 自我 我軍	齊家 齊唱 整齊	及第 言及 普及	丈母 丈夫 丈人
交換 換錢 換率	胸像 胸圍 胸部	王陵 江陵 丘陵	豪傑 豪快 豪華	衝突 唐突 突變	甚難 極甚 激甚	垂直 垂範 垂訓	戲弄 戲劇 遊戲	卽刻 卽決 卽興	丹楓 丹粧 丹朱	甘井 井然 井華水
拘束 拘禁 拘置	腐敗 腐植 防腐	陷落 陷沒 缺陷	禽獸 猛禽 禽獲	勉勵 督勵 獎勵	名譽 榮譽 譽言	皇帝 皇城 皇天	騎士 騎兵 騎手	破片 阿片 片道	丙子 丙種 丙夜	其他 各其 其人
支拂 完拂 先拂	脅迫 威脅 脅痛	娘子 娘娘	樓閣 改閣 組閣	冊曆 陰曆 陽曆	丹粧 化粧 治粧	夢想 夢遊 吉夢	醉客 滿醉 醉興	版權 出版 組版	亞洲 亞熱帶 亞寒帶	穴居 墓穴 孔穴
拔取 選拔 海拔	影響 音響 響應	姑婦 姑母 姑從	企待 企業 企劃	關聯 蘇聯 聯盟	危殆 殆半 不殆	尾行 交尾 後尾	瓦家 瓦屋 瓦解	頃刻 頃田 頃步	昌盛 隆昌 繁昌	乙夜 乙未 乙淑島
鳳鳥 鳳燈 鳳湯	韻致 韻律 餘韻	奴婢 奴隷 家奴	耕作 耕地 農耕	弊習 弊端 疲弊	策略 策定 計策	疏外 疏通 疏脫	憂慮 憂患 憂愁	上旬 下旬 初旬	朝廷 法廷 退廷	壬公 壬人

[본문]
활용단어훈음

[훈음을 가리고 반복해서 읽으면 효과적입니다]

본문33쪽 <1>

新刊 (신간) 새신/새 길간
肝腸 (간장) 간간/창자장
發汗 (발한) 필발/땀한
幹線 (간선) 줄기간/줄선
乾性 (건성) 하늘건/성품성
腹痛 (복통) 배복/아플통
履歷 (이력) 밟을리/지날력
覆面 (복면) 덮을복/낯면
麻藥 (마약) 삼마/약약
硏磨 (연마) 갈연/갈마

<2>

莫強 (막강) 없을막/강할강
開幕 (개막) 열개/장막막
思慕 (사모) 생각사/그릴모
漠漠 (막막) 넓을막/넓을막
大妃 (대비) 큰대/왕비비
祭祀 (제사) 제사제/제사사
肥滿 (비만) 살찔비/찰만
剛直 (강직) 굳셀강/곧을직
三綱 (삼강) 석삼/벼리강
鋼鐵 (강철) 강철강/쇠철

<3>

雪峯 (설봉) 눈설/봉우리봉
相逢 (상봉) 서로상/만날봉
先輩 (선배) 먼저선/무리배
排他 (배타) 밀칠배/다를타
尊卑 (존비) 높을존/낮을비
老婢 (노비) 늙을로/계집종비
惠澤 (혜택) 은혜혜/못택
直譯 (직역) 곧을직/번역할역
驛前 (역전) 역역/앞전
解釋 (해석) 풀해/풀석

<4>

懇請 (간청) 간절할간/청할청
美貌 (미모) 아름다울미/모양모
浦口 (포구) 개포/입구
補藥 (보약) 기울보/약약
捕手 (포수) 잡을포/손수
薄利 (박리) 엷을박/이할리
帳簿 (장부) 장막장/문서부
敎鍊 (교련) 가르칠교/쇠불릴련
蘭香 (난향) 난초란/향기향
空欄 (공란) 빌공/난간란

<5>

萬若 (만약) 일만만/같을약
承諾 (승낙) 이을승/허락할낙
妄言 (망언) 망령될망/말씀언
色盲 (색맹) 빛색/소경맹
旣存 (기존) 이미기/있을존
槪念 (개념) 대개개/생각념
兼用 (겸용) 겸할겸/쓸용
謙稱 (겸칭) 겸손할겸/일컬을칭
勿論 (물론) 말물/논할론
忽然 (홀연) 갑자기홀/그럴연

<6>

元旦 (원단) 으뜸원/아침단
但書 (단서) 다만단/글서
感懷 (감회) 느낄감/품을회
破壞 (파괴) 깨뜨릴파/무너질괴
平壤 (평양) 평평할평/흙덩이양
謙讓 (겸양) 겸손할겸/사양할양
偏愛 (편애) 치우칠편/사랑애
改編 (개편) 고칠개/엮을편
信仰 (신앙) 믿을신/우러를앙
抑壓 (억압) 누를억/누를압

<7>

哀歡 (애환) 슬플애/기쁠환
衰弱 (쇠약) 쇠할쇠/약할약
裏面 (이면) 속리/낯면
奇襲 (기습) 기특할기/엄습할습
途中 (도중) 길도/가운데중
徐行 (서행) 천천할서/다닐행
錦衣 (금의) 비단금/옷의
純綿 (순면) 순수할순/솜면
枝葉 (지엽) 가지지/잎엽
鼓手 (고수) 북고/손수

<8>

免稅 (면세) 면할면/세금세
早晩 (조만) 이를조/늦을만
兔角 (토각) 토끼토/뿔각
安逸 (안일) 편안안/편안할일
浪費 (낭비) 물결랑/쓸비
新郎 (신랑) 새신/사내랑
畫廊 (화랑) 그림화/사랑채랑
曾祖 (증조) 일찍증/할아비조
愛憎 (애증) 사랑애/미울증
僧舞 (승무) 중승/춤출무

<9>

溪谷 (계곡) 시내계/골곡
富裕 (부유) 부자부/넉넉할유
欲求 (욕구) 하고자할욕/구할구
物慾 (물욕) 물건물/욕심욕
交付 (교부) 사귈교/부칠부
符籍 (부적) 부호부/문서적
附屬 (부속) 붙을부/붙일속
特殊 (특수) 특별할특/다를수
珠玉 (주옥) 구슬주/구슬옥
株式 (주식) 그루주/법식

<10>
愼重 (신중) 삼갈신/무거울중
鎭火 (진화) 진압할진/불화
實踐 (실천) 열매실/밟을천
賤職 (천직) 천할천/직분직
深淺 (심천) 깊을심/얕을천
阿附 (아부) 언덕아/붙을부
六何 (육하) 여섯륙/어찌하
出荷 (출하) 날출/멜하
供給 (공급) 이바지할공/줄급
恭敬 (공경) 공손할공/공경경

<11>
後悔 (후회) 뒤후/뉘우칠회
梅實 (매실) 매화매/열매실
媒體 (매체) 중매매/몸체
陰謀 (음모) 그늘음/꾀모
司會 (사회) 맡을사/모일회
名詞 (명사) 이름명/말사
胃腸 (위장) 밥통위/창자장
所謂 (소위) 바소/이를위
誘引 (유인) 꾈유/끌인
透視 (투시) 사무칠투/볼시

<12>
億兆 (억조) 억억/억조조
桃花 (도화) 복숭아도/꽃화
羽隊 (우대) 깃우/무리대
右翼 (우익) 오른우/날개익
暴炎 (폭염) 사나울폭/불꽃염
淡水魚 맑을담/물수/고기어
唐突 (당돌) 당나라당/갑자기돌
糖乳 (당유) 엿당/젖유
倉庫 (창고) 곳집창/곳집고
蒼空 (창공) 푸를창/빌공

<13>
諸君 (제군) 모두제/임금군
端緖 (단서) 끝단/실마리서
著者 (저자) 나타날저/놈자
警察署 깨우칠경/살필찰/마을서
淑女 (숙녀) 맑을숙/계집녀
閑寂 (한적) 한가할한/고요할적
外戚 (외척) 바깥외/친척척
皮骨 (피골) 가죽피/뼈골
被害 (피해) 입을피/해할해
彼日 (피일) 저피/날일

<14>
賢愚 (현우) 현명할현/어리석을우
配偶 (배우) 나눌배/짝우
連載 (연재) 이을련/실을재
裁斷 (재단) 옷마를재/끊을단
栽植 (재식) 심을재/심을식
佳人 (가인) 아름다울가/사람인
桂樹 (계수) 계수나무계/나무수
開封 (개봉) 열개/봉할봉
暫定 (잠정) 잠깐잠/정할정
漸次 (점차) 점점점/버금차

<15>
貯藏 (저장) 쌓을저/감출장
肝臟 (간장) 간간/오장장
長壽 (장수) 긴장/목숨수
鑄物 (주물) 쇠불릴주/물건물
貫通 (관통) 꿸관/통할통
習慣 (습관) 익힐습/익숙할관
急迫 (급박) 급할급/핍박할박
伯父 (백부) 맏백/아비부
鬼才 (귀재) 귀신귀/재주재
怨魂 (원혼) 원망할원/넋혼

<16>
日辰 (일진) 날일/별진
振動 (진동) 떨칠진/움직일동
辱說 (욕설) 욕될욕/말씀설
震怒 (진노) 우레진/성낼노
落雷 (낙뢰) 떨어질락/우레뢰
聖靈 (성령) 성인성/신령령
風霜 (풍상) 바람풍/서리상
露宿 (노숙) 이슬로/잠잘숙
需給 (수급) 쓰일수/줄급
忍耐 (인내) 참을인/견딜내

<17>
彼此 (피차) 저피/이차
紫雲 (자운) 자주빛자/구름운
揚名 (양명) 날릴양/이름명
湯藥 (탕약) 끓을탕/약약
玄米 (현미) 검을현/쌀미
比率 (비율) 견줄비/비율률
不肖 (불초) 아닐불/닮을초
削髮 (삭발) 깎을삭/터럭발
非凡 (비범) 아닐비/무릇범
恐龍 (공룡) 두려울공/용룡

<18>
高尙 (고상) 높을고/오히려상
拍掌 (박장) 칠박/손바닥장
衣裳 (의상) 옷의/치마상
補償 (보상) 기울보/갚을상
齒牙 (치아) 이치/어금니아
發芽 (발아) 필발/싹아
邪惡 (사악) 간사할사/악할악
優雅 (우아) 넉넉할우/맑을아
稚魚 (치어) 어릴치/고기어
維持 (유지) 벼리유/가질지

<19>

使役 (사역) 하여금사/부릴역
疫學 (역학) 전염병역/배울학
宮殿 (궁전) 집궁/전각전
諸般 (제반) 모두제/가지반
基盤 (기반) 터기/소반반
鹽田 (염전) 소금염/밭전
同盟 (동맹) 한가지동/맹세맹
輸入 (수입) 보낼수/들입
比較 (비교) 견줄비/비교교
軟禁 (연금) 연할연/금할금

<20>

孟春 (맹춘) 맏맹/봄춘
猛犬 (맹견) 사나울맹/개견
奔走 (분주) 달릴분/달릴주
興奮 (흥분) 일흥/떨칠분
奪取 (탈취) 빼앗을탈/가질취
契約 (계약) 맺을계/맺을약
亦是 (역시) 또역/이시
人跡 (인적) 사람인/발자취적
古蹟 (고적) 예고/자취적
債務 (채무) 빚채/힘쓸무

<21>

賃金 (임금) 품삯임/쇠금
貸與 (대여) 빌릴대/더불여
貸借 (대차) 빌릴대/빌릴차
錯誤 (착오) 어긋날착/그르칠오
哀惜 (애석) 슬플애/아낄석
猛獸 (맹수) 사나울맹/짐승수
默念 (묵념) 잠잘할묵/생각념
墨香 (묵향) 먹묵/향기향
獻納 (헌납) 드릴헌/드릴납
間隔 (간격) 사이간/사이뜰격

<22>

陳設 (진설) 베풀진/베풀설
凍結 (동결) 얼동/맺을결
菜食 (채식) 나물채/밥식
彩色 (채색) 채색채/빛색
陰影 (음영) 그늘음/그림자영
"宀"부수인 글자 安室宅完官宮
宇宙 (우주) 집우/집주
警笛 (경적) 깨우칠경/피리적
衝動 (충동) 찌를충/움직일동
衡平 (형평) 저울대형/평평할평

<23>

照明 (조명) 비칠조/밝을명
超過 (초과) 뛰어넘을초/지날과
超越 (초월) 뛰어넘을초/넘을월
拳鬪 (권투) 주먹권/싸움투
泰平 (태평) 클태/평평할평
演奏 (연주) 펼연/아뢸주
原稿 (원고) 언덕원/원고고
秩序 (질서) 차례질/차례서
稀貴 (희귀) 드물희/귀할귀
租稅 (조세) 조세조/세금세

<24>

徵收 (징수) 부를징/거둘수
微弱 (미약) 작을미/약할약
貫徹 (관철) 꿸관/통할철
御命 (어명) 거느릴어/목숨명
征伐 (정벌) 칠정/칠벌
直徑 (직경) 곧을직/지름길경
狂信 (광신) 미칠광/믿을신
獄死 (옥사) 옥옥/죽을사
猶豫 (유예) 오히려유/미리예
獲得 (획득) 얻을획/얻을득

<25>

紛爭 (분쟁) 어지러울분/다툴쟁
連絡 (연락) 이을련/이을락
指紋 (지문) 가리킬지/무늬문
緩急 (완급) 느릴완/급할급
縱橫 (종횡) 세로종/가로횡
緊急 (긴급) 긴할긴/급할급
繁盛 (번성) 번성할번/성할성
索引 (색인) 찾을색/끌인
累計 (누계) 자주루/셀계
牧畜 (목축) 칠목/짐승축

<26>

別館 (별관) 다를별/집관
朝飯 (조반) 아침조/밥반
假飾 (가식) 거짓가/꾸밀식
燒火 (소화) 사를소/불화
香爐 (향로) 향기향/화로로
分割 (분할) 나눌분/벨할
劃順 (획순) 그을획/순할순
印刷 (인쇄) 도장인/인쇄할쇄
刺客 (자객) 찌를자/손객
劍道 (검도) 칼검/길도

<27>

賦課 (부과) 부세부/공부할과
貞節 (정절) 곧을정/마디절
貢納 (공납) 바칠공/들일납
祝賀 (축하) 빌축/하례할하
貿易 (무역) 무역할무/바꿀역
信賴 (신뢰) 믿을신/의뢰할뢰
贊反 (찬반) 도울찬/돌아올반
頂上 (정상) 정수리정/위상
事項 (사항) 일사/항목항
顔色 (안색) 낯안/빛색

<28>
忍苦 (인고) 참을인/쓸고
慈善 (자선) 사랑자/착할선
愁心 (수심) 근심수/마음심
戀慕 (연모) 그리울련/그릴모
容恕 (용서) 얼굴용/용서서
疑惑 (의혹) 의심할의/미혹할혹
懸賞 (현상) 달현/상줄상
智慧 (지혜) 지혜지/슬기로울혜
悠然 (유연) 멀유/그럴연
恥事 (치사) 부끄러울치/일사

<29>
恒常 (항상) 항상항/떳떳할상
覺悟 (각오) 깨달을각/깨달을오
喜悅 (희열) 기쁠희/기쁠열
怪談 (괴담) 괴이할괴/말씀담
記憶 (기억) 기록할기/생각할억
衆寡 (중과) 무리중/적을과
寬待 (관대) 너그러울관/기다릴대
安寧 (안녕) 편안안/편안녕
審判 (심판) 살필심/판단할판
宴會 (연회) 잔치연/모일회

<30>
海岸 (해안) 바다해/언덕안
巖石 (암석) 바위암/돌석
嶺南 (영남) 고개령/남녘남
坐視 (좌시) 앉을좌/볼시
金塔 (금탑) 쇠금/탑탑
栽培 (재배) 심을재/북돋을배
塞源 (색원) 막힐색/근원원
執權 (집권) 잡을집/권세권
完熟 (완숙) 완전완/익을숙
燕尾 (연미) 제비연/꼬리미

<31>
茂盛 (무성) 무성할무/성할성
童蒙 (동몽) 아이동/어두울몽
茶室 (다실) 차다/집실
蘇生 (소생) 되살아날소/날생
葬禮 (장례) 장사지낼장/예도례
莊嚴 (장엄) 씩씩할장/엄할엄
菊花 (국화) 국화국/꽃화
芳名錄 꽃다울방/이름명/기록할록
蓮根 (연근) 연꽃련/뿌리근
蒸氣 (증기) 찔증/기운기

<32>
蓋世 (개세) 덮을개/인간세
殺菌 (살균) 죽일살/버섯균
荒野 (황야) 거칠황/들야
痛哭 (통곡) 아플통/울곡
喪失 (상실) 잃을상/잃을실
吹打 (취타) 불취/칠타
吐露 (토로) 토할토/이슬로
哲學 (철학) 밝을철/배울학
啓蒙 (계몽) 열계/어두울몽
含量 (함량) 머금을함/헤아릴량

<33>
五倫 (오륜) 다섯오/인륜륜
肖像 (초상) 닮을초/모양상
侍女 (시녀) 모실시/계집녀
開催 (개최) 열개/재촉할최
促求 (촉구) 재촉할촉/구할구
側近 (측근) 곁측/가까울근
價值 (가치) 값가/값치
仲介 (중개) 버금중/낄개
壓倒 (압도) 누를압/넘어질도
眞僞 (진위) 참진/거짓위

<34>
溪谷 (계곡) 시내계/골곡
滅亡 (멸망) 멸할멸/망할망
沒頭 (몰두) 빠질몰/머리두
浮力 (부력) 뜰부/힘력
浮沈 (부침) 뜰부/잠길침
浸透 (침투) 잠길침/사무칠투
沿邊 (연변) 물따라갈연/가변
潤澤 (윤택) 불을윤/못택
潛水 (잠수) 잠길잠/물수
六大洲 여섯륙/큰대/물가주

<35>
貯水池 모을저/물수/못지
白沙場 흰백/모래사/마당장
淨潔 (정결) 깨끗할정/깨끗할결
浩氣 (호기) 넓을호/기운기
洪水 (홍수) 넓을홍/물수
炎涼 (염량) 불꽃염/서늘할량
雲泥 (운니) 구름운/진흙니
漏落 (누락) 샐루/떨어질락
渡美 (도미) 건널도/아름다울미
淫談 (음담) 음란할음/말씀담

<36>
滯留 (체류) 막힐체/머무를류
乾濕 (건습) 하늘건/젖을습
漆器 (칠기) 옻칠/그릇기
染色 (염색) 물들염/빛색
橋梁 (교량) 다리교/들보량
架空 (가공) 시렁가/빌공
桑田 (상전) 뽕나무상/밭전
生栗 (생률) 날생/밤률
柔軟 (유연) 부드러울유/연할연
森林 (삼림) 수풀삼/수풀림

<37>

機械 (기계) 틀기/기계계
橫斷 (횡단) 가로횡/끊을단
望樓 (망루) 바랄망/다락루
電柱 (전주) 번개전/기둥주
楓葉 (풍엽) 단풍풍/잎엽
追跡 (추적) 쫓을추/발자취적
巡察 (순찰) 돌순/살필찰
著述 (저술) 나타날저/펼술
歸還 (귀환) 돌아올귀/돌아올환
遷都 (천도) 옮길천/도읍도

<38>

告訴 (고소) 고할고/호소할소
訴訟 (소송) 호소할소/송사할송
詳細 (상세) 자세할상/가늘세
誇示 (과시) 자랑할과/보일시
訣別 (결별) 이별할결/다를별
族譜 (족보) 겨레족/족보보
禍根 (화근) 재앙화/뿌리근
祈願 (기원) 빌기/원할원
福祿 (복록) 복복/녹록
參禪 (참선) 참여할참/선선

<39>

距離 (거리) 상거할거/떠날리
踏査 (답사) 밟을답/조사사
催眠 (최면) 재촉할최/잠잘면
和睦 (화목) 화할화/화목할목
瞬間 (순간) 눈깜짝할순/사이간
銘心 (명심) 새길명/마음심
寶鑑 (보감) 보배보/거울감
鎖國 (쇄국) 쇠사슬쇄/나라국
長幼 (장유) 긴장/어릴유
幽谷 (유곡) 그윽할유/골곡

<40>

扶助 (부조) 도울부/도울조
拾得 (습득) 주울습/얻을득
抵抗 (저항) 막을저/겨룰항
摘發 (적발) 딸적/필발
開拓 (개척) 열개/넓힐척
換錢 (환전) 바꿀환/돈전
拘束 (구속) 잡을구/묶을속
支拂 (지불) 지탱할지/떨칠불
選拔 (선발) 가릴선/뽑을발
鳳鳥 (봉조) 새봉/새조

<41>

鶴舞 (학무) 학학/춤출무
雙方 (쌍방) 쌍쌍/모방
肺病 (폐병) 허파폐/병병
頭腦 (두뇌) 머리두/골뇌
橋脚 (교각) 다리교/다리각
胸部 (흉부) 가슴흉/떼부
腐敗 (부패) 썩을부/패할패
威脅 (위협) 위엄위/위협할협
音響 (음향) 소리음/울릴향
韻律 (운율) 운운/법칙률

<42>

痛症 (통증) 아플통/증세증
疾病 (질병) 병질/병병
陶器 (도기) 질그릇도/그릇기
隨行 (수행) 따를수/다닐행
隆盛 (융성) 높을륭/성할성
王陵 (왕릉) 임금왕/언덕릉
陷沒 (함몰) 빠질함/빠질몰
娘子 (낭자) 계집낭/아들자
姑婦 (고부) 시어미고/며느리부
奴婢 (노비) 종노/계집종비

<43>

妻家 (처가) 아내처/집가
碧海 (벽해) 푸를벽/바다해
硬軟 (경연) 굳을경/연할연
礎石 (초석) 주춧돌초/돌석
八角亭 여덟팔/뿔각/정자정
豪傑 (호걸) 호걸호/뛰어날걸
禽獸 (금수) 새금/짐승수
樓閣 (누각) 다락루/집각
企業 (기업) 꾀할기/업업
耕作 (경작) 밭갈경/지을작

<44>

金冠 (금관) 쇠금/갓관
巧妙 (교묘) 공교할교/묘할묘
克己 (극기) 이길극/몸기
彈琴 (탄금) 탄알탄/거문고금
燈臺 (등대) 등등/대대
突進 (돌진) 갑자기돌/나아갈진
勉勵 (면려) 힘쓸면/힘쓸려
太陽曆 클태/별양/책력력
聯合 (연합) 연이을련/합할합
弊習 (폐습) 폐단폐/익힐습

<45>

弄談 (농담) 희롱할롱/말씀담
臨終 (임종) 임할림/마칠종
旋回 (선회) 돌선/돌회
元帥 (원수) 으뜸원/장수수
昇降 (승강) 오를승/내릴강
甚難 (심난) 심할심/어려울난
名譽 (명예) 이름명/기릴예
化粧 (화장) 될화/단장할장
危殆 (위태) 위태할위/거의태
計策 (계책) 셀계/꾀책

<46>
觸感 (촉감) 닿을촉/느낄감
京畿道 서울경/경기기/길도
未畢 (미필) 아닐미/마칠필
長蛇陣 긴장/긴뱀사/진칠진
存廢 (존폐) 있을존/폐할폐
垂直 (수직) 드리울수/곧을직
皇帝 (황제) 임금황/임금제
解夢 (해몽) 풀해/꿈몽
首尾 (수미) 머리수/꼬리미
親疏 (친소) 친할친/트일소

<47>
丘陵 (구릉) 언덕구/언덕릉
傾斜 (경사) 기울경/비낄사
麥酒 (맥주) 보리맥/술주
滅裂 (멸렬) 멸할멸/찢어질렬
我執 (아집) 나아/잡을집
遊戲 (유희) 놀유/놀이희
騎士 (기사) 말탈기/선비사
醉客 (취객) 취할취/손님객
瓦解 (와해) 기와와/풀해
憂患 (우환) 근심우/근심환

<48>
永久 (영구) 길영/오랠구
之次 (지차) 갈지/버금차
乘除 (승제) 탈승/덜제
胡亂 (호란) 되호/어지러울란
齊唱 (제창) 가지런할제/부를창
卽死 (즉사) 곧즉/죽을사
片舟 (편주) 조각편/배주
出版 (출판) 날출/판목판
頃刻 (경각) 이랑경/새길각
上旬 (상순) 위상/열흘순

<49>
介入 (개입) 낄개/들입
官吏 (관리) 벼슬관/관리리
白虎 (백호) 흰백/범호
尺度 (척도) 자척/법도도
及第 (급제) 미칠급/차례제
丹靑 (단청) 붉을단/푸를청
丙亂 (병란) 남녘병/어지러울란
亞洲 (아주) 버금아/물가주
昌盛 (창성) 창성할창/성할성
朝廷 (조정) 아침조/조정정

<50>
中央 (중앙) 가운데중/가운데앙
烏飛 (오비) 까마귀오/날비
已往 (이왕) 이미이/갈왕
弓矢 (궁시) 활궁/화살시
丈夫 (장부) 어른장/지아비부
井水 (정수) 우물정/물수
其他 (기타) 그기/다를타
穴居 (혈거) 굴혈/살거
乙夜 (을야) 새을/밤야
壬辰 (임진) 북방임/별진

88~93쪽까지 다시 읽어보면
3급Ⅱ의 독음은 완전히 섭렵하는 것입니다.

122쪽 독음테스트 正答	一	二	三	四	五	六	七	八	九
	면허 묵향 와해 마포 반무 방명 마멸 격리 목축 대차 누락 천도 우대 누차 소진 한증 연주 맥주 만종 주조 염소 아쇄	점증 접촉 제안 제주 조정 종고 종횡 중죄 증발 파괴 증후 채광 천대 천박 철저 평양 폐습 포함 피란 포획 상환 도화	개헌 가경 간청 감독 관습 원한 월남 위로 위모양 보고 보충 보통 보호 관철 광막 광채 교변 구류 구비 봉조 편저 기장 자운	굴절 권위 균할 극약 근거 근면 금수 기괴 기원 기획 긴급 유혹 윤강 윤택 의뢰 의원 이력 이별 인내 위조 색원 주옥 부패	지휘 진영 위험 위협 유령 사직 감옥 강단 강릉 강림 건강 검증 격랑 최면 추곡 추적 축성 축소 충격 칠판 균형 공혈 침투	취미 취업 측량 치욕 친목 침몰 관대 관람 관례 충돌 산란 삼림 탈환 태도 삼엄 소생 상로 상징 번창 탈취 착오 상엽 경연	계곡 초월 분할 비애 사막 호적 호흡 화장 계단 계명 계몽 계속 계약 계절 계책 고적 고취 공헌 과장 하역 위액 추아 주식	확장 확증 환영 황률 회의 긴밀 난류 내구 노비 누각 단절 단풍 답사 답사 배타 번영 부침 분투 격려 건습 지간 전각 현수	철탑 청결 침묵 탄광 탄식 탈세 탈취 무학 미소 배구 우상 우주 운수 원수 본적 부각 부담 상처 색채 계수 폐쇄 소송 조세
	十	十一	十二	十三	十四	十五	十六	十七	十八
	서리 유지 획득 사양 토의 격퇴 결재 겸양 경각 경기 경목 경축 모함 몽조 묘비 무대 사임 석별 석불 토설 참선 동상 도산	선거 선배 세액 속요 수송 수여 영향 예술 온유 와석 요긴 수요 승낙 신라 신뢰 심판 아부 야수 양계 경사 광분 할부 흥복	어획 억양 여수 역할 연락 연모 연안 영예 아연 안색 피습 할거 함축 항거 해석 허락 헌수 험고 현상 족보 선발 방역 직경	호걸 후보 희롱 희미 희환 안일 압박 애석 용서 답파 두뇌 맹렬 모공 규범 진통 질병 질서 집착 차치 자객 복개 삭발 연미	장려 찬탄 창간 인도 인쇄 인연 일화 임무 자매 자비 자세 잔액 잠시 잠재 장식 저술 저촉 권장 몽리 채무 구릉 체류 피리	박빙 벽안 단서 도취 면모 부적 강유 개념 거부 결별 관대 관장 교각 구호 분격 비만 조종 초유 축재 복록 결렬 염량 운니	태반 통곡 피폐 신뢰 엄격 영결 희수 유복 적선 제공 호화 화근 면려 연합 시녀 가식 양명 사역 일화 진노 교량 음란 황당	자애 제창 조명 피차 개척 찬성 철학 하례 함몰 환전 혜택 집권 승강 상세 완급 살균 매개 폐간 패배 통찰 생략 아악 요산	획책 표지 설탕 부실 삼만 댁내 유세 복직 상쇄 상장 보시 투항 항복 요무 솔통 증척 능비율 ★ ★"렴,률"은 모음이나 "ㄴ"다음에선 열,율이 됩니다

- 94 -

Ⅲ. 필 수 부 분

(1) 훈음테스트 ····················· 97

(2) 한자테스트 ····················· 115

(3) 일자다음자 ····················· 120

(4) 독음테스트 ····················· 122

(5) 반대자/127, 반대어/133, 유의자/139

(6) 약자 ····························· 145

(7) 단어공부 [단   문] ··········· 150

　　　　　　[생활한자] ··········· 154

　　　　　　[신문사설] ··········· 158

(8) 틀리기 쉬운 부수 ············· 162

(9) 동음이의어・장단음 ·········· 163

(10) 고사성어 ························ 172

精神一到　何事不成！

정신을 하나로 모으면 어찌 일이 이루어지지 않겠는가!

훈음테스트

읽기범위 3Ⅱ　　　정답 21쪽

①
- 佳 (　　)
- 架 (　　)
- 閣 (　　)
- 脚 (　　)
- 肝 (　　)
- 懇 (　　)
- 刊 (　　)
- 幹 (　　)
- 鑑 (　　)
- 剛 (　　)
- 綱 (　　)
- 鋼 (　　)
- 介 (　　)
- 概 (　　)
- 蓋 (　　)
- 距 (　　)
- 乾 (　　)
- 劍 (　　)
- 隔 (　　)
- 訣 (　　)
- 謙 (　　)
- 兼 (　　)
- 頃 (　　)
- 耕 (　　)
- 徑 (　　)
- 硬 (　　)
- 械 (　　)
- 契 (　　)
- 啓 (　　)
- 溪 (　　)

②
- 桂 (　　)
- 鼓 (　　)
- 姑 (　　)
- 稿 (　　)
- 哭 (　　)
- 谷 (　　)
- 恭 (　　)
- 恐 (　　)
- 貢 (　　)
- 供 (　　)
- 誇 (　　)
- 寡 (　　)
- 冠 (　　)
- 貫 (　　)
- 寬 (　　)
- 慣 (　　)
- 館 (　　)
- 狂 (　　)
- 怪 (　　)
- 壞 (　　)
- 較 (　　)
- 巧 (　　)
- 拘 (　　)
- 久 (　　)
- 丘 (　　)
- 菊 (　　)
- 弓 (　　)
- 拳 (　　)
- 鬼 (　　)
- 菌 (　　)

③
- 克 (　　)
- 琴 (　　)
- 錦 (　　)
- 禽 (　　)
- 及 (　　)
- 畿 (　　)
- 企 (　　)
- 祈 (　　)
- 其 (　　)
- 騎 (　　)
- 緊 (　　)
- 諾 (　　)
- 娘 (　　)
- 耐 (　　)
- 寧 (　　)
- 奴 (　　)
- 腦 (　　)
- 泥 (　　)
- 茶 (　　)
- 旦 (　　)
- 但 (　　)
- 丹 (　　)
- 淡 (　　)
- 踏 (　　)
- 唐 (　　)
- 糖 (　　)
- 臺 (　　)
- 貸 (　　)
- 途 (　　)
- 陶 (　　)

④
- 刀 (　　)
- 倒 (　　)
- 桃 (　　)
- 渡 (　　)
- 突 (　　)
- 凍 (　　)
- 絡 (　　)
- 欄 (　　)
- 蘭 (　　)
- 廊 (　　)
- 浪 (　　)
- 郞 (　　)
- 涼 (　　)
- 梁 (　　)
- 勵 (　　)
- 曆 (　　)
- 戀 (　　)
- 鍊 (　　)
- 聯 (　　)
- 蓮 (　　)
- 裂 (　　)
- 嶺 (　　)
- 靈 (　　)
- 爐 (　　)
- 露 (　　)
- 祿 (　　)
- 弄 (　　)
- 賴 (　　)
- 雷 (　　)
- 樓 (　　)

⑤
累（　　）
漏（　　）
倫（　　）
栗（　　）
率（　　）
隆（　　）
陵（　　）
吏（　　）
履（　　）
裏（　　）
臨（　　）
麻（　　）
磨（　　）
漠（　　）
幕（　　）
莫（　　）
晚（　　）
妄（　　）
梅（　　）
媒（　　）
麥（　　）
孟（　　）
盟（　　）
猛（　　）
盲（　　）
綿（　　）
眠（　　）
免（　　）
滅（　　）
銘（　　）

⑥
慕（　　）
謀（　　）
貌（　　）
睦（　　）
沒（　　）
夢（　　）
蒙（　　）
貿（　　）
茂（　　）
默（　　）
墨（　　）
紋（　　）
勿（　　）
微（　　）
尾（　　）
薄（　　）
迫（　　）
般（　　）
盤（　　）
飯（　　）
拔（　　）
芳（　　）
輩（　　）
排（　　）
培（　　）
伯（　　）
繁（　　）
凡（　　）
碧（　　）
丙（　　）

⑦
補（　　）
譜（　　）
腹（　　）
覆（　　）
峯（　　）
封（　　）
逢（　　）
鳳（　　）
簿（　　）
付（　　）
符（　　）
附（　　）
扶（　　）
浮（　　）
腐（　　）
賦（　　）
奔（　　）
奮（　　）
紛（　　）
拂（　　）
婢（　　）
卑（　　）
肥（　　）
妃（　　）
邪（　　）
詞（　　）
司（　　）
沙（　　）
祀（　　）
蛇（　　）

⑧
斜（　　）
削（　　）
森（　　）
像（　　）
詳（　　）
裳（　　）
霜（　　）
尙（　　）
喪（　　）
桑（　　）
償（　　）
塞（　　）
索（　　）
署（　　）
緖（　　）
恕（　　）
徐（　　）
釋（　　）
惜（　　）
旋（　　）
禪（　　）
疏（　　）
蘇（　　）
訴（　　）
燒（　　）
訟（　　）
刷（　　）
鎖（　　）
衰（　　）
需（　　）

⑨
殊（　　）
隨（　　）
輸（　　）
帥（　　）
獸（　　）
愁（　　）
壽（　　）
垂（　　）
熟（　　）
淑（　　）
瞬（　　）
巡（　　）
旬（　　）
述（　　）
襲（　　）
拾（　　）
濕（　　）
昇（　　）
僧（　　）
乘（　　）
侍（　　）
飾（　　）
愼（　　）
審（　　）
甚（　　）
雙（　　）
牙（　　）
芽（　　）
雅（　　）
亞（　　）

⑩
阿（　　）
我（　　）
岸（　　）
顔（　　）
巖（　　）
央（　　）
仰（　　）
哀（　　）
若（　　）
壤（　　）
揚（　　）
讓（　　）
御（　　）
抑（　　）
憶（　　）
譯（　　）
役（　　）
驛（　　）
亦（　　）
疫（　　）
燕（　　）
沿（　　）
軟（　　）
宴（　　）
悅（　　）
染（　　）
炎（　　）
鹽（　　）
影（　　）
譽（　　）

⑪
烏（　　）
悟（　　）
獄（　　）
瓦（　　）
緩（　　）
辱（　　）
慾（　　）
欲（　　）
愚（　　）
偶（　　）
憂（　　）
宇（　　）
羽（　　）
韻（　　）
越（　　）
胃（　　）
謂（　　）
僞（　　）
幽（　　）
誘（　　）
裕（　　）
悠（　　）
維（　　）
柔（　　）
幼（　　）
猶（　　）
潤（　　）
乙（　　）
淫（　　）
已（　　）

⑫
翼（　　）
忍（　　）
逸（　　）
壬（　　）
賃（　　）
慈（　　）
刺（　　）
紫（　　）
潛（　　）
暫（　　）
藏（　　）
粧（　　）
掌（　　）
莊（　　）
丈（　　）
臟（　　）
葬（　　）
載（　　）
裁（　　）
栽（　　）
抵（　　）
著（　　）
寂（　　）
摘（　　）
跡（　　）
蹟（　　）
笛（　　）
殿（　　）
漸（　　）
亭（　　）

- 99 -

⑬
廷（　　　）
征（　　　）
貞（　　　）
淨（　　　）
井（　　　）
頂（　　　）
齊（　　　）
諸（　　　）
照（　　　）
兆（　　　）
租（　　　）
縱（　　　）
坐（　　　）
柱（　　　）
洲（　　　）
宙（　　　）
奏（　　　）
珠（　　　）
株（　　　）
鑄（　　　）
仲（　　　）
卽（　　　）
憎（　　　）
症（　　　）
蒸（　　　）
曾（　　　）
池（　　　）
之（　　　）
枝（　　　）
振（　　　）

⑭
陳（　　　）
鎭（　　　）
辰（　　　）
震（　　　）
疾（　　　）
秩（　　　）
執（　　　）
徵（　　　）
此（　　　）
借（　　　）
錯（　　　）
贊（　　　）
倉（　　　）
昌（　　　）
蒼（　　　）
彩（　　　）
菜（　　　）
債（　　　）
策（　　　）
妻（　　　）
拓（　　　）
戚（　　　）
尺（　　　）
踐（　　　）
賤（　　　）
淺（　　　）
遷（　　　）
哲（　　　）
徹（　　　）
滯（　　　）

⑮
肖（　　　）
超（　　　）
礎（　　　）
觸（　　　）
促（　　　）
催（　　　）
追（　　　）
畜（　　　）
衝（　　　）
醉（　　　）
吹（　　　）
側（　　　）
値（　　　）
恥（　　　）
稚（　　　）
漆（　　　）
沈（　　　）
浸（　　　）
奪（　　　）
塔（　　　）
湯（　　　）
殆（　　　）
泰（　　　）
澤（　　　）
兔（　　　）
吐（　　　）
透（　　　）
版（　　　）
片（　　　）
偏（　　　）

⑯
編（　　　）
弊（　　　）
肺（　　　）
廢（　　　）
浦（　　　）
捕（　　　）
楓（　　　）
被（　　　）
皮（　　　）
彼（　　　）
畢（　　　）
何（　　　）
賀（　　　）
荷（　　　）
鶴（　　　）
汗（　　　）
割（　　　）
含（　　　）
陷（　　　）
項（　　　）
恒（　　　）
響（　　　）
獻（　　　）
玄（　　　）
懸（　　　）
穴（　　　）
脅（　　　）
衡（　　　）
慧（　　　）
浩（　　　）

⑰

胡（　　　）
豪（　　　）
虎（　　　）
惑（　　　）
魂（　　　）
忽（　　　）
洪（　　　）
禍（　　　）
還（　　　）
換（　　　）
皇（　　　）
荒（　　　）
悔（　　　）
懷（　　　）
劃（　　　）
獲（　　　）
橫（　　　）
胸（　　　）
戲（　　　）
稀（　　　）

3Ⅱ 훈음테스트

본문활용단어 **훈음테스트** 정답88쪽

<1>

新刊 [　새　신　/　새길 간　]
肝腸 [　　　　/　　　　]
發汗 [　　　　/　　　　]
幹線 [　　　　/　　　　]
乾性 [　　　　/　　　　]
腹痛 [　　　　/　　　　]
履歷 [　　　　/　　　　]
覆面 [　　　　/　　　　]
痲藥 [　　　　/　　　　]
硏磨 [　　　　/　　　　]

<2>

莫強 [　　　　/　　　　]
開幕 [　　　　/　　　　]
思慕 [　　　　/　　　　]
漠漠 [　　　　/　　　　]
大妃 [　　　　/　　　　]
祭祀 [　　　　/　　　　]
肥滿 [　　　　/　　　　]
剛直 [　　　　/　　　　]
三綱 [　　　　/　　　　]
鋼鐵 [　　　　/　　　　]

- 101 -

<3>

雪峯 [　　/　　]

相逢 [　　/　　]

先輩 [　　/　　]

排他 [　　/　　]

尊卑 [　　/　　]

老婢 [　　/　　]

惠澤 [　　/　　]

直譯 [　　/　　]

驛前 [　　/　　]

解釋 [　　/　　]

<4>

懇請 [　　/　　]

美貌 [　　/　　]

浦口 [　　/　　]

補藥 [　　/　　]

捕手 [　　/　　]

薄利 [　　/　　]

帳簿 [　　/　　]

敎鍊 [　　/　　]

蘭香 [　　/　　]

空欄 [　　/　　]

<5>

萬若 [　　/　　]

承諾 [　　/　　]

妄言 [　　/　　]

色盲 [　　/　　]

旣存 [　　/　　]

槪念 [　　/　　]

兼用 [　　/　　]

謙稱 [　　/　　]

勿論 [　　/　　]

忽然 [　　/　　]

<6>

元旦 [　　/　　]

但書 [　　/　　]

感懷 [　　/　　]

破壞 [　　/　　]

平壤 [　　/　　]

謙讓 [　　/　　]

偏愛 [　　/　　]

改編 [　　/　　]

信仰 [　　/　　]

抑壓 [　　/　　]

<7>

哀歡 〔   /   〕

衰弱 〔   /   〕

裏面 〔   /   〕

奇襲 〔   /   〕

途中 〔   /   〕

徐行 〔   /   〕

錦衣 〔   /   〕

純綿 〔   /   〕

枝葉 〔   /   〕

鼓手 〔   /   〕

<8>

免稅 〔   /   〕

早晚 〔   /   〕

兔角 〔   /   〕

安逸 〔   /   〕

浪費 〔   /   〕

新郞 〔   /   〕

畫廊 〔   /   〕

曾祖 〔   /   〕

愛憎 〔   /   〕

僧舞 〔   /   〕

<9>

溪谷 〔   /   〕

富裕 〔   /   〕

欲求 〔   /   〕

物慾 〔   /   〕

交付 〔   /   〕

符籍 〔   /   〕

附屬 〔   /   〕

特殊 〔   /   〕

珠玉 〔   /   〕

株式 〔   /   〕

<10>

愼重 〔   /   〕

鎭火 〔   /   〕

實踐 〔   /   〕

賤職 〔   /   〕

深淺 〔   /   〕

阿附 〔   /   〕

六何 〔   /   〕

出荷 〔   /   〕

供給 〔   /   〕

恭敬 〔   /   〕

<11>

後悔 〔　　　／　　　〕

梅實 〔　　　／　　　〕

媒體 〔　　　／　　　〕

陰謀 〔　　　／　　　〕

司會 〔　　　／　　　〕

名詞 〔　　　／　　　〕

胃腸 〔　　　／　　　〕

所謂 〔　　　／　　　〕

誘引 〔　　　／　　　〕

透視 〔　　　／　　　〕

<12>

億兆 〔　　　／　　　〕

桃花 〔　　　／　　　〕

羽隊 〔　　　／　　　〕

右翼 〔　　　／　　　〕

暴炎 〔　　　／　　　〕

淡水魚 〔　　　／　　　／　　　〕

唐突 〔　　　／　　　〕

糖乳 〔　　　／　　　〕

倉庫 〔　　　／　　　〕

蒼空 〔　　　／　　　〕

<13>

諸君 〔　　　／　　　〕

端緒 〔　　　／　　　〕

著者 〔　　　／　　　〕

警察署 〔　　　／　　　／　　　〕

淑女 〔　　　／　　　〕

閑寂 〔　　　／　　　〕

外戚 〔　　　／　　　〕

皮骨 〔　　　／　　　〕

被害 〔　　　／　　　〕

彼日 〔　　　／　　　〕

<14>

賢愚 〔　　　／　　　〕

配偶 〔　　　／　　　〕

連載 〔　　　／　　　〕

裁斷 〔　　　／　　　〕

栽植 〔　　　／　　　〕

佳人 〔　　　／　　　〕

桂樹 〔　　　／　　　〕

開封 〔　　　／　　　〕

暫定 〔　　　／　　　〕

漸次 〔　　　／　　　〕

<15> ————

貯藏 〔   /   〕
肝臟 〔   /   〕
長壽 〔   /   〕
鑄物 〔   /   〕
貫通 〔   /   〕
習慣 〔   /   〕
急迫 〔   /   〕
伯父 〔   /   〕
鬼才 〔   /   〕
怨魂 〔   /   〕

<16> ————

日辰 〔   /   〕
振動 〔   /   〕
辱說 〔   /   〕
震怒 〔   /   〕
落雷 〔   /   〕
聖靈 〔   /   〕
風霜 〔   /   〕
露宿 〔   /   〕
需給 〔   /   〕
忍耐 〔   /   〕

<17> ————

彼此 〔   /   〕
紫雲 〔   /   〕
揚名 〔   /   〕
湯藥 〔   /   〕
玄米 〔   /   〕
比率 〔   /   〕
不肖 〔   /   〕
削髮 〔   /   〕
非凡 〔   /   〕
恐龍 〔   /   〕

<18> ————

高尙 〔   /   〕
拍掌 〔   /   〕
衣裳 〔   /   〕
補償 〔   /   〕
齒牙 〔   /   〕
發芽 〔   /   〕
邪惡 〔   /   〕
優雅 〔   /   〕
稚魚 〔   /   〕
維持 〔   /   〕

<19>

使役 〔　　/　　〕

疫學 〔　　/　　〕

宮殿 〔　　/　　〕

諸般 〔　　/　　〕

基盤 〔　　/　　〕

鹽田 〔　　/　　〕

同盟 〔　　/　　〕

輸入 〔　　/　　〕

比較 〔　　/　　〕

軟禁 〔　　/　　〕

<20>

孟春 〔　　/　　〕

猛犬 〔　　/　　〕

奔走 〔　　/　　〕

興奮 〔　　/　　〕

奪取 〔　　/　　〕

契約 〔　　/　　〕

亦是 〔　　/　　〕

人跡 〔　　/　　〕

古蹟 〔　　/　　〕

債務 〔　　/　　〕

<21>

賃金 〔　　/　　〕

貸與 〔　　/　　〕

貸借 〔　　/　　〕

錯誤 〔　　/　　〕

哀惜 〔　　/　　〕

猛獸 〔　　/　　〕

默念 〔　　/　　〕

墨香 〔　　/　　〕

獻納 〔　　/　　〕

間隔 〔　　/　　〕

<22>

陳設 〔　　/　　〕

凍結 〔　　/　　〕

菜食 〔　　/　　〕

彩色 〔　　/　　〕

陰影 〔　　/　　〕

宇宙 〔　　/　　〕

警笛 〔　　/　　〕

衝動 〔　　/　　〕

衡平 〔　　/　　〕

<23>

照明 〔　　/　　〕

超過 〔　　/　　〕

超越 〔　　/　　〕

拳闘 〔　　/　　〕

泰平 〔　　/　　〕

演奏 〔　　/　　〕

原稿 〔　　/　　〕

秩序 〔　　/　　〕

稀貴 〔　　/　　〕

租税 〔　　/　　〕

<24>

徴収 〔　　/　　〕

微弱 〔　　/　　〕

貫徹 〔　　/　　〕

御命 〔　　/　　〕

征伐 〔　　/　　〕

直径 〔　　/　　〕

狂信 〔　　/　　〕

獄死 〔　　/　　〕

猶豫 〔　　/　　〕

獲得 〔　　/　　〕

<25>

紛争 〔　　/　　〕

連絡 〔　　/　　〕

指紋 〔　　/　　〕

緩急 〔　　/　　〕

縦横 〔　　/　　〕

緊急 〔　　/　　〕

繁盛 〔　　/　　〕

索引 〔　　/　　〕

累計 〔　　/　　〕

牧畜 〔　　/　　〕

<26>

別館 〔　　/　　〕

朝飯 〔　　/　　〕

假飾 〔　　/　　〕

燒火 〔　　/　　〕

香爐 〔　　/　　〕

分割 〔　　/　　〕

劃順 〔　　/　　〕

印刷 〔　　/　　〕

刺客 〔　　/　　〕

劍道 〔　　/　　〕

<27>

賦課〔　　／　　〕

貞節〔　　／　　〕

貢納〔　　／　　〕

祝賀〔　　／　　〕

貿易〔　　／　　〕

信賴〔　　／　　〕

贊反〔　　／　　〕

頂上〔　　／　　〕

事項〔　　／　　〕

顏色〔　　／　　〕

<28>

忍苦〔　　／　　〕

慈善〔　　／　　〕

愁心〔　　／　　〕

戀慕〔　　／　　〕

容恕〔　　／　　〕

疑惑〔　　／　　〕

懸賞〔　　／　　〕

智慧〔　　／　　〕

悠然〔　　／　　〕

恥事〔　　／　　〕

<29>

恒常〔　　／　　〕

覺悟〔　　／　　〕

喜悅〔　　／　　〕

怪談〔　　／　　〕

記憶〔　　／　　〕

衆寡〔　　／　　〕

寬待〔　　／　　〕

安寧〔　　／　　〕

審判〔　　／　　〕

宴會〔　　／　　〕

<30>

海岸〔　　／　　〕

巖石〔　　／　　〕

嶺南〔　　／　　〕

坐視〔　　／　　〕

金塔〔　　／　　〕

栽培〔　　／　　〕

塞源〔　　／　　〕

執權〔　　／　　〕

完熟〔　　／　　〕

燕尾〔　　／　　〕

<31>

茂盛 〔　　　／　　　〕

童蒙 〔　　　／　　　〕

茶室 〔　　　／　　　〕

蘇生 〔　　　／　　　〕

葬禮 〔　　　／　　　〕

莊嚴 〔　　　／　　　〕

菊花 〔　　　／　　　〕

芳名錄 〔　　　／　　　／　　　〕

蓮根 〔　　　／　　　〕

蒸氣 〔　　　／　　　〕

<32>

蓋世 〔　　　／　　　〕

殺菌 〔　　　／　　　〕

荒野 〔　　　／　　　〕

痛哭 〔　　　／　　　〕

喪失 〔　　　／　　　〕

吹打 〔　　　／　　　〕

吐露 〔　　　／　　　〕

哲學 〔　　　／　　　〕

啓蒙 〔　　　／　　　〕

含量 〔　　　／　　　〕

<33>

五倫 〔　　　／　　　〕

肖像 〔　　　／　　　〕

侍女 〔　　　／　　　〕

開催 〔　　　／　　　〕

促求 〔　　　／　　　〕

側近 〔　　　／　　　〕

價値 〔　　　／　　　〕

仲介 〔　　　／　　　〕

壓倒 〔　　　／　　　〕

眞僞 〔　　　／　　　〕

<34>

溪谷 〔　　　／　　　〕

滅亡 〔　　　／　　　〕

沒頭 〔　　　／　　　〕

浮力 〔　　　／　　　〕

浮沈 〔　　　／　　　〕

浸透 〔　　　／　　　〕

沿邊 〔　　　／　　　〕

潤澤 〔　　　／　　　〕

潛水 〔　　　／　　　〕

六大洲 〔　　　／　　　／　　　〕

<35>

貯水池 〔　　/　　/　　〕

白沙場 〔　　/　　/　　〕

淨潔 〔　　/　　〕

浩氣 〔　　/　　〕

洪水 〔　　/　　〕

炎涼 〔　　/　　〕

雲泥 〔　　/　　〕

漏落 〔　　/　　〕

渡美 〔　　/　　〕

淫談 〔　　/　　〕

<36>

滯留 〔　　/　　〕

乾濕 〔　　/　　〕

漆器 〔　　/　　〕

染色 〔　　/　　〕

橋梁 〔　　/　　〕

架空 〔　　/　　〕

桑田 〔　　/　　〕

生栗 〔　　/　　〕

柔軟 〔　　/　　〕

森林 〔　　/　　〕

<37>

機械 〔　　/　　〕

橫斷 〔　　/　　〕

望樓 〔　　/　　〕

電柱 〔　　/　　〕

楓葉 〔　　/　　〕

追跡 〔　　/　　〕

巡察 〔　　/　　〕

著述 〔　　/　　〕

歸還 〔　　/　　〕

遷都 〔　　/　　〕

<38>

告訴 〔　　/　　〕

訴訟 〔　　/　　〕

詳細 〔　　/　　〕

誇示 〔　　/　　〕

訣別 〔　　/　　〕

族譜 〔　　/　　〕

禍根 〔　　/　　〕

祈願 〔　　/　　〕

福祿 〔　　/　　〕

參禪 〔　　/　　〕

<39>

距離 〔　　/　　〕

踏査 〔　　/　　〕

催眠 〔　　/　　〕

和睦 〔　　/　　〕

瞬間 〔　　/　　〕

銘心 〔　　/　　〕

寶鑑 〔　　/　　〕

鎖國 〔　　/　　〕

長幼 〔　　/　　〕

幽谷 〔　　/　　〕

<40>

扶助 〔　　/　　〕

拾得 〔　　/　　〕

抵抗 〔　　/　　〕

摘發 〔　　/　　〕

開拓 〔　　/　　〕

換錢 〔　　/　　〕

拘束 〔　　/　　〕

支拂 〔　　/　　〕

選拔 〔　　/　　〕

鳳鳥 〔　　/　　〕

<41>

鶴舞 〔　　/　　〕

雙方 〔　　/　　〕

肺病 〔　　/　　〕

頭腦 〔　　/　　〕

橋脚 〔　　/　　〕

胸部 〔　　/　　〕

腐敗 〔　　/　　〕

威脅 〔　　/　　〕

音響 〔　　/　　〕

韻律 〔　　/　　〕

<42>

痛症 〔　　/　　〕

疾病 〔　　/　　〕

陶器 〔　　/　　〕

隨行 〔　　/　　〕

隆盛 〔　　/　　〕

干陵 〔　　/　　〕

陷沒 〔　　/　　〕

娘子 〔　　/　　〕

姑婦 〔　　/　　〕

奴婢 〔　　/　　〕

<43>

妻家 〔   /   〕

碧海 〔   /   〕

硬軟 〔   /   〕

礎石 〔   /   〕

八角亭 〔   /   /   〕

豪傑 〔   /   〕

禽獸 〔   /   〕

樓閣 〔   /   〕

企業 〔   /   〕

耕作 〔   /   〕

<44>

金冠 〔   /   〕

巧妙 〔   /   〕

克己 〔   /   〕

彈琴 〔   /   〕

燈臺 〔   /   〕

突進 〔   /   〕

勉勵 〔   /   〕

太陽曆 〔   /   /   〕

聯合 〔   /   〕

弊習 〔   /   〕

<45>

弄談 〔   /   〕

臨終 〔   /   〕

旋回 〔   /   〕

元帥 〔   /   〕

昇降 〔   /   〕

甚難 〔   /   〕

名譽 〔   /   〕

化粧 〔   /   〕

危殆 〔   /   〕

計策 〔   /   〕

<46>

觸感 〔   /   〕

京畿道 〔   /   /   〕

未畢 〔   /   〕

長蛇陣 〔   /   /   〕

存廢 〔   /   〕

垂直 〔   /   〕

皇帝 〔   /   〕

解夢 〔   /   〕

首尾 〔   /   〕

親疏 〔   /   〕

<47>

丘陵 [/]

傾斜 [/]

麥酒 [/]

滅裂 [/]

我執 [/]

遊戲 [/]

騎士 [/]

醉客 [/]

瓦解 [/]

憂患 [/]

<48>

永久 [/]

之次 [/]

乘除 [/]

胡亂 [/]

齊唱 [/]

卽死 [/]

片舟 [/]

出版 [/]

頃刻 [/]

上旬 [/]

<49>

介入 [/]

官吏 [/]

白虎 [/]

尺度 [/]

及第 [/]

丹靑 [/]

丙亂 [/]

亞洲 [/]

昌盛 [/]

朝廷 [/]

<50>

中央 [/]

烏飛 [/]

已往 [/]

弓矢 [/]

丈夫 [/]

井水 [/]

其他 [/]

穴居 [/]

乙夜 [/]

壬辰 [/]

| 읽기범위 4級 | ▶훈음테스트◀ | 노트에 훈음을 적고 확인하세요. 18쪽 |

① 暇 覺 刻 簡 干 看 敢 甘 甲 降 更 據 拒 居 巨 傑 儉 激 擊 犬 堅 鏡 傾 驚 戒 季 鷄 階 系 繼

② 庫 孤 穀 困 骨 攻 孔 管 鑛 構 群 君 屈 窮 勸 券 卷 歸 均 劇 勤 筋 奇 紀 寄 機 納 段 盜 逃

③ 徒 卵 亂 覽 略 糧 慮 烈 龍 柳 輪 離 妹 勉 鳴 模 妙 墓 舞 拍 髮 妨 犯 範 辯 普 複 伏 否 負

④ 粉 憤 碑 批 祕 辭 私 絲 射 散 傷 象 宣 舌 屬 損 松 頌 秀 叔 肅 崇 氏 額 樣 嚴 與 易 域 鉛

⑤ 延 緣 燃 營 迎 映 豫 優 遇 郵 源 援 怨 委 圍 慰 威 危 遺 遊 儒 乳 隱 儀 疑 依 異 仁 姿 姉

⑥ 資 殘 雜 裝 張 奬 帳 壯 腸 底 績 賊 適 籍 積 轉 錢 專 折 點 占 整 靜 丁 帝 條 潮 組 存 鍾

⑦ 從 座 周 朱 酒 證 持 誌 智 織 盡 珍 陣 差 讚 採 冊 泉 廳 聽 招 推 縮 就 趣 層 針 寢 稱 歎

⑧ 彈 脫 探 擇 討 痛 投 鬪 派 判 篇 評 閉 胞 爆 標 疲 避 恨 閑 抗 核 憲 險 革 顯 刑 或 混 婚

⑨ 紅 華 環 歡 況 灰 候 厚 揮 喜

▷ 한자테스트 ◁

한자테스트 할 때 편리하도록 훈음만 제시되었습니다.

[평소 복습용으로도 활용합니다]

漢字 테스트

노트에 반복하여 연습합시다.

8급

가르칠 교
학교 교
아홉 구
나라 국
군사 군
쇠 금
남녘 남
계집 녀
해 년
큰 대

동녘 동
여섯 륙
일만 만
어미 모
나무 목
문 문
백성 민
흰 백
아비 부
북녘 북

넉 사
메 산
석 삼
날 생
서녘 서
먼저 선
작을 소
물 수
집 실
열 십

다섯 오
임금 왕
바깥 외
달 월
두 이
사람 인
날 일
한 일
긴 장
아우 제

가운데 중
푸를 청
마디 촌
일곱 칠
흙 토
여덟 팔
배울 학
나라 한
형 형
불 화

7Ⅱ

집 가
사이 간
강 강
수레 거
빌 공
장인 공
기록할 기
기운 기
사내 남
안 내

농사 농
대답 답
길 도
움직일 동
힘 력
설 립
매양 매
이름 명
물건 물

아닐 불
일 사
위 상
성 성
인간 세
손 수
때 시
저자 시
먹을 식
편안 안

낮 오
오른 우
스스로 자
아들 자
마당 장
번개 전
앞 전
온전 전
바를 정
발 족

왼 좌
곧을 직
평평할 평
아래 하
한수 한
바다 해
말씀 화
살 활
효도 효
뒤 후

7급

노래 가
입 구
기 기
겨울 동
골 동
한가지 동
오를 등
올 래
늙을 로
마을 리

수풀 림
낯 면
목숨 명
글월 문
물을 문
일백 백
지아비 부
셈 산
빛 색
저녁 석

바 소
적을 소
셈 수
심을 식
마음 심
말씀 어
그럴 연
있을 유
기를 육
고을 읍

들 입
글자 자
할아비 조
살 주
주인 주
무거울 중
땅 지
종이 지
내 천
일천 천

하늘 천
풀 초
마을 촌
가을 추
날 출
편할 편
여름 하
꽃 화
쉴 휴

| 6급 II | 배정한자 [12쪽]에서 찾습니다. | | 6급 | 배정한자 [13쪽]에서 찾습니다. |

6급 II			6급	
각각 각	필 발	뜰 정	느낄 감	죽을 사	정할 정
뿔 각	놓을 방	제목 제	강할 강	하여금 사	아침 조
셀 계	떼 부	차례 제	열 개	돌 석	겨레 족
지경 계	나눌 분	부을 주	서울 경	자리 석	낮 주
높을 고	모일 사	모을 집	쓸 고	빠를 속	친할 친
공 공	글 서	창 창	예 고	손자 손	클 태
공평할 공	줄 선	맑을 청	사귈 교	나무 수	통할 통
한가지 공	눈 설	몸 체	구분할 구	익힐 습	특별할 특
과목 과	살필 성	겉 표	고을 군	이길 승	합할 합
실과 과	이룰 성	바람 풍	가까울 근	법 식	다닐 행
빛 광	사라질 소	다행 행	뿌리 근	잃을 실	향할 향
공 구	재주 술	나타날 현	등급 급	사랑 애	이름 호
이제 금	비로소 시	모양 형	많을 다	들 야	그림 화
급할 급	귀신 신	화할 화	기다릴 대	밤 야	누를 황
짧을 단	몸 신	모일 회	법도 도	볕 양	가르칠 훈
집 당	믿을 신		머리 두	큰바다 양	
대신 대	새 신		법식 례	말씀 언	
대할 대	약 약		예도 례	길 영	
그림 도	약할 약		길 로	꽃부리 영	
읽을 독	업 업		푸를 록	따뜻할 온	
아이 동	날랠 용		오얏 리	동산 원	
무리 등	쓸 용		눈 목	멀 원	
즐길 락	옮길 운		쌀 미	기름 유	
이할 리	마실 음		아름다울 미	말미암을 유	
다스릴 리	소리 음		성 박	은 은	
밝을 명	뜻 의		차례 번	옷 의	
들을 문	어제 작		다를 별	의원 의	
나눌 반	지을 작		병 병	놈 자	
돌아올 반	재주 재		옷 복	글 장	
반 반	싸울 전		근본 본	있을 재	

5급 II

모르는 한자는 배정한자 [14, 15쪽] 에서 찾습니다.

값 가	일할 로	악할 악	꾸짖을책	볕 경	쓸 비	인할 인
손 객	무리 류	맺을 약	채울 충	굳을 고	견줄 비	재앙 재
격식 격	흐를 류	기를 양	집 택	생각할고	코 비	두 재
볼 견	뭍 륙	요긴할요	물건 품	굽을 곡	얼음 빙	다툴 쟁
결단할결	바랄 망	벗 우	반드시필	다리 교	베낄 사	쌓을 저
맺을 결	법 법	비 우	붓 필	구원할구	조사할사	붉을 적
공경 경	변할 변	구름 운	해할 해	귀할 귀	생각 사	머무를정
고할 고	병사 병	으뜸 원	될 화	법 규	상줄 상	잡을 조
공부할과	복 복	클 위	본받을효	줄 급	차례 서	마칠 종
지날 과	받들 봉	써 이	흉할 흉	물끓는김기	가릴 선	허물 죄
관계할관	사기 사	맡길 임		기약할기	배 선	그칠 지
볼 관	선비 사	재목 재		재주 기	착할 선	부를 창
넓을 광	섬길 사	재물 재		길할 길	보일 시	쇠 철
갖출 구	낳을 산	과녁 적		단 단	책상 안	처음 초
예 구	서로 상	법 전		말씀 담	고기 어	가장 최
판 국	장사 상	전할 전		도울 도	고기잡을어	빌 축
몸 기	고울 선	펼 전		섬 도	억 억	이를 치
터 기	신선 선	끊을 절		떨어질락	더울 열	법칙 칙
생각 념	말씀 설	마디 절	5급	찰 랭	잎 엽	다를 타
능할 능	성품 성	가게 점		헤아릴량	집 옥	칠 타
둥글 단	씻을 세	뜻 정	더할 가	거느릴령	완전할완	높을 탁
마땅 당	해 세	고를 조	옳을 가	하여금령	빛날 요	숯 탄
큰 덕	묶을 속	마칠 졸	고칠 개	헤아릴료	목욕할욕	널 판
이를 도	머리 수	씨 종	갈 거	말 마	소 우	패할 패
홀로 독	잘 숙	주일 주	들 거	끝 말	수컷 웅	물 하
밝을 랑	순할 순	고을 주	굳셀 건	망할 망	집 원	찰 한
어질 량	알 식	알 지	물건 건	살 매	언덕 원	허락 허
나그네려	신하 신	바탕 질	세울 건	팔 매	원할 원	호수 호
지날 력	열매 실	붙을 착	가벼울경	없을 무	자리 위	근심 환
익힐 련	아이 아	참여할참	다툴 경	곱 배	귀 이	검을 흑

4급 II

모르는 한자는 배정한자 [16쪽] 에서 찾습니다.

거리 가	끊을 단	호반 무	가난할빈	지킬 수	인원 원	지을 제	가질 취
거짓 가	끝 단	힘쓸 무	사례할사	순수할순	지킬 위	도울 조	헤아릴측
덜 감	박달나무단	맛 미	스승 사	이을 승	할 위	새 조	다스릴치
볼 감	홑 단	아닐 미	절 사	베풀 시	고기 육	이를 조	둘 치
편안 강	통달할달	빽빽할밀	집 사	볼 시	은혜 은	지을 조	이 치
욀 강	멜 담	넓을 박	죽일 살	시 시	그늘 음	높을 존	침노할침
낱 개	무리 당	막을 방	형상 상	시험 시	응할 응	마루 종	쾌할 쾌
검사할검	띠 대	방 방	떳떳할상	이 시	옳을 의	달릴 주	모습 태
깨끗할결	무리 대	찾을 방	상 상	쉴 식	의논할의	대 죽	거느릴통
이지러질결	인도할도	나눌 배	생각 상	납 신	옮길 이	준할 준	물러날퇴
경사 경	감독할독	등 배	베풀 설	깊을 심	더할 익	무리 중	깨뜨릴파
깨우칠경	독 독	절 배	별 성	눈 안	끌 인	더할 증	물결 파
지경 경	구리 동	벌할 벌	성인 성	어두울암	도장 인	가리킬지	대포 포
지날 경	말 두	칠 벌	성할 성	누를 압	알 인	뜻 지	베 포
맬 계	콩 두	벽 벽	소리 성	진 액	막을 장	이를 지	쌀 포
연고 고	얼을 득	가 변	재 성	양 양	장수 장	지탱할지	사나울폭
벼슬 관	등 등	갚을 보	정성 성	같을 여	낮을 저	직분 직	표 표
구할 구	벌릴 라	걸음 보	가늘 세	남을 여	대적할적	나아갈진	풍년 풍
글귀 구	두 량	보배 보	세금 세	거스릴역	밭 전	참 진	한할 한
연구할구	고울 려	지킬 보	형세 세	펼 연	끊을 절	버금 차	배 항
집 궁	이을 련	회복할복	본디 소	갈 연	이을 접	살필 찰	항구 항
권세 권	벌릴 렬	마을 부	쓸 소	연기 연	길 정	비롯할창	풀 해
극진할극	기록할록	며느리부	웃음 소	영화 영	성사 성	곳 저	시골 향
금할 금	논할 론	버금 부	이을 속	재주 예	정할 정	청할 청	향기 향
그릇 기	머무를류	부자 부	풍속 속	그르칠오	건널 제	다 총	빌 허
일어날기	법칙 률	부처 불	보낼 송	구슬 옥	끌 제	총 총	시험할험
따뜻할난	찰 만	갖출 비	거둘 수	갈 왕	절제할제	모을 축	어질 현
어려울난	줄기 맥	날 비	닦을 수	노래 요	즈음 제	쌓을 축	피 혈
성낼 노	터럭 모	슬플 비	받을 수	얼굴 용	덜 제	벌레 충	화할 협
힘쓸 노	칠 목	아닐 비	줄 수	둥글 원	제사 제	충성 충	은혜 혜
		좋을 호	부를 호	재물 화	돌아올회	일 흥	
		도울 호	집 호	굳을 확	마실 흡	바랄 희	

一字多音字

訓音을 익히고 그 用例도 알아 둡시다.

漢字	訓	音	用例	漢字	訓	音	用例	漢字	訓	音	用例
金1	쇠 姓	금 김	金色 (금색) 金氏 (김씨)	讀13	읽을 구절	독 두	讀書 (독서) 句讀 (구두)	葉25	잎 姓	엽 섭	落葉 (낙엽) 葉氏 (섭씨)
木2	나무 모과	목 모	草木 (초목) 木瓜 (모과)	分14	나눌 푼	분 푼	區分 (구분) 五分 (오푼)	切26	끊을 모두	절 체	切開 (절개) 一切 (일체)
北3	북녘 달아날배	북 배	北向 (북향) 敗北 (패배)	省15	살필 덜	성 생	反省 (반성) 省略 (생략)	參27	참여할참 석	참 삼	參席 (참석) 參百 (삼백)
車4	수레 차	거 차	人力車 (인력거) 馬車 (마차)	合16	모을 홉	합 홉	合同 (합동) 九合 (구홉)	則28	곧 법칙	즉 칙	然則 (연즉) 規則 (규칙)
內5	안 나인	내 나	內外 (내외) 內人 (나인)	行17	다닐 항렬	행 항	行動 (행동) 行列 (항렬)	宅29	집 집	택 댁	住宅 (주택) 宅內 (댁내)
數6	셈 자주 빽빽할촉	수 삭 촉	數學 (수학) 數數 (삭삭) 數罟 (촉고)	樂18	노래 즐길 좋아할요	악 락 요	音樂 (음악) 樂土 (낙토) 樂山樂水	說30	말씀 달랠 기쁠	설 세 열	說明 (설명) 遊說 (유세) 說樂 (열락)
洞7	고을 밝을	동 통	洞里 (동리) 洞察 (통찰)	畫19	그림 그을	화 획	畫家 (화가) 計畫 (계획)	復31	다시 회복	부 복	復活. 復興 回復. 復權
食8	먹을 밥	식 사	食事 (식사) 簞食 (단사)	見20	볼 뵈올	견 현	見學 (견학) 調見 (알현)	寺32	절 내관	사 시	佛國寺 (불국사) 司僕寺 (사복시)
便9	편할 오줌	편 변	便利 (편리) 便祕 (변비)	告21	알릴 청할	고 곡	告白 (고백) 出必告 (출필곡)	殺33	죽일 감할 빠를	살 쇄 쇄	殺人 (살인) 相殺 (상쇄) 殺到 (쇄도)
父10	아비 미칭	부 보	父親 (부친) 尙父 (상보)	宿22	잠잘 별자리수	숙 수	宿題 (숙제) 星宿 (성수)	狀34	형상 문서	상 장	形狀 (형상) 賞狀 (상장)
不11	아닐 아닐	불 부	不明 (불명) 不足 (부족)	識23	알 기록할	식 지	知識 (지식) 標識 (표지)	暴35	사나울폭 모질 포	폭 포	暴行 (폭행) 暴惡 (포악)
度12	법도 헤아릴탁	도 탁	角度 (각도) 度地 (탁지)	惡24	악할 미워할오	악 오	善惡 (선악) 惡寒 (오한)	布36	베포.펼포 베풀 보	포 보	布木. 公布 布施 (보시)
			4級	降40	내릴 강 항복할항	강 항	降等 (강등) 降伏 (항복)	推44	밀 추 밀 퇴	추 퇴	推戴 (추대) 推敲 (퇴고)
反37	돌이킬반 뒤엎을번	반 번	反對 (반대) 反田 (번전)	更41	고칠 경 다시 갱	경 갱	更新 (경신) 更生 (갱생)	射45	쏠 사 맞힐 석	사 석	射手 (사수) 射中 (석중)
提38	끌 제 보리수리	제 리	提示 (제시) 菩提樹 (보리수)	易42	바꿀 역 쉬울 이	역 이	交易. 周易 便易. 難易	差46	다를 차 어긋날치	차 치	差別 (차별) 參差 (참치)
氏39	성씨 씨 나라이름지	씨 지	李氏 (이씨) 月氏國 (월지국)	否43	아닐 부 막힐 비	부 비	可否 (가부) 否運 (비운)	屬47	붙을 속 부탁할촉	속 촉	屬國 (속국) 屬託 (촉탁)
			3Ⅱ	乾51	하늘 건 마를 간	건 간	乾坤 (건곤) 乾物 (간물)	茶55	차 다 차 차	다 차	茶室 (다실) 綠茶 (녹차)
率48	비율 률 거느릴솔	률 솔	比率 (비율) 率先 (솔선)	拾52	주울 습 열 십	습 십	拾得 (습득) 拾萬 (십만)	拓56	넓힐 척 박을 탁	척 탁	開拓 (개척) 拓本 (탁본)
索49	찾을 색 노끈 삭	색 삭	索引 (색인) 鐵索 (철삭)	若53	같을 약 반야 야	약 야	萬若 (만약) 般若 (반야)	辰57	별 진 별 신	진 신	壬辰 (임진) 生辰 (생신)
糖50	엿 당 엿 탕	당 탕	糖尿 (당뇨) 雪糖 (설탕)	塞54	막힐 색 변방 새	색 새	閉塞 (폐색) 要塞 (요새)	刺58	찌를 자 찌를 척	자 척	刺客 (자객) 刺殺 (척살)

일자다음자 공부 테스트

120쪽 참고 　　　다른 훈음을 써 보세요.

3. 北 ① 북녘 북
　　 ②

6. 數 ① 셈 수
　　 ②

7. 洞 ① 고을 동
　　 ②

9. 便 ① 편할 편
　　 ②

12. 度 ① 법도 도
　　 ②

13. 讀 ① 읽을 독
　　 ②

15. 省 ① 살필 성
　　 ②

17. 行 ① 다닐 행
　　 ②

18. 樂 ① 노래 악
　　 ②
　　 ③

20. 見 ① 볼 견
　　 ②

22. 宿 ① 잘 숙
　　 ②

23. 識 ① 알 식
　　 ②

24. 惡 ① 악할 악
　　 ②

26. 切 ① 끊을 절
　　 ②

27. 參 ① 참여할 참
　　 ②

28. 則 ① 법칙 칙
　　 ②

29. 宅 ① 집 택
　　 ②

30. 說 ① 말씀 설
　　 ②

31. 復 ① 다시 부
　　 ②

33. 殺 ① 죽일 살
　　 ②

34. 狀 ① 형상 상
　　 ②

36. 布 ① 베 포
　　 ②

40. 降 ① 내릴 강
　　 ②

41. 更 ① 고칠 경
　　 ②

42. 易 ① 바꿀 역
　　 ②

43. 否 ① 아닐 부
　　 ②

48. 率 ① 비율 률
　　 ②

49. 索 ① 찾을 색
　　 ②

51. 拾 ① 주울 습
　　 ②

53. 茶 ① 차 다
　　 ②

▶讀音(독음)테스트◀

정답 94쪽

□□ 틀리기 쉬운 독음 □□
[*일자다음자 120쪽 참고] 자주 읽어 보세요.

敗北 (패배)	不實 (부실)	行列 (항렬)
洞里 (동리)	惡寒 (오한)	更新 (경신)
洞察 (통찰)	好惡 (호오)	更生 (갱생)
程度 (정도)	一切 (일체)	難易 (난이)
度地 (탁지)	參照 (참조)	交易 (교역)
讀書 (독서)	參萬 (삼만)	貿易 (무역)
句讀 (구두)	宅內 (댁내)	可否 (가부)
省墓 (성묘)	遊說 (유세)	否運 (비운)
省略 (생략)	復權 (복권)	率先 (솔선)
雅樂 (아악)	復活 (부활)	比率 (비율)
苦樂 (고락)	相殺 (상쇄)	索引 (색인)
樂山 (요산)	殺到 (쇄도)	鐵索 (철삭)
計畫 (계획)	形狀 (형상)	拾得 (습득)
畫策 (획책)	賞狀 (상장)	拾萬 (십만)
見齒 (현치)	公布 (공포)	憎惡 (증오)
宿題 (숙제)	布施 (보시)	生辰 (생신)
星宿 (성수)	霜降 (상강)	茶室 (다실)
知識 (지식)	投降 (투항)	綠茶 (녹차)
標識 (표지)	降伏 (항복)	拓本 (탁본)
糖乳 (당유)	閉塞 (폐색)	刺客 (자객)
雪糖 (설탕)	要塞 (요새)	刺殺 (척살)

一

免許 ( )
墨香 ( )
瓦解 ( )
麻布 ( )
盤舞 ( )
芳名 ( )
磨滅 ( )
隔離 ( )
牧畜 ( )
貸借 ( )
漏落 ( )
遷都 ( )
羽隊 ( )
累次 ( )
燒盡 ( )
汗蒸 ( )
演奏 ( )
麥酒 ( )
晩鍾 ( )
鑄造 ( )
鹽素 ( )
牙刷 ( )

二

漸增 ( )
接觸 ( )
提案 ( )
濟州 ( )
朝廷 ( )
鍾鼓 ( )
縱橫 ( )
重罪 ( )
蒸發 ( )
破壞 ( )
症候 ( )
採鑛 ( )
賤待 ( )
淺薄 ( )
徹底 ( )
平壤 ( )
弊習 ( )
包含 ( )
避亂 ( )
捕獲 ( )
償還 ( )
桃花 ( )

三

改憲 (　　　)
佳景 (　　　)
懇請 (　　　)
監督 (　　　)
慣習 (　　　)
怨恨 (　　　)
越南 (　　　)
慰勞 (　　　)
貌樣 (　　　)
寶庫 (　　　)
補充 (　　　)
普通 (　　　)
保護 (　　　)
貫徹 (　　　)
廣漠 (　　　)
光彩 (　　　)
巧辯 (　　　)
拘留 (　　　)
具備 (　　　)
鳳鳥 (　　　)
編著 (　　　)
騎將 (　　　)
紫雲 (　　　)

四

屈折 (　　　)
權威 (　　　)
均割 (　　　)
劇藥 (　　　)
根據 (　　　)
勤勉 (　　　)
禽獸 (　　　)
奇怪 (　　　)
祈願 (　　　)
企劃 (　　　)
緊急 (　　　)
誘惑 (　　　)
倫綱 (　　　)
潤澤 (　　　)
依賴 (　　　)
議院 (　　　)
履歷 (　　　)
離別 (　　　)
忍耐 (　　　)
僞造 (　　　)
塞源 (　　　)
珠玉 (　　　)
腐敗 (　　　)

五

指揮 (　　　)
陣營 (　　　)
危險 (　　　)
威脅 (　　　)
幽靈 (　　　)
辭職 (　　　)
監獄 (　　　)
講壇 (　　　)
江陵 (　　　)
降臨 (　　　)
健康 (　　　)
檢證 (　　　)
激浪 (　　　)
催眠 (　　　)
秋穀 (　　　)
追跡 (　　　)
築城 (　　　)
縮小 (　　　)
衝擊 (　　　)
漆板 (　　　)
均衡 (　　　)
孔穴 (　　　)
浸透 (　　　)

六

趣味 (　　　)
就業 (　　　)
測量 (　　　)
恥辱 (　　　)
親睦 (　　　)
沈沒 (　　　)
冠帶 (　　　)
觀覽 (　　　)
慣例 (　　　)
衝突 (　　　)
産卵 (　　　)
森林 (　　　)
奪還 (　　　)
態度 (　　　)
森嚴 (　　　)
蘇生 (　　　)
霜露 (　　　)
象徵 (　　　)
繁昌 (　　　)
奪取 (　　　)
錯誤 (　　　)
桑葉 (　　　)
硬軟 (　　　)

七	八	九	十
溪谷（　　）	擴張（　　）	鐵塔（　　）	署理（　　）
超越（　　）	確證（　　）	淸潔（　　）	維持（　　）
分割（　　）	歡迎（　　）	沈默（　　）	獲得（　　）
悲哀（　　）	黃栗（　　）	炭鑛（　　）	辭讓（　　）
沙漠（　　）	懷疑（　　）	歎息（　　）	討議（　　）
戶籍（　　）	緊密（　　）	脫稅（　　）	擊退（　　）
呼吸（　　）	暖流（　　）	奪取（　　）	決裁（　　）
化粧（　　）	耐久（　　）	舞鶴（　　）	謙讓（　　）
階段（　　）	奴婢（　　）	微笑（　　）	頃刻（　　）
鷄鳴（　　）	樓閣（　　）	排球（　　）	京畿（　　）
啓蒙（　　）	斷絶（　　）	偶像（　　）	耕牧（　　）
繼續（　　）	丹楓（　　）	宇宙（　　）	慶祝（　　）
契約（　　）	踏査（　　）	運輸（　　）	謀陷（　　）
季節（　　）	答辭（　　）	元帥（　　）	夢兆（　　）
計策（　　）	排他（　　）	本籍（　　）	墓碑（　　）
孤寂（　　）	繁榮（　　）	浮刻（　　）	舞臺（　　）
鼓吹（　　）	浮沈（　　）	負擔（　　）	辭任（　　）
貢獻（　　）	奮鬪（　　）	喪妻（　　）	惜別（　　）
誇張（　　）	激勵（　　）	色彩（　　）	釋佛（　　）
荷役（　　）	乾濕（　　）	桂樹（　　）	吐說（　　）
胃液（　　）	枝幹（　　）	閉鎖（　　）	參禪（　　）
抽芽（　　）	殿閣（　　）	訴訟（　　）	凍傷（　　）
株式（　　）	懸垂（　　）	租稅（　　）	倒産（　　）

⑪

選舉 (　　　)
先輩 (　　　)
稅額 (　　　)
俗謠 (　　　)
輸送 (　　　)
授與 (　　　)
影響 (　　　)
藝術 (　　　)
溫柔 (　　　)
臥席 (　　　)
要緊 (　　　)
需要 (　　　)
承諾 (　　　)
新羅 (　　　)
信賴 (　　　)
審判 (　　　)
阿附 (　　　)
野獸 (　　　)
養鷄 (　　　)
傾斜 (　　　)
狂奔 (　　　)
割賦 (　　　)
胸腹 (　　　)

⑫

漁獲 (　　　)
抑揚 (　　　)
麗水 (　　　)
役割 (　　　)
連絡 (　　　)
戀慕 (　　　)
沿岸 (　　　)
榮譽 (　　　)
亞鉛 (　　　)
顔色 (　　　)
被襲 (　　　)
割據 (　　　)
含蓄 (　　　)
抗拒 (　　　)
解釋 (　　　)
許諾 (　　　)
獻壽 (　　　)
險固 (　　　)
懸賞 (　　　)
族譜 (　　　)
選拔 (　　　)
防疫 (　　　)
直徑 (　　　)

⑬

豪傑 (　　　)
候補 (　　　)
戲弄 (　　　)
稀微 (　　　)
喜歡 (　　　)
安逸 (　　　)
壓迫 (　　　)
哀惜 (　　　)
容恕 (　　　)
踏破 (　　　)
頭腦 (　　　)
猛烈 (　　　)
毛孔 (　　　)
規範 (　　　)
陣痛 (　　　)
疾病 (　　　)
秩序 (　　　)
執着 (　　　)
且置 (　　　)
刺客 (　　　)
覆蓋 (　　　)
削髮 (　　　)
燕尾 (　　　)

⑭

獎勵 (　　　)
讚歎 (　　　)
創刊 (　　　)
引導 (　　　)
印刷 (　　　)
因緣 (　　　)
逸話 (　　　)
任務 (　　　)
姉妹 (　　　)
慈悲 (　　　)
姿勢 (　　　)
殘額 (　　　)
暫時 (　　　)
潛在 (　　　)
裝飾 (　　　)
著述 (　　　)
抵觸 (　　　)
勸獎 (　　　)
蒙利 (　　　)
債務 (　　　)
丘陵 (　　　)
滯留 (　　　)
避雷 (　　　)

五	四	三	二
薄氷 ( )	殆半 ( )	慈愛 ( )	畫策 (*)
碧眼 ( )	痛哭 ( )	齊唱 ( )	標識 (*)
端緒 ( )	疲弊 ( )	照明 ( )	雪糖 (*)
陶醉 ( )	信賴 ( )	彼此 ( )	不實 (*)
面貌 ( )	嚴格 ( )	開拓 ( )	參萬 (*)
符籍 ( )	英傑 ( )	贊成 ( )	宅內 (*)
剛柔 ( )	稀壽 ( )	哲學 ( )	遊說 (*)
槪念 ( )	裕福 ( )	賀禮 ( )	復職 (*)
拒否 ( )	積善 ( )	陷沒 ( )	相殺 (*)
訣別 ( )	提供 ( )	換錢 ( )	賞狀 (*)
寬待 ( )	豪華 ( )	惠澤 ( )	布施 (*)
管掌 ( )	禍根 ( )	執權 ( )	投降 (*)
橋脚 ( )	勉勵 ( )	乘降 ( )	降伏 (*)
救護 ( )	聯合 ( )	詳細 ( )	要塞 (*)
憤激 ( )	侍女 ( )	緩急 ( )	貿易 (*)
肥滿 ( )	假飾 ( )	殺菌 ( )	率先 (*)
操縱 ( )	揚名 ( )	媒介 ( )	統率 (*)
招誘 ( )	使役 ( )	廢刊 ( )	憎惡 (*)
蓄財 ( )	逸話 ( )	敗北 (*)	刺殺 (*)
福祿 ( )	震怒 ( )	洞察 (*)	能率 (*)
決裂 ( )	橋梁 ( )	省略 (*)	比率 (*)
炎涼 ( )	淫亂 ( )	雅樂 (*)	
雲泥 ( )	荒唐 ( )	樂山 (*)	

88~93쪽까지 다시 읽어보면 독음은 완전히 섭렵하는 것입니다.

- 126 -

▶ 반대자 ◀

(반대의 뜻을 이해하면서) 독음을 보고 한자로 써 보세요.

1. 加減 (가감) 더할가/덜감
2. 可否 (가부) 옳을가/아닐부
3. 干滿 (간만) 방패간[간조]/찰만[만조]
4. 簡細 (간세) 간략할간[간단]/가늘세[세밀]
5. 甘苦 (감고) 달감/쓸고
6. 江山 (강산) 강강/메산
7. 強弱 (강약) 강할강/약할약
8. 開閉 (개폐) 열개/닫을폐
9. 去來 (거래) 갈거/올래
10. 去留 (거류) 갈거[떠남]/머무를류
11. 巨細 (거세) 클거/가늘세
12. 輕重 (경중) 가벼울경/무거울중
13. 京鄕 (경향) 서울경/시골향
14. 古今 (고금) 예고/이제금
15. 苦樂 (고락) 괴로울고/즐길락
16. 姑婦 (고부) 시어미고/며느리부
17. 高低 (고저) 높을고/낮을저
18. 曲直 (곡직) 굽을곡/곧을직
19. 骨肉 (골육) 뼈골/몸육
20. 功過 (공과) 공공[공로]/지날과[과실]
21. 攻防 (공방) 칠공/막을방
22. 公私 (공사) 공평할공[공적]/사사사[사적]
23. 攻守 (공수) 칠공[공격]/지킬수[수비]
24. 官民 (관민) 벼슬관/백성민
25. 光陰 (광음) 빛광[해]/그늘음[달]
26. 敎學 (교학) 가르칠교/배울학
27. 君臣 (군신) 임금군/신하신
28. 貴賤 (귀천) 귀할귀/천할천
29. 起伏 (기복) 일어날기/엎드릴복
30. 吉凶 (길흉) 길할길/흉할흉
31. 難易 (난이) 어려울난/쉬울이
32. 南北 (남북) 남녘남/북녘북
33. 來往 (내왕) 올래/갈왕
34. 內外 (내외) 안내/바깥외
35. 冷熱 (냉열) 찰랭/더울열
36. 冷溫 (냉온) 찰랭/따뜻할온
37. 勞使 (노사) 일할로[노동자]/부릴사[사용자]
38. 老少 (노소) 늙을로/젊을소
39. 多少 (다소) 많을다/적을소
40. 單複 (단복) 홑단[단수,단식]/겹칠복[복수,복식]
41. 旦夕 (단석) 아침단/저녁석
42. 斷續 (단속) 끊을단/이을속
43. 丹靑 (단청) 붉을단/푸를청
44. 當落 (당락) 마땅당[당선]/떨어질락[낙선]
45. 大小 (대소) 큰대/작을소
46. 都農 (도농) 도읍도/농사농
47. 東西 (동서) 동녘동/서녘서
48. 動靜 (동정) 움직일동[동적]/고요할정[정적]
49. 頭尾 (두미) 머리두/꼬리미
50. 得失 (득실) 얻을득/잃을실
51. 登落 (등락) 오를등/떨어질락
52. 賣買 (매매) 팔매/살매
53. 明暗 (명암) 밝을명/어두울암
54. 問答 (문답) 물을문/대답답
55. 文武 (문무) 글월문[문관]/호반무[무관]
56. 物心 (물심) 물건물[물질]/마음심

- 127 -

57. 班常 (반상) 나눌반[양반]/떳떳할상[상민]
58. 發着 (발착) 필발[출발]/붙을착[도착]
59. 方圓 (방원) 모방[네모]/둥글원
60. 腹背 (복배) 배복/등배
61. 本末 (본말) 근본본[시작]/끝말
62. 父母 (부모) 아비부/어미모
63. 夫婦 (부부) 지아비부/아내부
64. 夫妻 (부처) 지아비부/아내처
65. 分合 (분합) 나눌분/합할합
66. 貧富 (빈부) 가난할빈/부자부
67. 氷炭 (빙탄) 얼음빙/숯탄[성질이 서로 차이남]
68. 死生 (사생) 죽을사/날생
69. 師弟 (사제) 스승사/아우제[제자]
70. 死活 (사활) 죽을사/살활
71. 山川 (산천) 메산/내천
72. 山河 (산하) 메산/물하
73. 賞罰 (상벌) 상줄상/벌할벌
74. 生死 (생사) 날생/죽을사
75. 生熟 (생숙) 날생/익을숙
76. 善惡 (선악) 착할선/악할악
77. 先後 (선후) 먼저선/뒤후
78. 盛衰 (성쇠) 성할성/쇠할쇠
79. 成敗 (성패) 이룰성[성공]/패할패[실패]
80. 疏密 (소밀) 트일소/빽빽할밀
81. 損益 (손익) 덜손[손해]/더할익[이익]
82. 送迎 (송영) 보낼송/맞을영
83. 需給 (수급) 쓰일수[수요]/줄급[공급]
84. 首尾 (수미) 머리수/꼬리미
85. 授受 (수수) 줄수/받을수
86. 手足 (수족) 손수/발족
87. 收支 (수지) 거둘수[수입]/지탱할지[지출]
88. 順逆 (순역) 순할순[순종]/거스릴역[거역]
89. 勝負 (승부) 이길승/질부
90. 乘除 (승제) 탈승[곱셈]/덜제[나눗셈]
91. 勝敗 (승패) 이길승/패할패
92. 始末 (시말) 비로소시[시작]/끝말
93. 是非 (시비) 옳을시/아닐비
94. 始終 (시종) 비로소시/마칠종
95. 視聽 (시청) 볼시/들을청
96. 新舊 (신구) 새신[신식]/예구[구식]
97. 心身 (심신) 마음심/몸신
98. 深淺 (심천) 깊을심/얕을천
99. 安危 (안위) 편안안/위태할위
100. 哀慶 (애경) 슬플애/경사경
101. 愛憎 (애증) 사랑애/미울증
102. 良否 (양부) 어질량[좋음]/아닐부
103. 言行 (언행) 말씀언/다닐행[행동]
104. 與受 (여수) 더불여,줄여/받을수
105. 與野 (여야) 더불여[여당]/들야[야당]
106. 榮辱 (영욕) 영화영[영예]/욕될욕[치욕]
107. 豫決 (예결) 미리예[예산]/결단할결[결산]
108. 玉石 (옥석) 구슬옥/돌석
109. 緩急 (완급) 느릴완/급할급
110. 往來 (왕래) 갈왕/올래
111. 往復 (왕복) 갈왕/돌아올복
112. 遠近 (원근) 멀원/가까울근
113. 陸海 (육해) 뭍륙/바다해
114. 恩怨 (은원) 은혜은/원망할원
115. 隱現 (은현) 숨을은/나타날현
116. 陰陽 (음양) 그늘음/볕양

- 128 -

117. 異同 (이동) 다를이/같을동
118. 離合 (이합) 떠날리/합할합
119. 利害 (이해) 이할리[이익]/해할해[손해]
120. 因果 (인과) 인할인[원인]/실과과[결과]
121. 日月 (일월) 날일,해일/달월
122. 任免 (임면) 맡길임/면할면
123. 子女 (자녀) 아들자/계집녀[딸]
124. 自至 (자지) 스스로자[始]/이를지[終]
125. 自他 (자타) 스스로자[자기]/다를타[남]
126. 昨今 (작금) 어제작/이제금
127. 長短 (장단) 긴장/짧을단
128. 將兵 (장병) 장수장/병사병
129. 長幼 (장유) 긴장[어른]/어릴유
130. 將卒 (장졸) 장수장/마칠졸[졸병]
131. 前後 (전후) 앞전/뒤후
132. 正否 (정부) 바를정/아닐부
133. 正誤 (정오) 바를정/그르칠오
134. 早晩 (조만) 이를조/늦을만
135. 朝夕 (조석) 아침조/저녁석
136. 祖孫 (조손) 할아비조/손자손
137. 存亡 (존망) 있을존/망할망
138. 尊卑 (존비) 높을존/낮을비
139. 左右 (좌우) 왼좌/오른우
140. 罪刑 (죄형) 허물죄/형벌형
141. 主客 (주객) 주인주/손객
142. 晝夜 (주야) 낮주/밤야
143. 主從 (주종) 주인주/좇을종
144. 衆寡 (중과) 무리중[多]/적을과
145. 增減 (증감) 더할증/덜감
146. 知行 (지행) 알지[지식]/다닐행[행동]

147. 眞假 (진가) 참진/거짓가
148. 眞僞 (진위) 참진/거짓위
149. 進退 (진퇴) 나아갈진/물러날퇴
150. 集配 (집배) 모을집/나눌배
151. 集散 (집산) 모을집/흩을산
152. 贊反 (찬반) 도울찬[찬성]/돌아올반[반대]
153. 天壤 (천양) 하늘천/흙덩이양
154. 初終 (초종) 처음초[초상]/마칠종[졸곡]
155. 春秋 (춘추) 봄춘/가을추
156. 出缺 (출결) 날출[출석]/이지러질결[결석]
157. 出納 (출납) 날출/들일납
158. 出沒 (출몰) 날출/빠질몰
159. 出入 (출입) 날출/들입
160. 忠逆 (충역) 충성충/거스릴역
161. 親疏 (친소) 친할친[친근]/트일소[소원]
162. 表裏 (표리) 겉표/속리
163. 豊凶 (풍흉) 풍년풍/흉할흉
164. 夏冬 (하동) 여름하/겨울동
165. 寒暖 (한난) 찰한/따뜻할난
166. 向背 (향배) 향할향[복종]/등배[배반]
167. 虛實 (허실) 빌허[허위]/열매실[진실]
168. 賢愚 (현우) 어질현[현명]/어리석을우
169. 好惡 (호오) 좋을호/미워할오
170. 呼吸 (호흡) 부를호/마실흡
171. 禍福 (화복) 재앙화/복복
172. 胸背 (흉배) 가슴흉/등배
173. 黑白 (흑백) 검을흑/흰백
174. 興亡 (흥망) 일흥[흥함]/망할망
175. 喜怒 (희로) 기쁠희/성낼노
176. 喜悲 (희비) 기쁠희/슬플비

4급 3Ⅱ으로 결합된 반대자 [쓸 줄 몰라도 이해해야 하는 단어]

- 剛柔 (강유) 굳셀강/부드러울유
- 乾濕 (건습) 마를건/젖을습
- 硬軟 (경연) 굳을경/연할연
- 禽獸 (금수) 새금[날짐승]/짐승수[길짐승]
- 奴婢 (노비) 종노[男]/계집종비[女]
- 貸借 (대차) 빌려줄대/빌릴차
- 浮沈 (부침) 뜰부/잠길침
- 昇降 (승강) 오를승/내릴강
- 乘降 (승강) 탈승/내릴강
- 雅俗 (아속) 맑을아[고아]/풍속속[비속]
- 哀歡 (애환) 슬플애/기쁠환
- 抑揚 (억양) 누를억[伏]/날릴양[起]
- 炎涼 (염량) 불꽃염[暑,융성]/서늘할량[寒,쇠퇴]
- 姉妹 (자매) 손위누이자/누이매
- 存廢 (존폐) 있을존/폐할폐
- 縱橫 (종횡) 세로종/가로횡
- 皮骨 (피골) 가죽피/뼈골
- 彼此 (피차) 저피/이차
- 厚薄 (후박) 두터울후/엷을박

▶ 반대자 독음 쓰기 ◀

정답 127쪽

독음 자주 읽기

1. 加減 (　　　)
5. 甘苦 (　　　)
12. 輕重 (　　　)
13. 京鄕 (　　　)
15. 苦樂 (　　　)
17. 高低 (　　　)
18. 曲直 (　　　)
19. 骨肉 (　　　)
20. 功過 (　　　)
24. 官民 (　　　)
26. 敎學 (　　　)
30. 吉凶 (　　　)
37. 勞使 (　　　)
42. 斷續 (　　　)
50. 得失 (　　　)
53. 明暗 (　　　)
56. 物心 (　　　)
58. 發着 (　　　)
61. 本末 (　　　)
66. 貧富 (　　　)

69. 師弟 (　　　)
73. 賞罰 (　　　)
76. 善惡 (　　　)
85. 授受 (　　　)
87. 收支 (　　　)
88. 順逆 (　　　)
93. 是非 (　　　)
94. 始終 (　　　)
96. 新舊 (　　　)
110. 往來 (　　　)
113. 陸海 (　　　)
116. 陰陽 (　　　)
119. 利害 (　　　)
120. 因果 (　　　)
125. 自他 (　　　)
128. 將兵 (　　　)
133. 正誤 (　　　)
136. 祖孫 (　　　)
147. 眞假 (　　　)
149. 進退 (　　　)
150. 集配 (　　　)

165. 寒暖 (　　　)
167. 虛實 (　　　)
169. 好惡 (　　　)
170. 呼吸 (　　　)
174. 興亡 (　　　)

반복하여 읽어 보세요

16. 姑婦 (　　　)
21. 攻防 (　　　)
27. 君臣 (　　　)
41. 旦夕 (　　　)
81. 損益 (　　　)
83. 需給 (　　　)
100. 哀慶 (　　　)
109. 緩急 (　　　)
137. 存亡 (　　　)
152. 贊反 (　　　)
171. 禍福 (　　　)
176. 喜悲 (　　　)
2. 可否 (　　　)
8. 開閉 (　　　)
22. 公私 (　　　)

28. 貴賤 (　　　)
29. 起伏 (　　　)
31. 難易 (　　　)
40. 單複 (　　　)
48. 動靜 (　　　)
78. 盛衰 (　　　)
82. 送迎 (　　　)
89. 勝負 (　　　)
98. 深淺 (　　　)
99. 安危 (　　　)
101. 愛憎 (　　　)
122. 任免 (　　　)
129. 長幼 (　　　)
134. 早晚 (　　　)
138. 尊卑 (　　　)
143. 主從 (　　　)
144. 衆寡 (　　　)
158. 出沒 (　　　)
161. 親疏 (　　　)
162. 表裏 (　　　)
168. 賢愚 (　　　)

▶ 반대자 공부 테스트 ◀   정답 127, 131쪽

★양쪽 테스트 필수★

1. (加)-(　　)
5. (甘)-(　　)
12. (輕)-(　　)
13. (京)-(　　)
15. (苦)-(　　)
17. (高)-(　　)
18. (曲)-(　　)
19. (骨)-(　　)
20. (功)-(　　)
24. (官)-(　　)
26. (敎)-(　　)
30. (吉)-(　　)
37. (勞)-(　　)
42. (斷)-(　　)
50. (得)-(　　)
53. (明)-(　　)
56. (物)-(　　)
58. (發)-(　　)
61. (本)-(　　)
66. (貧)-(　　)

69. (師)-(　　)
73. (賞)-(　　)
76. (善)-(　　)
85. (授)-(　　)
87. (收)-(　　)
88. (順)-(　　)
93. (是)-(　　)
94. (始)-(　　)
96. (新)-(　　)
110. (往)-(　　)
113. (陸)-(　　)
116. (陰)-(　　)
119. (利)-(　　)
120. (因)-(　　)
125. (自)-(　　)
128. (將)-(　　)
133. (正)-(　　)
136. (祖)-(　　)
147. (眞)-(　　)
149. (進)-(　　)
150. (集)-(　　)

165. (寒)-(　　)
167. (虛)-(　　)
169. (好)-(　　)
170. (呼)-(　　)
174. (興)-(　　)

▽한쪽 테스트▽

16. 姑 - (　　)
21. 攻 - (　　)
27. 君 - (　　)
41. 旦 - (　　)
81. 損 - (　　)
83. 需 - (　　)
100. 哀 - (　　)
109. 緩 - (　　)
137. 存 - (　　)
152. 贊 - (　　)
171. 禍 - (　　)
176. 喜 - (　　)
2. (　　) - 否
8. (　　) - 閉
22. (　　) - 私

28. (　　) - 賤
29. (　　) - 伏
31. (　　) - 易
40. (　　) - 複
48. (　　) - 靜
78. (　　) - 衰
82. (　　) - 迎
89. (　　) - 負
98. (　　) - 淺
99. (　　) - 危
101. (　　) - 憎
122. (　　) - 免
129. (　　) - 幼
134. (　　) - 晩
138. (　　) - 卑
143. (　　) - 從
144. (　　) - 寡
158. (　　) - 沒
161. (　　) - 疏
162. (　　) - 裏
168. (　　) - 愚

- 132 -

▷ 반대어 ◁

▶ 반 대 어 ◀

(반대의 뜻을 이해하면서) 양쪽을 테스트 해 보세요.

> 1자만 바꾸어도 반대어가 되는 한자어

1. 可決 (가결)-(부결) 否決
2. 加害 (가해)-(피해) 被害
3. 開會 (개회)-(폐회) 閉會
4. 結婚 (결혼)-(이혼) 離婚
5. 輕視 (경시)-(중시) 重視
6. 求心 (구심)-(원심) 遠心
7. 樂觀 (낙관)-(비관) 悲觀
8. 落第 (낙제)-(급제) 及第
9. 濫讀 (남독)-(정독) 精讀
10. 朗讀 (낭독)-(묵독) 默讀
11. 能動 (능동)-(피동) 被動
12. 多元 (다원)-(일원) 一元
13. 單式 (단식)-(복식) 複式
14. 當選 (당선)-(낙선) 落選
15. 同議 (동의)-(이의) 異議
16. 登山 (등산)-(하산) 下山
17. 登場 (등장)-(퇴장) 退場
18. 漠然 (막연)-(확연) 確然
19. 未備 (미비)-(완비) 完備
20. 放心 (방심)-(조심) 操心
21. 背恩 (배은)-(보은) 報恩
22. 別居 (별거)-(동거) 同居
23. 本業 (본업)-(부업) 副業
24. 否認 (부인)-(시인) 是認
25. 不法 (불법)-(합법) 合法
26. 非番 (비번)-(당번) 當番
27. 貧者 (빈자)-(부자) 富者
28. 散文 (산문)-(운문) 韻文
29. 詳述 (상술)-(약술) 略述
30. 生家 (생가)-(양가) 養家
31. 生食 (생식)-(화식) 火食
32. 先天 (선천)-(후천) 後天
33. 歲出 (세출)-(세입) 歲入
34. 消極 (소극)-(적극) 積極
35. 順行 (순행)-(역행) 逆行
36. 勝因 (승인)-(패인) 敗因
37. 與黨 (여당)-(야당) 野黨
38. 溫情 (온정)-(냉정) 冷情
39. 緩行 (완행)-(급행) 急行
40. 原告 (원고)-(피고) 被告
41. 有能 (유능)-(무능) 無能
42. 入場 (입장)-(퇴장) 退場
43. 引渡 (인도)-(인수) 引受
44. 自律 (자율)-(타율) 他律
45. 自意 (자의)-(타의) 他意
46. 積極 (적극)-(소극) 消極
47. 專用 (전용)-(공용) 共用
48. 絶對 (절대)-(상대) 相對

49. 正常 (정상)-(이상) 異常
50. 主觀 (주관)-(객관) 客觀
51. 直接 (직접)-(간접) 間接
52. 進步 (진보)-(퇴보) 退步
53. 最大 (최대)-(최소) 最小
54. 最初 (최초)-(최종) 最終
55. 出席 (출석)-(결석) 缺席
56. 退院 (퇴원)-(입원) 入院
57. 破婚 (파혼)-(약혼) 約婚
58. 布衣 (포의)-(금의) 錦衣
59. 豊年 (풍년)-(흉년) 凶年
60. 必然 (필연)-(우연) 偶然
61. 寒流 (한류)-(난류) 暖流
62. 幸運 (행운)-(불운) 不運
63. 好材 (호재)-(악재) 惡材
64. 好況 (호황)-(불황) 不況
65. 厚待 (후대)-(박대) 薄待

2자 다 반대로 바뀌면 반대어가 되는 한자어

66. 輕減 (경감)-(가중) 加重
67. 貧賤 (빈천)-(부귀) 富貴
68. 上昇 (상승)-(하강) 下降
69. 生前 (생전)-(사후) 死後
70. 利益 (이익)-(손해) 損害
71. 前進 (전진)-(후퇴) 後退
72. 增加 (증가)-(감소) 減少
73. 增進 (증진)-(감퇴) 減退
74. 寒冷 (한랭)-(온난) 溫暖

다른 형태로 반대어가 되는 한자어

75. 架空 (가공)-(실재) 實在
76. 加入 (가입)-(탈퇴) 脫退
77. 感情 (감정)-(이성) 理性
78. 開放 (개방)-(폐쇄) 閉鎖
79. 個別 (개별)-(전체) 全體
80. 巨大 (거대)-(미소) 微小
81. 巨富 (거부)-(극빈) 極貧
82. 拒絕 (거절)-(승낙) 承諾
83. 建設 (건설)-(파괴) 破壞
84. 儉約 (검약)-(낭비) 浪費
85. 固定 (고정)-(유동) 流動
86. 公開 (공개)-(비밀) 祕密
87. 供給 (공급)-(수요) 需要
88. 空想 (공상)-(현실) 現實
89. 過去 (과거)-(미래) 未來
90. 官尊 (관존)-(민비) 民卑
91. 君子 (군자)-(소인) 小人
92. 屈服 (굴복)-(저항) 抵抗
93. 權利 (권리)-(의무) 義務
94. 濫用 (남용)-(절약) 節約
95. 內容 (내용)-(형식) 形式
96. 內包 (내포)-(외연) 外延
97. 單獨 (단독)-(공동) 共同
98. 單純 (단순)-(복잡) 複雜
99. 短縮 (단축)-(연장) 延長
100. 對話 (대화)-(독백) 獨白

101. 動機(동기)-(결과) 結果
102. 物質(물질)-(정신) 精神
103. 密集(밀집)-(산재) 散在
104. 反抗(반항)-(복종) 服從
105. 保守(보수)-(혁신) 革新
106. 分散(분산)-(집합) 集合
107. 紛爭(분쟁)-(화해) 和解
108. 分離(분리)-(통합) 統合
109. 悲哀(비애)-(환희) 歡喜
110. 死藏(사장)-(활용) 活用
111. 所得(소득)-(손실) 損失
112. 消費(소비)-(생산) 生産
113. 收入(수입)-(지출) 支出
114. 承認(승인)-(거부) 拒否
115. 失敗(실패)-(성공) 成功
116. 安全(안전)-(위험) 危險
117. 暗黑(암흑)-(광명) 光明
118. 連結(연결)-(분단) 分斷
119. 榮轉(영전)-(좌천) 左遷
120. 遠交(원교)-(근공) 近攻
121. 原因(원인)-(결과) 結果
122. 肉體(육체)-(영혼) 靈魂
123. 恩惠(은혜)-(원한) 怨恨
124. 依存(의존)-(자립) 自立
125. 依他(의타)-(자립) 自立
126. 異端(이단)-(정통) 正統
127. 離脫(이탈)-(접근) 接近
128. 人爲(인위)-(자연) 自然

129. 立體(입체)-(평면) 平面
130. 低俗(저속)-(고상) 高尚
131. 貯蓄(저축)-(낭비) 浪費
132. 敵對(적대)-(우호) 友好
133. 切斷(절단)-(연결) 連結
134. 正午(정오)-(자정) 子正
135. 眞實(진실)-(허위) 虛僞
136. 質疑(질의)-(응답) 應答
137. 親近(친근)-(소원) 疏遠
138. 稱讚(칭찬)-(비난) 非難
139. 快樂(쾌락)-(고통) 苦痛
140. 敗北(패배)-(승리) 勝利
141. 平等(평등)-(차별) 差別
142. 平和(평화)-(전쟁) 戰爭
143. 向上(향상)-(저하) 低下
144. 現實(현실)-(이상) 理想
145. 兄弟(형제)-(자매) 姉妹
146. 劃一(획일)-(다양) 多樣

▶ 반대어 독음 쓰기 ◀

정답 134쪽

1. 可決 (　　)-(　　) 否決
2. 加害 (　　)-(　　) 被害
5. 輕視 (　　)-(　　) 重視
6. 求心 (　　)-(　　) 遠心
16. 登山 (　　)-(　　) 下山
35. 順行 (　　)-(　　) 逆行
46. 積極 (　　)-(　　) 消極
47. 專用 (　　)-(　　) 共用
48. 絶對 (　　)-(　　) 相對
52. 進步 (　　)-(　　) 退步
59. 豊年 (　　)-(　　) 凶年
62. 幸運 (　　)-(　　) 不運
63. 好材 (　　)-(　　) 惡材
66. 輕減 (　　)-(　　) 加重
67. 貧賤 (　　)-(　　) 富貴
69. 生前 (　　)-(　　) 死後
71. 前進 (　　)-(　　) 後退
77. 感情 (　　)-(　　) 理性
88. 空想 (　　)-(　　) 現實
89. 過去 (　　)-(　　) 未來

91. 君子 (　　)-(　　) 小人
93. 權利 (　　)-(　　) 義務
95. 內容 (　　)-(　　) 形式
97. 單獨 (　　)-(　　) 共同
100. 對話 (　　)-(　　) 獨白
101. 動機 (　　)-(　　) 結果
102. 物質 (　　)-(　　) 精神
103. 密集 (　　)-(　　) 散在
105. 保守 (　　)-(　　) 革新
107. 紛爭 (　　)-(　　) 和解
112. 消費 (　　)-(　　) 生産
113. 收入 (　　)-(　　) 支出
115. 失敗 (　　)-(　　) 成功
117. 暗黑 (　　)-(　　) 光明
126. 異端 (　　)-(　　) 正統
128. 人爲 (　　)-(　　) 自然
129. 立體 (　　)-(　　) 平面
134. 正午 (　　)-(　　) 子正
136. 質疑 (　　)-(　　) 應答
140. 敗北 (　　)-(　　) 勝利

★ 양쪽 다 테스트 해 보세요 ▶반대어 테스트◀ 정답 134, 137쪽

★　　　　★　　　　　　　　　★　　　　★

1. 可決 - (　　　　)　　　91. 君子 - (　　　　)
2. 加害 - (　　　　)　　　93. 權利 - (　　　　)
5. 輕視 - (　　　　)　　　95. 內容 - (　　　　)
6. 求心 - (　　　　)　　　97. 單獨 - (　　　　)
16. 登山 - (　　　　)　　100. 對話 - (　　　　)
35. 順行 - (　　　　)　　101. 動機 - (　　　　)
46. 積極 - (　　　　)　　102. 物質 - (　　　　)
47. 專用 - (　　　　)　　103. 密集 - (　　　　)
48. 絶對 - (　　　　)　　105. 保守 - (　　　　)
52. 進步 - (　　　　)　　107. 紛爭 - (　　　　)
59. 豊年 - (　　　　)　　112. 消費 - (　　　　)
62. 幸運 - (　　　　)　　113. 收入 - (　　　　)
63. 好材 - (　　　　)　　115. 失敗 - (　　　　)
66. 輕減 - (　　　　)　　117. 暗黑 - (　　　　)
67. 貧賤 - (　　　　)　　126. 異端 - (　　　　)
69. 生前 - (　　　　)　　128. 人爲 - (　　　　)
71. 前進 - (　　　　)　　129. 立體 - (　　　　)
77. 感情 - (　　　　)　　134. 正午 - (　　　　)
88. 空想 - (　　　　)　　136. 質疑 - (　　　　)
89. 過去 - (　　　　)　　140. 敗北 - (　　　　)

▶ 유의자 ◀

(비슷한 뜻을 이해하면서) 독음을 보고 한자로 써 보세요.

1. 歌曲 (가곡) 노래가/굽을곡[악곡]
2. 街道 (가도) 거리가/길도
3. 街路 (가로) 거리가/길로
4. 家屋 (가옥) 집가/집옥
5. 歌謠 (가요) 노래가/노래요
6. 價値 (가치) 값가/값치
7. 家宅 (가택) 집가/집택
8. 間隔 (간격) 사이간/사이뜰격
9. 減損 (감손) 덜감/덜손
10. 監視 (감시) 볼감/볼시 監=察
11. 康健 (강건) 편안강/굳셀건
12. 康寧 (강녕) 편안강/편안녕 安=寧
13. 鋼鐵 (강철) 강철강/쇠철
14. 居住 (거주) 살거/살주 住=居
15. 健康 (건강) 굳셀건/편안강 康=健
16. 堅固 (견고) 굳을견/굳을고
17. 境界 (경계) 지경경/지경계
18. 經過 (경과) 지날경/지날과
19. 經歷 (경력) 지날경/지날력
20. 競爭 (경쟁) 다툴경/다툴쟁
21. 計算 (계산) 셀계/셈산
22. 繼續 (계속) 이을계/이을속
23. 繼承 (계승) 이을계/이을승
24. 契約 (계약) 맺을계/맺을약
25. 計策 (계책) 셀계/꾀계
26. 孤獨 (고독) 외로울고/홀로독
27. 考慮 (고려) 생각할고/생각할려
28. 高尙 (고상) 높을고/오히려상,높을상

29. 恭敬 (공경) 공손할공/공경경
30. 空虛 (공허) 빌공/빌허 虛=空
31. 過去 (과거) 지날과/갈거
32. 果實 (과실) 실과과/열매실
33. 過失 (과실) 지날과,잘못과/잃을실[실수]
34. 過誤 (과오) 지날과,잘못과/그르칠오
35. 觀覽 (관람) 볼관/볼람
36. 貫通 (관통) 꿸관/통할통
37. 橋梁 (교량) 다리교/들보량[다리]
38. 具備 (구비) 갖출구/갖출비
39. 救濟 (구제) 구원할구/건널제,구제할제
40. 群衆 (군중) 무리군/무리중
41. 貴重 (귀중) 귀할귀/무거울중[중요]
42. 規則 (규칙) 법규/법칙칙
43. 極端 (극단) 다할극/끝단
44. 急速 (급속) 급할급/빠를속
45. 給與 (급여) 줄급/줄여
46. 記錄 (기록) 기록할기/기록할록
47. 技藝 (기예) 재주기/재주예
48. 單獨 (단독) 홑단/홀로독
49. 斷絶 (단절) 끊을단/끊을절
50. 端正 (단정) 끝단,바를단/바를정
51. 擔任 (담임) 멜담/맡길임
52. 談話 (담화) 말씀담/말씀화
53. 到達 (도달) 이를도/통달할달,도달할달
54. 徒黨 (도당) 무리도/무리당
55. 逃亡 (도망) 도망도/망할망,도망망
56. 到着 (도착) 이를도/붙을착[도착]

- 139 -

57. 末端 (말단) 끝말/끝단   端=末
58. 滅亡 (멸망) 멸할멸/망할망
59. 毛髮 (모발) 털모/터럭발
60. 茂盛 (무성) 무성할무/성할성
61. 門戶 (문호) 문문/문호
62. 放出 (방출) 놓을방/날출
63. 配偶 (배우) 나눌배,짝배/짝우
64. 繁盛 (번성) 번성할번/성할성
65. 變化 (변화) 변할변/될화,변할화
66. 病患 (병환) 병병/근심환
67. 報告 (보고) 갚을보,알릴보/고할고,알릴고
68. 保守 (보수) 지킬보/지킬수
69. 奉仕 (봉사) 받들봉/섬길사
70. 賦稅 (부세) 부세부[세금]/세금세
71. 附屬 (부속) 붙을부/붙일속
72. 扶助 (부조) 도울부/도울조
73. 副次 (부차) 버금부/버금차
74. 奔走 (분주) 달릴분/달릴주
75. 悲哀 (비애) 슬플비/슬플애
76. 費用 (비용) 쓸비/쓸용
77. 貧困 (빈곤) 가난할빈/곤할곤   貧=窮
78. 思念 (사념) 생각사/생각념
79. 思慮 (사려) 생각사/생각할려
80. 思想 (사상) 생각사/생각상
81. 辭說 (사설) 말씀사/말씀설
82. 使役 (사역) 하여금사,부릴사/부릴역
83. 舍宅 (사택) 집사/집택
84. 想念 (상념) 생각상/생각념
85. 喪失 (상실) 잃을상/잃을실
86. 生産 (생산) 날생/낳을산   生=活
87. 釋放 (석방) 풀석/놓을방

88. 選拔 (선발) 가릴선,뽑을선/뽑을발
89. 選擇 (선택) 가릴선/가릴택
90. 旋回 (선회) 돌선/돌회
91. 設置 (설치) 베풀설/둘치
92. 素朴 (소박) 바탕소[소박]/순박할박
93. 樹木 (수목) 나무수/나무목
94. 輸送 (수송) 보낼수/보낼송
95. 純潔 (순결) 순수할순/깨끗할결
96. 崇高 (숭고) 높을숭/높을고
97. 承繼 (승계) 이을승/이을계
98. 施設 (시설) 베풀시/베풀설
99. 始作 (시작) 비로소시[시작]/지을작[시작]
100. 始初 (시초) 처음시/처음초
101. 試驗 (시험) 시험할시/시험할험
102. 申告 (신고) 납신,신고신/고할고,알릴고
103. 信賴 (신뢰) 믿을신/의뢰할뢰,믿을뢰
104. 心情 (심정) 마음심/뜻정
105. 安寧 (안녕) 편안안/편안녕
106. 眼目 (안목) 눈안/눈목
107. 約束 (약속) 맺을약/묶을속
108. 養育 (양육) 기를양/기를육
109. 抑壓 (억압) 누를억/누를압
110. 旅客 (여객) 나그네려,손님려/손객
111. 歷史 (역사) 지날력,역사력/사기사,역사사
112. 連絡 (연락) 이을련/이을락
113. 研磨 (연마) 갈연/갈마
114. 連續 (연속) 이을련/이을속
115. 年歲 (연세) 해년/해세
116. 練習 (연습) 익힐련/익힐습
117. 念慮 (염려) 생각념/생각할려
118. 永久 (영구) 길영/오랠구

#	한자	음	훈음
119.	溫暖	(온난)	따뜻할온/따뜻할난
120.	完成	(완성)	완전완/이룰성
121.	完全	(완전)	완전완/온전전
122.	料量	(요량)	헤아릴료/헤아릴량
123.	容恕	(용서)	얼굴용,용서용/용서할서
124.	優秀	(우수)	넉넉할우/빼어날 수
125.	憂患	(우환)	근심우/근심환
126.	偉大	(위대)	클위/큰대
127.	委任	(위임)	맡길위/맡길임
128.	肉身	(육신)	몸육/몸신
129.	隆盛	(융성)	높을륭/성할성
130.	恩惠	(은혜)	은혜은/은혜혜
131.	音聲	(음성)	소리음/소리성
132.	意志	(의지)	뜻의/뜻지
133.	認識	(인식)	알인/알식
134.	仁慈	(인자)	어질인/사랑자
135.	認知	(인지)	알인/알지
136.	慈愛	(자애)	사랑자/사랑애
137.	姿態	(자태)	모양자/모습태
138.	將帥	(장수)	장수장/장수수
139.	裝飾	(장식)	꾸밀장/꾸밀식
140.	財産	(재산)	재물재/낳을산,재산산
141.	財貨	(재화)	재물재/재물화
142.	貯蓄	(저축)	쌓을저/모을축
143.	戰爭	(전쟁)	싸움전/다툴쟁 鬪=爭
144.	戰鬪	(전투)	싸움전/싸움투
145.	節約	(절약)	마디절,절약절/맺을약,절약약
146.	淨潔	(정결)	깨끗할정/깨끗할결
147.	征伐	(정벌)	칠정/칠벌
148.	停留	(정류)	머무를정/머무를류
149.	停止	(정지)	머무를정/그칠지
150.	正直	(정직)	바를정/곧을직
151.	政治	(정치)	정사정/다스릴치
152.	祭祀	(제사)	제사제/제사사
153.	帝王	(제왕)	임금제/임금왕
154.	製作	(제작)	지을제/지을작 製=造
155.	調査	(조사)	고를조/조사할사
156.	租稅	(조세)	조세조/세금세
157.	造作	(조작)	지을조/지을작
158.	存在	(존재)	있을존/있을재
159.	尊重	(존중)	높을존/무거울중
160.	終末	(종말)	마칠종/끝말
161.	終止	(종지)	마칠종/그칠지
162.	住居	(주거)	살주/살거
163.	增加	(증가)	더할증/더할가
164.	憎惡	(증오)	미울증/미워할오
165.	至極	(지극)	이를지,지극할지/다할극
166.	珍寶	(진보)	보배진/보배보
167.	陳設	(진설)	베풀진/베풀설
168.	進就	(진취)	나아갈진/나아갈취
169.	質問	(질문)	바탕질,질문질/물을문
170.	疾病	(질병)	병질/병병
171.	秩序	(질서)	차례질/차례서
172.	參與	(참여)	참여할참/더불여
173.	創始	(창시)	비롯할창/비로소시
174.	責任	(책임)	꾸짖을책,책임책/맡길임
175.	處所	(처소)	곳처/바소,장소소
176.	尺度	(척도)	자척/법도도
177.	淸潔	(청결)	맑을청/깨끗할결
178.	聽聞	(청문)	들을청/들을문
179.	淸淨	(청정)	맑을청/깨끗할정
180.	蓄積	(축적)	모을축/쌓을적

181. 趣意 (취의) 뜻취/뜻의
182. 打擊 (타격) 칠타/칠격   攻=擊
183. 探訪 (탐방) 찾을탐/찾을방
184. 討伐 (토벌) 칠토/칠벌
185. 統率 (통솔) 거느릴통/거느릴솔
186. 退去 (퇴거) 물러날퇴/갈거
187. 寒冷 (한랭) 찰한/찰랭
188. 恒常 (항상) 항상항/떳떳할상,항상상
189. 解釋 (해석) 풀해/풀석
190. 幸福 (행복) 다행행,행복행/복복
191. 獻納 (헌납) 드릴헌/들일납
192. 協和 (협화) 화할협/화할화
193. 和睦 (화목) 화할화/화목할목
194. 確固 (확고) 굳을확/굳을고
195. 獲得 (획득) 얻을획/얻을득
196. 休息 (휴식) 쉴휴/쉴식
197. 希望 (희망) 바랄희/바랄망

4급 3Ⅱ로 결합된 유의자 [쓸 줄 몰라도 이해해야 하는 단어]

- 覺悟 (각오) 깨달을각/깨달을오
- 傾斜 (경사) 기울경/비낄사
- 階段 (계단) 섬돌계/층계단   階=層
- 貢獻 (공헌) 바칠공/드릴헌
- 貫徹 (관철) 꿸관/통할철
- 丘陵 (구릉) 언덕구/언덕릉
- 歸還 (귀환) 돌아올귀/돌아올환
- 紀綱 (기강) 벼리기/벼리강
- 機械 (기계) 틀기/기계계
- 盜賊 (도적) 도둑도/도둑적
- 逃避 (도피) 도망도/피할피
- 勉勵 (면려) 힘쓸면/힘쓸려
- 模範 (모범) 본뜰모[모범]/법범[모범]
- 貿易 (무역) 무역할무/바꿀역
- 覆蓋 (복개) 덮을복/덮을개
- 紛亂 (분란) 어지러울분/어지러울란
- 批評 (비평) 비평할비/평할평
- 崇尙 (숭상) 높을숭/오히려상,높을상
- 戀慕 (연모) 그리워할련/그릴모
- 憂愁 (우수) 근심우/근심수
- 宇宙 (우주) 집우/집주
- 怨恨 (원한) 원망할원/한한
- 危殆 (위태) 위태할위/거의태,위태태
- 幼稚 (유치) 어릴유/어릴치
- 隆崇 (융숭) 높을륭/높을숭
- 疑惑 (의혹) 의심할의/미혹할혹
- 帳幕 (장막) 장막장/장막막
- 整齊 (정제) 가지런할정/가지런할제
- 組織 (조직) 짤조/짤직
- 朱紅 (주홍) 붉을주/붉을홍
- 智慧 (지혜) 지혜지/슬기로울혜
- 倉庫 (창고) 곳집창/곳집고
- 淺薄 (천박) 얕을천/엷을박
- 超越 (초월) 넘을초/넘을월
- 催促 (최촉) 재촉할최/재촉할촉
- 追從 (추종) 쫓을추/좇을종
- 沈沒 (침몰) 잠길침/빠질몰
- 稱頌 (칭송) 일컬을칭/칭송할송
- 稱讚 (칭찬) 일컬을칭/기릴찬
- 陷沒 (함몰) 빠질함/빠질몰
- 歡喜 (환희) 기쁠환/기쁠희
- 皇帝 (황제) 임금황/임금제
- 喜悅 (희열) 기쁠희/기쁠열

▶ 유의자 독음 쓰기 ◀

정답 139쪽

독음 자주 읽기	83. 舍宅 ( )	175. 處所 ( )	164. 憎惡 ( )
3. 街路 ( )	84. 想念 ( )	187. 寒冷 ( )	170. 疾病 ( )
5. 歌謠 ( )	86. 生産 ( )	190. 幸福 ( )	171. 秩序 ( )
7. 家宅 ( )	89. 選擇 ( )	192. 協和 ( )	178. 聽聞 ( )
10. 監視 ( )	93. 樹木 ( )	197. 希望 ( )	183. 探訪 ( )
14. 居住 ( )	98. 施設 ( )	반복하여 읽어 보세요	184. 討伐 ( )
18. 經過 ( )	100. 始初 ( )	16. 堅固 ( )	9. 減損 ( )
30. 空虛 ( )	101. 試驗 ( )	40. 群衆 ( )	12. 康寧 ( )
31. 過去 ( )	106. 眼目 ( )	54. 徒黨 ( )	35. 觀覽 ( )
32. 果實 ( )	110. 旅客 ( )	60. 茂盛 ( )	59. 毛髮 ( )
38. 具備 ( )	115. 年歲 ( )	72. 扶助 ( )	75. 悲哀 ( )
47. 技藝 ( )	116. 練習 ( )	74. 奔走 ( )	79. 思慮 ( )
51. 擔任 ( )	119. 溫暖 ( )	81. 辭說 ( )	97. 承繼 ( )
52. 談話 ( )	131. 音聲 ( )	96. 崇高 ( )	105. 安寧 ( )
57. 末端 ( )	132. 意志 ( )	125. 憂患 ( )	112. 連絡 ( )
61. 門戶 ( )	133. 認識 ( )	136. 慈愛 ( )	113. 硏磨 ( )
65. 變化 ( )	142. 貯蓄 ( )	137. 姿態 ( )	117. 念慮 ( )
67. 報告 ( )	148. 停留 ( )	146. 淨潔 ( )	118. 永久 ( )
68. 保守 ( )	154. 製作 ( )	147. 征伐 ( )	144. 戰鬪 ( )
73. 副次 ( )	160. 終末 ( )	156. 租稅 ( )	152. 祭祀 ( )
76. 費用 ( )	163. 增加 ( )	158. 存在 ( )	168. 進就 ( )

▶ 유의자 공부 테스트 ◀

정답 139, 143쪽

★양쪽 테스트 필수★

3. (街)-( )	83. (舍)-( )	175. (處)-( )	164. 憎 - ( )
5. (歌)-( )	84. (想)-( )	187. (寒)-( )	170. 疾 - ( )
7. (家)-( )	86. (生)-( )	190. (幸)-( )	171. 秩 - ( )
10. (監)-( )	89. (選)-( )	192. (協)-( )	178. 聽 - ( )
14. (居)-( )	93. (樹)-( )	197. (希)-( )	183. 探 - ( )
18. (經)-( )	98. (施)-( )	▽한쪽 테스트▽	184. 討 - ( )
30. (空)-( )	100. (始)-( )	16. 堅 - ( )	9. ( ) - 損
31. (過)-( )	101. (試)-( )	40. 群 - ( )	12. ( ) - 寧
32. (果)-( )	106. (眼)-( )	54. 徒 - ( )	35. ( ) - 覽
38. (具)-( )	110. (旅)-( )	60. 茂 - ( )	59. ( ) - 髮
47. (技)-( )	115. (年)-( )	72. 扶 - ( )	75. ( ) - 哀
51. (擔)-( )	116. (練)-( )	74. 奔 - ( )	79. ( ) - 慮
52. (談)-( )	119. (溫)-( )	81. 辭 - ( )	97. ( ) - 繼
57. (末)-( )	131. (音)-( )	96. 崇 - ( )	105. ( ) - 寧
61. (門)-( )	132. (意)-( )	125. 憂 - ( )	112. ( ) - 絡
65. (變)-( )	133. (認)-( )	136. 慈 - ( )	113. ( ) - 磨
67. (報)-( )	142. (貯)-( )	137. 姿 - ( )	117. ( ) - 慮
68. (保)-( )	148. (停)-( )	146. 淨 - ( )	118. ( ) - 久
73. (副)-( )	154. (製)-( )	147. 征 - ( )	144. ( ) - 鬪
76. (費)-( )	160. (終)-( )	156. 租 - ( )	152. ( ) - 祀
	163. (增)-( )	158. 存 - ( )	168. ( ) - 就

▷略字(약자)◁

약자란? 복잡한 한자를 간략하게 쓴 글자

▷ 반드시 正字를 익힌 후 略字 습득합니다.
▷ 정자는 약자로, 약자는 정자로 연습해 보세요.

8급~4급Ⅱ		정자	약자	정자	약자	정자	약자	정자	약자
나라국	國	国	예도례	禮	礼	볼관	觀	观	참여할참	參	参	보배보	寶	宝
일만만	萬	万	필발	發	発	권세권	權	权	쇠철	鐵	鉄	소리성	聲	声
배울학	學	学	의원의	醫	医	넓을광	廣	広	거짓가	假	仮	누를압	壓	圧
기운기	氣	気	싸움전	戰	战	예구	舊	旧	검사할검	檢	検	응할응	應	応
올래	來	来	낮주	晝	昼	둥글단	團	団	시험할험	驗	験	재주예	藝	芸
셈수	數	数	몸체	體	体	마땅당	當	当	끊을단	斷	断	둥글원	圓	円
구분할구	區	区	이름호	號	号	무리당	黨	党	멜담	擔	担	건널제	濟	済
대할대	對	対	그림화	畫	画	일할로	勞	労	홀로독	獨	独	곳처	處	処
그림도	圖	図	모일회	會	会	영화영	榮	栄	등등	燈	灯	다총	總	総
악할악	惡	悪	값가	價	価	변할변	變	変	두량	兩	両	벌레충	蟲	虫
읽을독	讀	読	들거	擧	挙	베낄사	寫	写	찰만	滿	満	이치	齒	歯
이을속	續	続	가벼울경	輕	軽	열매실	實	実	가변	邊	辺	이지러질결	缺	欠
즐길락	樂	楽	지날경	經	経	전할전	傳	伝	형상상	狀	状	빌허	虛	虚
약약	藥	薬	관계관	關	関	부처불	佛	仏	장수장	將	将	다툴쟁	爭	争
한가지동	同	仝	마칠졸	卒	卆	인간세	世	丗	어질현	賢	贒	풀해	解	觧
정할정	定	㝎	볼감	監	监	바탕질	質	貭	스승사	師	师	일흥	興	兴

4급		닭계	鷄	雞	용룡	龍	竜	에워쌀위	圍	囲	증거증	證	証
깨달을각	覺	覚	권할권	勸	劝	붙을속	屬	属	남을잔	殘	残	다할진	盡	尽
근거거	據	拠	기쁠환	歡	欢	엄숙할숙	肅	粛	돈전	錢	銭	일컬을칭	稱	称
뛰어날걸	傑	杰	쇳돌광	鑛	鉱	모양양	樣	様	섞일잡	雜	雑	관청청	廳	庁
검소할검	儉	倹	돌아갈귀	歸	帰	더불여	與	与	구를전	轉	転	탄알탄	彈	弾
험할험	險	険	어지러울란	亂	乱	경영할영	營	営	점점	點	点	가릴택	擇	択
이을계	繼	継	말씀사	辭	辞	미리예	豫	予	좇을종	從	从	나타날현	顯	顕
3급Ⅱ		그릴련	戀	恋	보리맥	麥	麦	쌍쌍	雙	双	쇠불릴주	鑄	鋳
덮을개	蓋	盖	신령령	靈	灵	풀석	釋	釈	바위암	巖	岩	옮길천	遷	迁
지름길경	徑	径	화로로	爐	炉	목숨수	壽	寿	소금염	鹽	塩	옻칠	漆	柒
힘쓸려	勵	励	다락루	樓	楼	젖을습	濕	湿	가지런할제	齊	斉	폐할폐	廢	廃

略字(약자)

★ 필히 알아야 하는 ★   ★ 가나다順 ★

價〔価〕	當〔当〕	寶〔宝〕	卒〔卆〕
假〔仮〕	黨〔党〕	佛〔仏〕	晝〔昼〕
監〔监〕	對〔対〕	師〔师〕	質〔貭〕
擧〔挙〕	圖〔図〕	寫〔写〕	參〔参〕
檢〔検〕	獨〔独〕	狀〔状〕	處〔処〕
缺〔欠〕	讀〔読〕	聲〔声〕	鐵〔鉄〕
輕〔軽〕	同〔仝〕	續〔続〕	體〔体〕
觀〔観〕	燈〔灯〕	數〔数〕	總〔総〕
關〔関〕	樂〔楽〕	實〔実〕	蟲〔虫〕
廣〔広〕	來〔来〕	惡〔悪〕	齒〔歯〕
舊〔旧〕	兩〔両〕	壓〔圧〕	學〔学〕
區〔区〕	禮〔礼〕	藝〔芸〕	解〔觧〕
國〔国〕	勞〔労〕	應〔応〕	虛〔虚〕
權〔权〕	滿〔満〕	醫〔医〕	賢〔贒〕
氣〔気〕	萬〔万〕	戰〔战〕	號〔号〕
斷〔断〕	發〔発〕	傳〔伝〕	畫〔画〕
團〔団〕	變〔変〕	定〔宅〕	會〔会〕
擔〔担〕	邊〔辺〕	濟〔済〕	興〔兴〕

약자공부 테스트

★정답 147쪽★

價 (　　)
假 (　　)
監 (　　)
擧 (　　)
檢 (　　)
缺 (　　)
輕 (　　)
觀 (　　)
關 (　　)
廣 (　　)
舊 (　　)
區 (　　)
國 (　　)
權 (　　)
氣 (　　)
斷 (　　)
團 (　　)
擔 (　　)

當 (　　)
黨 (　　)
對 (　　)
圖 (　　)
獨 (　　)
讀 (　　)
同 (　　)
燈 (　　)
樂 (　　)
來 (　　)
兩 (　　)
禮 (　　)
勞 (　　)
滿 (　　)
萬 (　　)
發 (　　)
變 (　　)
邊 (　　)

寶 (　　)
佛 (　　)
師 (　　)
寫 (　　)
狀 (　　)
聲 (　　)
續 (　　)
數 (　　)
實 (　　)
惡 (　　)
壓 (　　)
藝 (　　)
應 (　　)
醫 (　　)
戰 (　　)
傳 (　　)
定 (　　)
濟 (　　)

卒 (　　)
晝 (　　)
質 (　　)
參 (　　)
處 (　　)
鐵 (　　)
體 (　　)
總 (　　)
蟲 (　　)
齒 (　　)
學 (　　)
解 (　　)
虛 (　　)
賢 (　　)
號 (　　)
畫 (　　)
會 (　　)
興 (　　)

▷ 單語工夫(단어공부) ◁

1. 단　　문 … 150
2. 생활한자 … 154
3. 신문사설 … 158

▶ 1 短 文 ◀

자주 보아 눈에 익히고 밑줄 친 단어를
한자로 전환하여 노트에 써 보세요

需要에 따라 供給量을 加減¹하다
事故²의 責任으로 階級을 降等하다
宿題 檢査³는 철저히 하겠습니다
우리 姊兄은 檢事⁴이다
房안을 淸潔⁵하게 하다

合心하여 地境⁶을 넓히다
氣象 關係⁷로 航空機의 離着陸이 어렵다
高官⁸들이 청렴해야 百姓이 잘 살지요
新聞에 求人 廣告⁹가 실렸다
至極¹⁰ 精誠으로 父母님께 孝道를

食中毒 豫防¹¹을 爲하여 食器 消毒을
努力¹²을 해야 實力이 向上 됩니다
序論¹³은 省略하고 本論에서 結論으로 가자
檀君¹⁴王儉은 우리의 始祖
國會의 政黨¹⁵싸움은 삼가하고 正當하게 살자

軍隊¹⁶時節의 戰友들이 그립다
同生을 帶同¹⁷하고 親戚宅을 訪問했다
監督¹⁸官의 지시에 따르지요
지나친 吸煙¹⁹은 毒藥과 같다
當身의 得男을 祝賀²⁰드려요

三國統一을 한 나라는 新羅²¹
兩親²²이 살아 계실때에 孝道를 하자
美麗²³한 錦繡(금수)江山 길이 保全하자
문란해진 規律²⁴을 바로잡다
나는 恒常 試驗에서 滿點²⁵ 받는다

1. 수요에 따라 공급량을 <u>가감</u>하다
2. <u>사고</u>의 책임으로 계급을 강등하다
3. 숙제 <u>검사</u>는 철저히 하겠습니다
4. 우리 자형은 <u>검사</u>이다
5. 방안을 <u>청결</u>하게 하다

6. 합심하여 <u>지경</u>을 넓히다
7. 기상 <u>관계</u>로 항공기의 이착륙이 어렵다
8. <u>고관</u>들이 청렴해야 백성이 잘 살지요
9. 신문에 구인 <u>광고</u>가 실렸다
10. <u>지극</u> 정성으로 부모님께 효도를

11. 식중독 <u>예방</u>을 위하여 식기 소독을
12. <u>노력</u>을 해야 실력이 향상 됩니다
13. <u>서론</u>은 생략하고 본론에서 결론으로 가자
14. <u>단군</u>왕검은 우리의 시조
15. 국회의 <u>정당</u> 싸움은 삼가하고 정당하게 살자

16. <u>군대</u>시절의 전우들이 그립다
17. 동생을 <u>대동</u>하고 친척댁을 방문했다
18. <u>감독</u>관의 지시에 따르지요
19. 지나친 <u>흡연</u>은 독약과 같다
20. 당신의 득남을 <u>축하</u>드려요

21. 삼국통일을 한 나라는 <u>신라</u>
22. <u>양친</u>이 살아 계실때에 효도를 하자
23. <u>미려</u>한 금수강산 길이 보전하자
24. 문란해진 <u>규율</u>을 바로잡다
25. 나는 항상 시험에서 <u>만점</u> 받는다

大衆앞에 서는 것은 勇氣²⁶가 있어야 한다
牛乳를 담을 容器²⁷를 좀 주세요
事務²⁸처리는 신속하고 正確하게!
都市에는 住宅이 너무 密集²⁹되어 있다
祭祀를 모실 때 男子들은 再拜³⁰ 한다

慶州는 佛敎文化의 寶庫³¹다
上官인 나에게 報告³² 하시오
賞罰³³은 公平하게 해야지요
寒食에는 祖上님 山所에 伐草³⁴를 해야지
壁紙³⁵로 새로 도배한 우리집

江邊³⁶에 앉아 이야기하는 善男善女들
그는 힘들 때 同鄕³⁷인 나에게 依支한다
어려울수록 意志³⁸가 강해야 해
人道에서는 맹인을 잘 引導³⁹해야 해
夫婦⁴⁰가 나란히 外出 準備中

스님의 佛經⁴¹ 읽는 소리는 듣기 좋지요
殺人⁴²이란 무시무시한 말이다
남의 것을 베꼈다고 표절을 是認⁴³한 詩人
여름에는 시원한 平床⁴⁴이 좋아요
卓上⁴⁵에는 걸터 앉지 맙시다

예수님이 復活⁴⁶ 하셨다
一卵性 쌍둥이는 形狀⁴⁷이 똑같다
一般 常識⁴⁸은 많이 알아야지요
우리는 同時⁴⁹에 童詩를 읽었다
孔子님 같은 분을 聖人⁵⁰이라 부른다

---

26. 대중앞에 서는 것은 **용기**가 있어야 한다
27. 우유를 담을 **용기**를 좀 주세요
28. **사무**처리는 신속하고 정확하게!
29. 도시에는 주택이 너무 **밀집**되어 있다
30. 제사를 모실 때 남자들은 **재배** 한다

31. 경주는 불교문화의 **보고**다
32. 上官인 나에게 **보고** 하시오
33. **상벌**은 공평하게 해야지요
34. 한식에는 조상님 산소에 **벌초**를 해야지
35. **벽지**로 새로 도배한 우리집

36. **강변**에 앉아 이야기하는 선남선녀들
37. 그는 힘들 때 **동향**인 나에게 의지한다
38. 어려울수록 **의지**가 강해야 해
39. 인도에서는 맹인을 잘 **인도**해야 해
40. **부부**가 나란히 외출 준비중

41. 스님의 **불경** 읽는 소리는 듣기 좋지요
42. **살인**이란 무시무시한 말이다
43. 남의 것을 베꼈다고 표절을 **시인**한 시인
44. 여름에는 시원한 **평상**이 좋아요
45. **탁상**에는 걸터 앉지 맙시다

46. 예수님이 **부활** 하셨다
47. 일란성 쌍둥이는 **형상**이 똑같다
48. 일반 **상식**은 많이 알아야지요
49. 우리는 **동시**에 동시를 읽었다
50. 공자님 같은 분을 **성인**이라 부른다

都邑 둘레에 둘린 성곽을 都城[51]이라지요
나의 性格은 細心[52]한 편이다
稅金[53]은 稅法의 規定에 따라서 부과한다
素朴[54]한 人生살이가 좋지요
不純[55]한 생각은 禁物이예요

아버지께서 T.V를 보시면서 大笑[56]하셨다
오늘 컴퓨터 使用 途中 電源[57]이 中斷되었다
오늘 學生 全員[58]이 시골 田園으로 消風간다
눈으로 볼 수 있는 普通 光線을 可視[59]光線
休息[60] 時間에는 오락을 즐긴다

明暗[61]이 교차되는 人生
強壓[62]적인 말투에 不快感을 느낀다
時代의 흐름에 逆行[63]하는 行動은 삼갑시다
首席入學의 光榮[64]을 차지하다
人生은 짧고 藝術[65]은 길다

船着場엔 사람들의 往來[66]가 빈번한 곳이야
그는 性格이 圓滿[67]하여 親舊가 많다
國土 防衛[68]에 餘念이 없는 國軍아저씨
無爲[69]徒食은 하면 안 되겠습니다
義理[70]없는 親舊는 사귀지도 말라

軍人들이 訓練을 위해 移動[71]을 합니다
契約書를 作成할때에는 檢印[72]된 것으로 使用
너와 나의 障壁[73]을 무너뜨리자
敵軍[74]을 섬멸한 이순신 將軍
都市에 近接[75]한 地域

---

51. 도읍 둘레에 둘린 성곽을 도성이라지요
52. 나의 성격은 세심한 편이다
53. 세금은 세법의 규정에 따라서 부과한다
54. 소박한 인생살이가 좋지요
55. 불순한 생각은 금물이예요
56. 아버지께서 T.V를 보시면서 대소하셨다
57. 오늘 컴퓨터 사용 도중 전원이 중단되었다
58. 오늘 학생 전원이 시골 전원으로 소풍 간다
59. 눈으로 볼 수 있는 보통 광선을 가시광선
60. 휴식 시간에는 오락을 즐긴다
61. 명암이 교차되는 인생
62. 강압적인 말투에 불쾌감을 느낀다
63. 시대의 흐름에 역행하는 행동은 삼갑시다
64. 수석입학의 광영을 차지하다
65. 人生은 짧고 예술은 길다
66. 선착장엔 사람들의 왕래가 빈번한 곳이야
67. 그는 성격이 원만하여 친구가 많다
68. 국토 방위에 여념이 없는 국군아저씨
69. 무위도식은 하면 안 되겠습니다
70. 의리없는 친구는 사귀지도 말라
71. 군인들이 훈련을 위해 이동을 합니다
72. 계약서를 작성할때는 검인된 것으로 사용
73. 너와 나의 장벽을 무너뜨리자
74. 적군을 섬멸한 이순신 장군
75. 도시에 근접한 지역

精神[76]이 맑아야 思考力도 뛰어나죠	76. **정신**이 맑아야 사고력도 뛰어나죠
山에서는 취사가 制限[77]되어 있지요	77. 산에서는 취사가 **제한**되어 있지요
어려운 이웃을 救濟[78] 합시다	78. 어려운 이웃을 **구제** 합시다
祭祀 모실때 祭壇에 飮食을 精誠[79]스럽게!	79. 제사 모실때 제단에 음식을 **정성**스럽게!
意識을 改造[80]하다	80. 의식을 **개조**하다

市內에는 차량통행이 增加[81]하여 複雜하다	81. 시내에는 차량통행이 **증가**하여 복잡하다
뜻을 같이할 同志[82]를 규합하다	82. 뜻을 같이할 **동지**를 규합하다
美國 大統領의 訪韓[83]을 歡迎하였다	83. 미국 대통령의 **방한**을 환영하였다
스키장에선 防寒[84]服을 입자	84. 스키장에선 **방한**복을 입자
本社를 지탱하는 支社[85]가 健實해야 한다	85. 본사를 지탱하는 **지사**가 건실해야 한다

近處에 休息[86]공간이 많아서 좋아	86. 근처에 **휴식**공간이 많아서 좋아
公務員은 民願의 要請[87]에 귀 기울여야 한다	87. 공무원은 민원의 **요청**에 귀 기울여야 한다
貯蓄[88]을 많이 해야 착한 學生	88. **저축**을 많이 해야 착한 학생
修身齊家 治國[89] 平天下	89. 수신제가 **치국** 평천하
6.25때 北韓軍이 南侵[90] 하였지요	90. 6·25때 북한군이 **남침** 하였지요

不快[91]한 氣分은 빨리 잊어야지요	91. **불쾌**한 기분은 빨리 잊어야지요
檢定考試를 보기 위해 學校를 自退[92]했다	92. 검정고시를 보기 위해 학교를 **자퇴**했다
飛行機의 航路[93] 離脫로 납치되었다	93. 비행기의 **항로** 이탈로 납치되었다
先生님이 出席簿로 學生들을 呼名[94]합니다	94. 선생님이 출석부로 학생들을 **호명**합니다
우리 아버지는 職業이 建築[95]業이다	95. 우리 아버지는 직업이 **건축**업이다

昌德宮은 代表的[96]인 古宮	96. 창덕궁은 **대표적**인 고궁
街路燈[97]이 유난히도 반짝이는 밤	97. **가로등**이 유난히도 반짝이는 밤
시골에도 現代化[98]가 많이 되었다	98. 시골에도 **현대화**가 많이 되었다
지금은 情報化[99] 時代이다	99. 지금은 **정보화** 시대이다
停留所[100]에는 버스가 서 있습니다	100. **정류소**에는 버스가 서 있습니다

▶ ② 生活漢字 ◀

쓰기범위 4급Ⅱ 포함

歌謠 (가요) 노래

假定 (가정) 임시로 정함

監督 (감독) 보살펴 단속함

感謝 (감사) 마음에 느껴서 사례함

講義 (강의) 글이나 학설의 뜻을 강설함

改革 (개혁) 새롭게 고침

健康 (건강) 정상적이고 튼튼함

建設 (건설) 건물,시설물을 만들어 세움

缺禮 (결례) 예의를 갖추지 못함

警戒 (경계) 미리 살피어 조심함

經路 (경로) 지나가는 길

警備 (경비) 만일에 대비하여 경계하고 지킴

慶祝 (경축) 경사로운 일을 축하함

高聲 (고성) 높은 목소리

故人 (고인) 죽은 사람

苦痛 (고통) 괴롭고 아픔

公布 (공포) 일반에게 널리 알리는 것

課稅 (과세) 세금을 매김

過程 (과정) 일이 되어가는 경로

校監 (교감) 학교의 전반업무를 살펴 보는 직책

敎師 (교사) 학술이나 기예를 가르치는 사람

具備 (구비) 모든 것을 갖춤

救助 (구조) 도와서 구원함

國際 (국제) 나라와 나라 사이의 관계

規制 (규제) 어떤 규칙을 정하여 제한함

禁止 (금지) 말리어 못하게 함

記錄 (기록) 후일까지 남길 필요가 있는 사항을 적는일

基準 (기준) 기본이 되는 표준

氣體 (기체) 일정한 모양이나 부피가 없음

期限 (기한) 미리 정해 놓은 일정한 시기

羅列 (나열) 벌려 놓음

落鄕 (낙향) 시골로 내려감

難題 (난제) 어려운 과제

怒氣 (노기) 성난 기운

老眼 (노안) 나이가 많아 시력이 약해진 눈

錄音 (녹음) 소리를 재생할 수 있도록 기록

單價 (단가) 낱개의 값

斷電 (단전) 전기를 끊다

端正 (단정) [자세나 용모가] 바르고 얌전함

擔任 (담임) 어떤 일을 책임지고 맡아 봄

對應 (대응) 맞서서 서로 응함

大將 (대장) 국군의 장관 계급의 하나

大衆 (대중) 많은 사람의 무리

都城 (도성) 도읍 둘레에 둘린 성곽

滿足 (만족) [어떤 일에] 가득차고 풍족함

牧場 (목장) 마소나 양을 기르는 곳

博士 (박사) 널리 알고 능통한 사람

博愛 (박애) 넓게 만인을 사랑함

反應 (반응) 자극이나 작용에 대한 변화

訪問 (방문) 남을 찾아서 물어봄

放送 (방송) 전파를 타고 소식을 전함

防水 (방수) 물이 새는 것을 막음

背景 (배경) 뒤쪽의 경치 ↔ 前景(전경)

配給 (배급) 나누어 줌

別個 (별개) 서로 다른 것

報道 (보도) 새 소식을 널리 알림

保護 (보호) 돌보아 잘 지킴

富貴 (부귀) 재산이 많고 지위가 높음

副食 (부식) 주식 다음의 음식 (반찬)

悲觀 (비관) 슬프게 봄

飛行 (비행) 날아 다님

非行 (비행) 도덕 또는 법규에 어긋나는 행위

舍監 (사감) 기숙사에서 감독하는 사람

謝過 (사과) 잘못에 대하여 용서를 빎

沙器 (사기) 사기로 만든 그릇

師弟 (사제) 스승과 제자

事態 (사태) 일이 되어가는 형편

常設 (상설) 항상 마련 된 시설이나 설비

商店 (상점) 물건을 파는 가게

狀態 (상태) 사물이나 현상이 처해 있는 현재의 모양

設置 (설치) 기계나 설비 따위를 마련하여 둠

誠金 (성금) 정성으로 내는 돈

盛行 (성행) 성하게 행하여짐

勢力 (세력) 남을 누르고 마음대로 할 수 있는 힘

俗談 (속담) 민중의 지혜가 응축되어널리 구전되는 민간 격언

續出 (속출) 잇달아 나옴 [피해속출]

- 155 -

送年 (송년) 한해를 보냄	危機 (위기) 위험한 때나 고비
受賞 (수상) 상을 받음	有益 (유익) 이익이 있음
修身 (수신) 마음과 몸을 닦는 일	恩惠 (은혜) 자연이나 남에게서 받는 고마운 혜택
收入 (수입) 돈이나 물건 따위를 벌어 거두어 들임	陰陽 (음양) 그늘과 볕
承認 (승인) 정당함과 사실임을 인정하는 것	意味 (의미) 뜻. 어떤 말이 나타내고 있는 내용
是非 (시비) 옳고 그름	議題 (의제) 의논할 과제
詩集 (시집) 여러 편의 시를 모아 엮은 책	印度 (인도) '인디아'의 한자음 표기
試驗 (시험) 일정한 절차에 따라 알아봄	引導 (인도) 잘 이끌어 지도함
申告 (신고) [행정 관청에] 밝혀 알리는 일	引上 (인상) 값을 끌어 올림
深夜 (심야) 깊은 밤	認定 (인정) 옳다고 믿고 정하는 일
兩親 (양친) 두 부모님	一端 (일단) 사물의 한 부분(끝)
漁父 (어부) 물고기를 잡는 업을 하는 사람	再起 (재기) [한 번 망하거나 실패했다가] 다시 일어남
如前 (여전) [변함없이] 전과 같음	前提 (전제) 앞에 먼저 끌어냄
餘波 (여파) 바람이 잔 뒤에도 일고 있는 물결	傳統 (전통) 내려오는 사상, 관습, 행동 문화유산
連結 (연결) 서로 이어 맺음	絶景 (절경) 뛰어난 경치
硏究 (연구) 사물을 깊이 생각하고 조사함	程度 (정도) 알맞은 한도
煙氣 (연기) 물건이 탈때 생기는 빛깔이 있는 기체	情報 (정보) 어떤 정황이나 그에 관한 지식
演技 (연기) 재주를 펼쳐 나타냄	政府 (정부) 국가의 정책을 집행하는 행정부
誤記 (오기) 잘못된 기록	淨水 (정수) 물을 깨끗이 함
往復 (왕복) 갔다가 돌아옴	定員 (정원) 정해진 인원

政治 (정치) 나라를 다스리는 일

除去 (제거) 없애거나 사라지게 하는 것

製造 (제조) 물건을 만듦

制限 (제한) 한계나 범위를 정함

早起 (조기) 아침에 일찍 일어남

尊敬 (존경) 남의 인격을 높이 공경함

宗敎 (종교) 신이나 절대자를 믿고 따름

準備 (준비) 미리 마련하여 갖춤

衆生 (중생) 생명이 있는 많은 것들

指導 (지도) 가르쳐 인도함

進路 (진로) 앞으로 나아가는 길

眞實 (진실) 거짓이 없고 참됨

創製 (창제) 처음 만들거나 제정함

創造 (창조) 새로운 것을 처음으로 만듦

淸掃 (청소) 맑게 사라지게 함

銃器 (총기) 소총,권총들의 병기

總力 (총력) 온갖 힘, 모든 힘

忠誠 (충성) 진정에서 우러나는 정성

取得 (취득) 자기 것으로 가지어 얻음

測定 (측정) 헤아려서 정함

態度 (태도) 몸을 가지는 모양

統一 (통일) 나누어진 것을 하나로 만듦

特許 (특허) 특별히 허가함

破産 (파산) 재산을 모두 잃어버리는 것

包容 (포용) 감싸서 용서함

風俗 (풍속) 예로부터 지켜 내려오는 습관

港口 (항구) 바닷가에 배를 댈 수 있는 곳

解消 (해소) 지워 없앰

香氣 (향기) 향수와 같은 냄새[기운]

許可 (허가) 허락함

賢明 (현명) 어질고 사리에 밝음

血脈 (혈맥) 피가 도는 맥관

協助 (협조) 남이 하는 일을 거들어 줌

確信 (확신) 굳게 믿음

回復 (회복) 이전 상태로 돌아감

吸煙 (흡연) 담배를 피움

希望 (희망) 어떤 일을 이루고자 바람

---

①단문 ②생활한자 ③사설 / 반복하여 익힙니다.

③ 社 說

한자·한문을 배우는 이유[1]

漢字, 漢文은 三國時代[2] 以前[3]에 우리 나라에 전파되었다. 이 時代에 들어와서는 이미 漢文을 工夫[4]하는 學校와 國家에서 試驗[5]을 치르는 制度[6]가 생겨 났을 뿐만 아니라, 百濟[7]가 日本[8]에까지 전파시켰던 것으로 미루어 漢字, 漢文이 뿌리를 내렸다고 볼 수 있다.

우리 나라에서 이렇게 漢字, 漢文이 百姓[9]들에게 文字[10]로써 使用[11]된 原因[12]은 말할 것도 없이 우리의 文字가 없었기 때문이다. 그러나 朝鮮[13]時代에 들어와 비로소 世宗[14]大王께서 한글을 創製[15]하시어 百姓들이 어려운 文字의 苦痛을 덜게 하시고자 하였으나, 文字의 支配[16]階層[17]과 特殊層들은 漢字, 漢文만을 固執하였으므로 實狀[18] 通用[19]되지는 못하였다.

이러한 경위로 因하여 우리 民族[20]의 傳統[21]文化[22] 遺産, 生活[23], 慣習, 學問[24] 등은 大部分[25] 漢字, 漢文으로 이루어지게 되었다.

그러므로 첫째, 우리 祖上[26]들에 대한 正確[27]한 知識[28]을 얻고 훌륭한 點들을 본받으려고 한다면 關心事[29] 외로 둘 수는 없을 것이며, 또한 그 傳統文化 遺産을 繼承 發展[30]시킨다는 點과 過去[31]의 것을 알아 새로운 것을 받아들인다는 觀點 등으로 미루어 본다면 漢字, 漢文의 敎育[32]은 至極[33]히 當然[34]한 것이다.

☞160쪽 계속

한자, 한문은 삼국시대[2] 이전[3]에 우리 나라에 전파되었다. 이 시대에 들어와서는 이미 한문을 공부[4]하는 학교와 국가에서 시험[5]을 치르는 제도[6]가 생겨 났을 뿐만 아니라, 백제[7]가 일본[8]에까지 전파시켰던 것으로 미루어 한자, 한문이 뿌리를 내렸다고 볼 수 있다.

우리 나라에서 이렇게 한자, 한문이 백성[9]들에게 문자[10]로써 사용[11]된 원인[12]은 말할 것도 없이 우리의 문자가 없었기 때문이다. 그러나 조선[13]시대에 들어와 비로소 세종[14]대왕께서 한글을 창제[15]하시어 백성들이 어려운 문자의 고통을 덜게 하시고자 하였으나, 문자의 지배[16]계층[17]과 특수층들은 한자, 한문만을 고집하였으므로 실상[18] 통용[19]되지는 못하였다.

이러한 경위로 인하여 우리 민족[20]의 전통[21]문화[22] 유산, 생활[23], 관습, 학문[24] 등은 대부분[25] 한자, 한문으로 이루어지게 되었다.

그러므로 첫째, 우리 조상[26]들에 대한 정확[27]한 지식[28]을 얻고 훌륭한 점들을 본받으려고 한다면 관심사[29] 외로 둘 수는 없을 것이며, 또한 그 전통문화 유산을 계승 발전[30]시킨다는 점과 과거[31]의 것을 알아 새로운 것을 받아들인다는 관점 등으로 미루어 본다면 한자, 한문의 교육[32]은 지극[33]히 당연[34]한 것이다.

■ 신문사설을 이용한 단어공부 ■

자주 보아 눈에 익히고 테스트 해 보세요.

[첫번째테스트]   [두번째테스트]

1. 이유 ( )	18. 실상 ( )	1. 이유 ( )	18. 실상 ( )
2. 시대 ( )	19. 통용 ( )	2. 시대 ( )	19. 통용 ( )
3. 이전 ( )	20. 민족 ( )	3. 이전 ( )	20. 민족 ( )
4. 공부 ( )	21. 전통 ( )	4. 공부 ( )	21. 전통 ( )
5. 시험 ( )	22. 문화 ( )	5. 시험 ( )	22. 문화 ( )
6. 제도 ( )	23. 생활 ( )	6. 제도 ( )	23. 생활 ( )
7. 백제 ( )	24. 학문 ( )	7. 백제 ( )	24. 학문 ( )
8. 일본 ( )	25. 대부분 ( )	8. 일본 ( )	25. 대부분 ( )
9. 백성 ( )	26. 조상 ( )	9. 백성 ( )	26. 조상 ( )
10. 문자 ( )	27. 정확 ( )	10. 문자 ( )	27. 정확 ( )
11. 사용 ( )	28. 지식 ( )	11. 사용 ( )	28. 지식 ( )
12. 원인 ( )	29. 관심사 ( )	12. 원인 ( )	29. 관심사 ( )
13. 조선 ( )	30. 발전 ( )	13. 조선 ( )	30. 발전 ( )
14. 세종 ( )	31. 과거 ( )	14. 세종 ( )	31. 과거 ( )
15. 창제 ( )	32. 교육 ( )	15. 창제 ( )	32. 교육 ( )
16. 지배 ( )	33. 지극 ( )	16. 지배 ( )	33. 지극 ( )
17. 계층 ( )	34. 당연 ( )	17. 계층 ( )	34. 당연 ( )

둘째, 우리의 글 가운데 70%以上은 漢字語로 이루어졌다고 볼 수 있다. 自己¹ 自身²이 正確³한 우리말을 구사하려고 한다면 漢字, 漢文을 소홀히 할 수 없을 것이다.

셋째, 요즘과 같이 價値觀이 소홀시 되는 時點에서 價値觀의 確立⁴과 人性⁵ 敎育⁶이라는 次元⁷에서 본다면 漢文敎育은 切實⁸한 것이다.

넷째, 敎育은 그 國家⁹의 未來¹⁰를 左右¹¹한다고 하여 '敎育은 國家百年之大計'라고 했다. 學問¹²이 좀더 高級化¹³ 될수록 漢字 使用¹⁴ 빈도 數는 점점 높아진다고 볼 수 있으니 漢字를 敎育함으로 因하여 學問의 生産性¹⁵을 높일 수 있으니 國家의 將來¹⁶가 밝다고 할 수 있을 것이다.

마지막으로

東洋¹⁷의 文化圈은 바로 漢字, 漢文 文化圈이다.

이 文化圈을 보다 明確¹⁸하게 알아야만 世界¹⁹文化圈으로 發展²⁰시킬 수 있으며 또한 지금은 漢字 經濟²¹권이 急浮上하고 있는 時點이다. 이러한 經濟圈에서 先導的²²인 役割을 하며, 生活²³ 속의 國際語, 漢字를 잊고 있으면서 國際化²⁴ 世界化라고 외치는 것은 매우 語不成說이다. 世界의 關心²⁵이 東洋으로 쏠리고 있는 이 때에 우리는 漢字, 漢文敎育을 함으로서 東洋의 물결과 世界의 물결을 同時²⁶에 타 韓國²⁷ 속에 世界라는 것을 實現²⁸되도록 하는데 조금이나마 도움이 되리라 생각한다.

둘째, 우리의 글 가운데 70%이상은 한자어로 이루어졌다고 볼 수 있다. 자기¹ 자신²이 정확³한 우리말을 구사하려고 한다면 한자, 한문을 소홀히 할 수 없을 것이다.

셋째, 요즘과 같이 가치관이 소홀시 되는 시점에서 가치관의 확립⁴과 인성⁵ 교육⁶이라는 차원⁷에서 본다면 한문교육은 절실⁸한 것이다.

넷째, 교육은 그 국가⁹의 미래¹⁰를 좌우¹¹한다고 하여 '교육은 국가백년지대계'라고 했다. 학문¹²이 좀더 고급화¹³ 될수록 한자 사용¹⁴ 빈도 수는 점점 높아진다고 볼 수 있으니 한자를 교육함으로 인하여 학문의 생산성¹⁵을 높일 수 있으니 국가의 장래¹⁶가 밝다고 할 수 있을 것이다.

마지막으로

동양¹⁷의 문화권은 바로 한자, 한문 문화권이다.

이 문화권을 보다 명확¹⁸하게 알아야만 세계¹⁹문화권으로 발전²⁰시킬 수 있으며 또한 지금은 한자 경제²¹권이 급부상하고 있는 시점이다. 이러한 경제권에서 선도적²²인 역할을 하며, 생활²³ 속의 국제어, 한자를 잊고 있으면서 국제화²⁴ 세계화라고 외치는 것은 매우 어불성설이다. 세계의 관심²⁵이 동양으로 쏠리고 있는 이 때에 우리는 한자, 한문교육을 함으로서 동양의 물결과 세계의 물결을 동시²⁶에 타 한국²⁷ 속에 세계라는 것을 실현²⁸되도록 하는데 조금이나마 도움이 되리라 생각한다.

■ 신문사설을 이용한 단어공부 ■

자주 보아 눈에 익히고 테스트 해 보세요.

[첫번째테스트]　　　　　　　　　　　　[두번째테스트]

첫번째테스트		두번째테스트	
1. 자기 ( )	18. 명확 ( )	1. 자기 ( )	18. 명확 ( )
2. 자신 ( )	19. 세계 ( )	2. 자신 ( )	19. 세계 ( )
3. 정확 ( )	20. 발전 ( )	3. 정확 ( )	20. 발전 ( )
4. 확립 ( )	21. 경제 ( )	4. 확립 ( )	21. 경제 ( )
5. 인성 ( )	22. 선도적 ( )	5. 인성 ( )	22. 선도적 ( )
6. 교육 ( )	23. 생활 ( )	6. 교육 ( )	23. 생활 ( )
7. 차원 ( )	24. 국제화 ( )	7. 차원 ( )	24. 국제화 ( )
8. 절실 ( )	25. 관심 ( )	8. 절실 ( )	25. 관심 ( )
9. 국가 ( )	26. 동시 ( )	9. 국가 ( )	26. 동시 ( )
10. 미래 ( )	27. 한국 ( )	10. 미래 ( )	27. 한국 ( )
11. 좌우 ( )	28. 실현 ( )	11. 좌우 ( )	28. 실현 ( )
12. 학문 ( )		12. 학문 ( )	
13. 고급화 ( )		13. 고급화 ( )	
14. 사용 ( )		14. 사용 ( )	
15. 생산성 ( )		15. 생산성 ( )	
16. 장래 ( )		16. 장래 ( )	
17. 동양 ( )		17. 동양 ( )	

	▶틀리기 쉬운 부수◀	
테스트	①부수명 알기　②한자로 쓰고 부수 표시　③부수에 속하는 한자 써 보기	
제부수	齊 支 玄 鼓 谷 鬼 片 干 龍 甘 用 香 行 長 風 高 角 非 止 走 臣 比 音 飛 至 里 生 父 革 鹿	
	색깔	色 黑 白 黃 靑 赤
	사람	自己. 心身. 手足. 耳目口鼻. 血肉. 皮骨. 面毛. 齒. 首
門	音이 '門'이 아니면 門부수 [例:閉/間/開/閑…] [例外:閻/問]	

憂(心)	仁(人)	喜(口)	舌(舌)	兼(八)	整(攵)	酒(酉)
就(尤)	慶(心)	超(走)	原(厂)	其(八)	暴(日)	聽(耳)
與(臼)	慮(心)	邑(邑)	谷(谷)	卑(十)	曲(曰)	肅(聿)
嚴(口)	功(力)	貯(貝)	所(戶)	及(又)	正(止)	或(戈)
響(音)	高(高)	封(寸)	條(木)	冊(冂)	武(止)	舞(舛)
亞(二)	群(羊)	射(寸)	前(刀)	疑(疋)	歷(止)	髮(髟)
乳(乙)	堅(土)	豆(豆)	集(隹)	南(十)	步(止)	系(糸)
九(乙)	壁(土)	松(木)	好(女)	周(口)	求(水)	卵(卩)
事(亅)	墓(土)	起(走)	張(弓)	去(厶)	百(白)	鳴(鳥)
要(襾)	妻(女)	恕(心)	弟(弓)	字(子)	直(目)	之(丿)
西(襾)	鮮(魚)	怒(心)	空(穴)	學(子)	穀(禾)	豫(豕)
票(示)	省(目)	憲(心)	亦(亠)	季(子)	競(立)	威(女)
夜(夕)	聞(耳)	必(心)	亭(亠)	席(巾)	舊(臼)	取(又)
天(大)	問(口)	男(田)	克(儿)	年(干)	祭(示)	鬪(鬥)
夫(大)	貢(貝)	缺(缶)	兆(儿)	築(竹)	變(言)	辯(辛)

▶同音異義語와 長·短音◀
동음이의어 장단음

동음이의어? 같은 소리에 다른 뜻을 지닌 한자어
【 ː 】장음이란? 첫음절이 길게 소리나는 것
① 低長高短(낮은소리는 장음, 높은소리는 단음)
② 終聲(받침)이 ㄱ,ㄹ,ㅂ은 단음

뜻풀이→문법에 맞는 조어력→어휘력·단어분별력 향상

한자를 가리고 테스트 해 보세요

──── 가구
佳句 　잘 지은 글귀
家口 　주거와 생계를 같이 하는 단위
家具 　가정 살림에 쓰이는 온갖 세간

──── 가사
歌辭 　고려말엽 운문으로 된 긴 시가 형식
家事 　집안의 일

──── 가산
家産 　집안의 재산
加算 　더하여 계산함

──── 가정
家政 　집안 살림을 다스려 나가는 일
家庭 　가족이 함께 생활하는 사회의 작은 집단
假ː定 　임시로 정함

──── 각도
各道 　각각의 행정구역
角度 　각의 크기

──── 간선
間ː選 　간접선거의 준말
幹線 　중심이 되는 선

──── 감사
監事 　공공단체의 서무를 맡아보는 사람
監査 　감독하고 검사함
感ː謝 　고마움

──── 감상
感ː想 　마음에 느끼어 일어나는 생각
感ː傷 　받은 느낌이 마음 아파하는 일

──── 감정
感ː情 　느끼어 일어나는 마음
鑑定 　사물의 값어치, 진짜와 가짜 등을 살펴서 판정함

──── 개량
改ː量 　토지를 다시 측량함
改ː良 　고쳐서 좋게 함

──── 개정
改ː正 　고쳐서 바르게 함(악법개정)
改ː定 　고쳐서 정함(요금개정)

──── 경계
警ː戒 　미리 살피어 조심함
境界 　지역이 갈라지는 한계

──── 경기
競ː技 　기술의 낫고 못함을 서로 겨룸
景氣 　경제활동의 상황

──── 경로
經路 　지나가는 길
敬ː老 　노인을 공경함

──── 경비
警ː備 　만일에 대비하여 경계하고 지킴
經費 　어떠한 일을 하는데 드는 비용

──── 경주
競ː走 　달리기하여 빠르기를 겨루는 운동
慶州 　신라의 도읍지

──── 고대
苦待 　괴로운 심정으로 기다림
古代 　옛날 시대

- 163 -

고사
考:査 자세히 생각하고 조사함(중간고사)
古:寺 오래된 절
故:事 옛날의 일
古:史 옛날 역사

고인
故:人 죽은 사람
古:人 옛사람

고장
高張 딴 용액의 삼투압에 비하여 높음
故:障 기계의 기능에 이상이 생김

고지
高志 고상한 뜻
高地 높은 위치의 땅
告:知 알려서 앎

공방
空房 비워 둔 방
攻:防 적을 치는 일과 막는 일

공법
公法 국가와 개인간의 규정된 법률
工法 공사하는 방법

공산
工産 공장에서 만듦(공산품)
共:産 재산을 공동으로 관리함(공산주의)

공약
公約 사회 공중에 대한 약속
空約 헛된 약속

공용
公用 공공의 목적으로 사용함
共:用 함께 사용함

공원
工員 공장의 노동자
公園 대중이 이용하는 정원

공중
公衆 사회의 여러 사람
空中 지구 표면을 둘러 싸고 있는 공간

공해
公害 생활환경에 미치는 해로움
空海 하늘처럼 가히 없는 바다

과거
科擧 벼슬아치를 뽑기 위한 시험
過:去 지나간 때

과실
過:失 잘못이나 실수
果:實 열매

과장
課長 과의 책임자
誇:張 사실보다 지나치게 말함

과정
課程 학업의 정도
過:程 일이 되어 가는 경로

교감
交感 서로 접촉되어 감응함
校:監 학교 일을 감독하는 직책

교단
教:團 종교 단체
教:壇 가르칠 때 올라서는 단

교훈
教:訓 가르쳐서 깨우침
校:訓 학교의 교육 이념

구상
構想 이리 저리 생각하는 일
球狀 공같이 둥근 모양

구성
九星 길흉 판단에 쓰는 아홉 별
構成 여러요소를 얽어 하나로 만드는 일

········ 구전
口:傳 말로 전해 옴
舊:典 옛날 책
········ 구조
構造 전체를 이루는 관계나 체계
救:助 도와서 구원함
········ 구호
口:號 주장따위를 나타내는 짤막한 호소
救:護 도와서 보호함
········ 국사
國事 나라의 중대한 일
國史 나라의 역사
········ 귀중
貴:中 단체명의 높임말
貴:重 매우 소중함
········ 급수
給水 물을 공급함
級數 우열에 따라 매기는 등급
········ 기사
技:士 기술직에 종사하는 사람
記事 사실을 적음
········ 기원
技員 기술을 가진 사람
紀元 햇수를 세는 기준이 되는 해
········ 노력
勞力 어떤 일을 하는데 드는 힘
努力 힘을 다하여 애쓰는 힘
········ 녹음
錄音 소리를 기록함
綠陰 푸른 잎이 우거진 나무의 그늘
········ 농가
農家 농사를 짓는 집
農歌 農夫歌의 준말

········ 농로
農老 농사일에 익숙함. 老:익숙할로
農路 농사일에 많이 이용되는 길
········ 단정
斷:定 분명한 태도로 결정함
端正 흐트러짐이 없이 바름
········ 대결
對:決 서로 대하여 결정함
代:決 대신 결제함
········ 대비
對:比 서로 맞대어 비교함
對:備 어떤 일에 대하여 미리 준비함
········ 대신
大臣 나라의 벼슬아치
代:身 대리자
········ 대풍
大:風 큰바람
大:豊 곡식이 썩 잘된 풍작
········ 독자
獨子 외아들
讀者 책을 읽는 사람
········ 동기
動:機 행동을 일으키게 하는 내적인 요인
冬:期 겨울철
同氣 형제 자매
同期 같은 시기
········ 동시
同視 같은 것으로 봄
同時 같은 때
童:詩 아이들을 위한 글
········ 동정
同情 남의 불행을 위로함
動:靜 일의 변화와 상태

- 165 -

	동지
同志	뜻을 같이 함
動地	땅이 흔들거림
冬至	이십사절기의 하나(겨울시작)

	동향
東向	동쪽 방향
同鄕	같은 고향
動:向	사람의 마음·정세·상태의 움직이는 방향

	두유
豆油	콩기름
豆乳	콩으로 만든 우유

	문재
文才	글재주
門材	문의 재료

	발전
發電	전기를 일으킴
發展	세력 따위가 성하게 뻗어 감

	방문
訪:問	남을 찾아봄
房門	방으로 드나드는 문

	방한
訪:韓	한국을 방문함
防寒	추위를 막음

	방화
防火	화재를 미리 막음(방화대책)
放:火	일부러 불을 지름

	보고
寶:庫	보물처럼 귀중한 것을 보관하는 곳
報:告	말이나 글로 알림

	보도
步:道	사람이 걷는 길
報:道	새 소식을 널리 알림
寶:刀	보배로운 칼

	복속
服屬	복종하여 따름
復屬	퇴직시킨 아전을 다시 복직시킴

	부동
不同	서로 같지 않음
不動	움직이지 않음(부동자세)

	부상
負:傷	몸에 상처를 입음
父喪	부친을 잃음
副:賞	덧붙여서 주는 상
負:商	등짐장수

	부인
夫人	남의 아내를 높여 부름
婦人	결혼한 여자
副:因	주된 다음의 원인
否:認	인정하지 아니함

	부자
父子	아버지와 아들
富者	재산이 많은 사람

	부정
否:定	인정하지 않음
不淨	깨끗하지 않음
不正	바르지 않음
不定	정해져 있지 않음(주거지부정)

	부족
部族	조상이 같은 공동체
不足	충분하지 못함

	분수
分水	갈라서 나오는 물
分數	분자와 분모로 나타낸 숫자

	비명
悲鳴	놀라거나 급하여 외치는 소리
非命	재해나 사고로 죽음

비보
飛報　급하게 날아든 소식
悲報　슬픈 소식

비상
非常　정상적인 상태가 아닌 일
飛上　날아오름

비행
飛行　하늘을 날아다님(공중비행)
非行　바른 행동이 아님(비행청소년)

사고
事故　뜻밖에 일어난 사건
思考　생각(사고력)
社告　회사에서 알리고자 하는 내용
四苦　네 가지 고통(生老病死)

사기
士氣　싸우려는 병사들의 씩씩한 기개
史記　역사적 사실을 적은 책

사모
思慕　마음에 두고 몹시 그리워함
師母　스승의 부인

사수
射手　총포나 활을 쏘는 사람
死守　목숨을 걸고 지킴
師受　스승에게서 가르침을 받음
死水　흐르지 않고 괴어 있는 물

사은
師恩　스승의 은혜
謝恩　은혜에 대하여 감사함

사정
査定　조사하여 정함
事情　일의 형편이나 까닭

사회
社會　공동생활을 하는 인간의 집단
司會　집회나 예식 등에서 진행을 맡아 봄

상가
喪家　초상집
商街　상점이 늘어선 거리

상수
上手　남보다 나은 솜씨
上水　수도관을 통해 보내는 맑은 물

상품
上品　좋은 품질의 물건
賞品　상으로 주는 물품

선정
選定　많은 것 중에서 골라서 정함
善政　바르고 좋은 정치

성대
聲帶　소리를 내는 기관
盛大　아주 성하고 큼

성명
聲明　여러사람에게 공개하여 발표하는 일
姓名　성과 이름

성인
聖人　智德이 뛰어나 세인들의 숭상받을 만한 사람
成人　이미 성년이 된 사람

소녀
少女　나이가 적은 여자 아이
小女　여자가 자기를 낮추는 말

소문
所聞　떠도는 말
小門　작은 문

소수
小數　작은 수
少數　적은 수효

소식
消息　안부 따위에 대한 기별이나 편지
小食　음식을 적게 먹음

소화
消化 먹은 음식을 삭임
消火 불을 끔(소화기)

수도
修道 도를 닦음
水道 상수도의 준말
首都 한나라의 중앙 정부가 있는 도시

수량
數:量 수효와 분량
水量 물의 분량

수상
水上 물 위
首相 내각의 우두머리
受賞 상을 받음

수석
首席 맨 윗자리(1등)
水石 물과 돌

수신
受信 통신을 받음
修身 심신을 닦음
水神 바다의 귀신

수심
水深 물이 깊음, 물의 깊이
愁心 근심하는 마음

수입
收入 [돈,물건]벌어들이거나 거두어들이는 일
輸入 외국에서 물품 따위를 사들임

수중
水中 물 속
手中 손 안

수행
修行 행실을 바르게 닦음
隨行 높은 지위에 있는 사람을 따라감

습득
拾得 [남이 잃어버린 물건을]주움
習得 익혀서 터득함

시상
詩想 시를 짓기 위한 생각
施:賞 상을 주는 일

시인
是:認 옳다고 인정함
詩人 시를 짓는 사람

시조
始:祖 한 가계나 왕계의 초대가 되는 사람
時調 우리나라 고유의 정형시

시청
市:廳 시의 행정 사무를 맡아 보는 곳
視:聽 눈으로 보고 귀로 들음

신선
新鮮 새롭고 산뜻함
神仙 신통력을 얻은 사람

신임
信:任 믿고 일을 맡김
新任 새로 임명됨(신임사원)

실수
失手 잘못을 저지름
實數 실제의 숫자

실신
失神 정신을 잃음
失信 믿음을 잃음

실정
實定 실제로 정해짐
實情 실제의 사정(상황)

액자
額子 그림을 넣어 벽에 거는 틀
額字 현판에 쓴 큰 글자

여객
女客 여자 손님
旅客 여행을 하고 있는 사람

역사
驛舍 역으로 쓰는 건물
力士 뛰어나게 힘이 센 사람
歷史 거쳐 온 변천의 모습과 기록

역전
逆轉 지금까지와는 반대로 회전함
驛前 정거장 앞

연금
軟:禁 정도가 가벼운 감금
年金 해마다 지급되는 일정액의 돈

연기
延期 정해 놓은 기간을 늘임
演:技 관객 앞에서 재주를 나타내 보임

연장
延長 길이 또는 시간을 늘임
年長 나이가 많음(연장자)

외형
外:兄 외사촌형
外:形 겉으로 드러난 모양

용기
勇:氣 씩씩하고 굳센 기운
容器 물건을 담는 그릇

우수
右:手 오른 손
優秀 여럿 가운데 뛰어남
憂愁 근심과 걱정
雨:水 빗물, 이십사절기의 하나

원고
原稿 출판하기 위하여 초벌로 쓴 글
原告 법원에 소송을 제기하여 재판을 청구한 사람

원수
原水 근원이 되는 물
元首 최고통치권을 가진 사람(대통령)

원조
援:助 도와줌
元祖 한 겨레의 맨 처음 조상

유지
有:志 어떤 일에 뜻이나 관심이 있는 사람
維持 어떤 상태를 그대로 지니어 나감

유학
儒學 유교의 학문(공자의 사상)
留學 외국에 머물러 공부함

의식
意:識 깨어 있을 때 마음의 작용
衣食 의복과 음식

의지
意:志 [목적이 뚜렷한]생각, 뜻
依支 다른 것에 몸을 기댐

이성
二:姓 두 개의 성씨
理:性 사물의 이치를 논리적으로 생각

이해
理:解 사리를 분별하여 앎
利:害 이익과 손해

인도
人道 사람이 다니는 길, 사람의 도리
引導 이끌어 지도함

인상
人相 사람의 얼굴 생김새
引上 끌어 올림(요금인상)

인정
人情 사람의 감정
認定 옳다고 믿고 정함

######## 일금
一禁　한결같이 금함
一金　"돈"이란 뜻으로 쓰이는 말

######## 일원
一員　단체중의 하나(가족의 일원)
一元　근원이 오직 하나인 것

######## 일자
日字　날짜
一字　한 글자

######## 일정
日政　일본이 우리나라를 강점하여 다스리던 정치
日程　그날에 할 일(여행日程表)
一定　정해져 있어 한결같음(一定한 수입)

######## 자모
字母　글자를 이루는 하나하나의 글자
子母　아들과 어머니

######## 장관
長:官　국무를 맡아보는 행정기관의 직책
壯:觀　굉장하여 볼 만한 경관

######## 장사
長史　긴 역사
壯:士　기개와 체질이 굳센 사람

######## 재고
在告　알리고 있음
再:考　다시 생각함
在:庫　창고에 있음

######## 전경
全景　전체의 경치
前景　앞에 펼쳐진 경치

######## 전기
電:氣　에너지
前期　두 기로 나누었을 때의 앞 기간
傳記　한 개인의 일생을 적은 기록

######## 전례
典:例　법의 예
前例　앞의 예(본보기)

######## 전반
全般　통틀어 전부
前半　앞부분이 되는 절반

######## 전선
戰:線　싸움터
電:線　전깃줄

######## 전시
戰:時　전쟁이 일어난 시대
展:示　펼쳐서 보임

######## 전원
全員　모두의 인원
田園　논밭과 동산(시골)
電:源　전기를 공급하는 원천

######## 정기
正:氣　바른 의기(민족정기)
精氣　깨끗한 기운(백두산의 정기)
定:期　정해진 기간

######## 정당
正:當　바르고 마땅함
政黨　정치적 이념과 이상을 실현하기 위하여 모인 단체

######## 정도
程度　알맞은 한도
正:道　바른 길
政道　정치의 방침

######## 정부
正:否　바른것과 그른 것
政府　국가의 정책을 집행하는 행정부

######## 정수
正:數　0보다 큰 수
淨水　깨끗한 물

정원
庭園　뜰과 동산
定員　정해진 인원

정전
停戰　싸움을 그침
停電　전기 보내는 것을 멈춤

제도
制度　정해진 법규
製圖　그림을 그려 냄

조선
造船　배를 만듦
朝鮮　우리나라의 옛 이름

중지
中指　가운데 손가락
中止　중간에서 그만 둠

지급
支給　돈이나 물품을 내어줌
至急　매우 급함

지도
地圖　땅을 줄여서 그림
指導　가르쳐 이끎

지상
地上　땅의 위
至上　더없이 높은 위(지상목표)

직선
直選　직접 선거
直線　곧은 줄

천년
天年　天命
千年　오랜 세월

천재
天災　하늘의 재앙
天才　뛰어난 재주

청산
清算　맑게 계산을 끝냄
青山　푸른 산

초대
招待　남을 청하여 대접함
初代　어떤 계통의 처음

축전
祝電　축하하는 전보
祝典　축하하는 의식

통화
通貨　나라안에서 통용되고 있는 화폐
通話　말을 서로 주고받음

표지
標識　구분할 수 있는 표시나 특징
表紙　책의 겉장

풍속
風俗　사회적인 습관
風速　바람의 속도

하교
下教　아랫사람에게 가르침
下校　공부를 마치고 학교길을 내려감

학력
學歷　배운 정도의 이력
學力　학습으로 쌓은 능력의 정도

학문
學文　글을 배움
學問　배우고 물어 익히는 것

향수
香水　향기나는 액체의 화장품
鄉愁　고향을 그리워하는 마음

현상
現狀　현재의 상태
懸賞　상품이나 상금을 내 거는 일

| ▶7,8級◀ | 故事成語 및 四字成語 | *직역(의역) |

③　　　　　　①　　　　　　②

1. 가화만사성　家和萬事成　집안이 화목하면 모든(많은)일이 잘 이루어짐.
2. 남남북녀　　南男北女　　남쪽은 남자, 북쪽은 여자가 잘 생김
3. 남녀노소　　男女老少　　남자와 여자, 늙은이와 젊은이(모든 사람)
4. 대한민국　　大韓民國　　우리나라의 국명
5. 동문서답　　東問西答　　동쪽의 물음에 서쪽의 대답(엉뚱한 대답을 함)
6. 동서남북　　東西南北　　방향의 이름
7. 명산대천　　名山大川　　이름난 산과 큰 냇물(아름다운 자연)
8. 문전성시　　門前成市　　문 앞이 시장을 이룸(권세가 있어 찾아 오는 사람이 많음)
9. 불로장생　　不老長生　　늙지 않고 오래 삶
10. 불립문자　　不立文字　　문자를 세우지 않음(마음으로 전함)
11. 사해형제　　四海兄弟　　사면 바다(온세상 사람)가 형제와 같음
12. 삼삼오오　　三三五五　　셋이나 다섯명이 모여 다님
13. 삼일천하　　三日天下　　삼일(사흘)동안 천하를 다스림(짧은 권세의 허무함)
14. 산천초목　　山川草木　　산과 내와 풀과 나무(자연을 이르는 말)
15. 생년월일　　生年月日　　태어난 해와 달과 날짜
16. 신토불이　　身土不二　　몸과 흙은 둘이 아님(그 땅에서 나는 것을 먹어야 건강함)
17. 십중팔구　　十中八九　　열 가운데 여덟이나 아홉(거의 다)
18. 옥의옥식　　玉衣玉食　　좋은(구슬)옷과 좋은 음식
19. 유구무언　　有口無言　　입은 있으나 할 말이 없음
20. 인산인해　　人山人海　　사람이 산처럼 바다처럼 많이 모임
21. 일구이언　　一口二言　　한 입으로 두 말을 함(이랬다 저랬다 함)
22. 일일삼추　　一日三秋　　하루가 삼추(3년) 같음(아주 지루함)　　※一日如三秋
23. 자문자답　　自問自答　　제가(스스로) 묻고 제가 답함
24. 자수성가　　自手成家　　스스로의 힘(손)으로 살림(집)을 이룸
25. 정심공부　　正心工夫　　바른 마음으로 공부함
26. 정정방방　　正正方方　　바르고 아주 바름
27. 천하태평　　天下太平　　천하(세상)가 태평함
28. 청천백일　　靑天白日　　푸른 하늘과 흰 날씨(아주 깨끗하고 결백함)
29. 춘하추동　　春夏秋冬　　봄과 여름과 가을과 겨울(사계절)
30. 칠월칠석　　七月七夕　　7월 7일밤(견우와 직녀가 만나는 날)

▶6級◀ 故事成語 및 四字成語 *직역(의역)

31.	각인각색	各人各色	각각 사람의 색깔이 다름
32.	견물생심	見物生心	물건을 보면 마음(욕심)이 생김
33.	공명정대	公明正大	마음이 공정하고 명백하며 바르고 큼
34.	구사일생	九死一生	아홉번 죽을 고비에 겨우(한번) 살아남
35.	다문다독	多聞多讀	많이 듣고 많이 읽음
36.	동고동락	同苦同樂	같이 고생하고 같이 즐김
37.	동서고금	東西古今	동양과 서양, 옛날과 지금
38.	명명백백	明明白白	밝고 희게 깨끗함(의심이 없이 매우 분명함)
39.	무주공산	無主空山	주인 없는 빈 산(쓸쓸한 산)
40.	백년대계	百年大計	백년동안(먼 훗날)의 큰 계획(교육을 이르는 말)
41.	백발백중	百發百中	백번 쏘면 백번 가운데 맞힘(총,활이 쏘는데로 꼭꼭 맞힘)
42.	백전백승	百戰百勝	백번 싸우면 백번 이김(싸울때마다 모조리 이김)
43.	부자유친	父子有親	아버지와 아들(부모와 자식)은 친함이 있음
44.	불원천리	不遠千里	천리길도 멀다 하지 않음(단숨에 달려감)
45.	사생유명	死生有命	죽고 사는 것은 천명에 있음
46.	산전수전	山戰水戰	산에서 싸움,물에서 싸움(세상일의 온갖 고난을 겪음)
47.	삼십육계	三十六計	36가지 계략(많은 꾀)
48.	생로병사	生老病死	四苦(태어나고, 늙고, 병들고, 죽음)
49.	생사고락	生死苦樂	삶과 죽음, 고생과 즐거움(모든일)
50.	안심입명	安心立命	편안한 마음으로 천명을 세움(믿음으로 평화를 얻어 마음이 흔들리지 않음)
51.	요산요수	樂山樂水	산을 좋아하고 물을 좋아함
52.	일생일사	一生一死	한번 살고 한번 죽는 일
53.	일장일단	一長一短	하나의 장점과 하나의 단점
54.	일조일석	一朝一夕	하루 아침이나 하루 저녁같이 짧은 시간
55.	작심삼일	作心三日	마음을 먹은 것이 삼일(사흘)밖에 가지 못함
56.	전광석화	電光石火	번개의 빛과 부싯돌의 불똥(아주 빠른 시간)
57.	전무후무	前無後無	앞에도 없었고 뒤에도 없음(아주 놀라운 사건)
58.	청풍명월	淸風明月	맑은 바람과 밝은 달(결백한 사람을 이름)
59.	초록동색	草綠同色	풀과 푸른 빛은 같은 색(어울려 지내는 것은 모두 같은 성격)
60.	형형색색	形形色色	모양과 빛이 다양함

▶5級◀ 故事成語 및 四字成語 *직역(의역)

61.	경천애인	敬天愛人	하늘을 공경하고 사람(남)을 사랑함	之:갈지.의지.는지.그지
62.	교학상장	敎學相長	가르치고 배움은 서로 같이 자람	
63.	다재다능	多才多能	많은 재주와 많은 능력	
64.	마이동풍	馬耳東風	말 귀에 동쪽 바람(남의 말을 귀담아 듣지 않고 흘러 들음)	
65.	망국지음	亡國之音	나라를 망치는 음악(아주 요사스러운 음악)	
66.	무용지물	無用之物	쓸모가 없는 물건	
67.	문일지십	聞一知十	하나를 들으면 열을 앎(아주 총명함)	
68.	백년하청	百年河淸	백년이 되어도 황하가 맑지 않음(오랜 세월이 지나도 변치 않음)	
69.	백면서생	白面書生	하얀얼굴의 글 읽는 선비(글만 읽어 세상일에 경험이 부족한 사람)	
70.	부전자전	父傳子傳	대대로 아버지가 아들에게 전함	
71.	북창삼우	北窓三友	(백거이 시에서 온 말로)거문고, 술, 시를 아울러 이르는 말	
72.	불문곡직	不問曲直	굽은지 곧은지 묻지 아니함(잘 잘못을 따지지 않음)	
73.	삼위일체	三位一體	세 가지 것이 하나로 통일됨	
74.	선남선녀	善男善女	착한 남자와 착한 여자	
75.	세한삼우	歲寒三友	추운 겨울철에도 잘 견디는 '소나무·대나무·매화나무'를 이르는 말	
76.	안분지족	安分知足	편안한 마음으로 분수를 지켜 만족을 안다	
77.	양약고구	良藥苦口	좋은 약은 입에 쓰다 良藥苦口利於病	
78.	어부지리	漁父之利	어부의 이로움(제삼자의 이득)	
79.	월하빙인	月下氷人	달 아래 얼음 낚시 하는 사람(중매인을 일컬음)	
80.	유만부동	類萬不同	많은 것이 서로 같지 않음(분수에 맞지 않고 정도에 넘침)	
81.	유명무실	有名無實	이름이 있으나 실상이 없음	
82.	이실직고	以實直告	사실로써 바르게 알림	
83.	이심전심	以心傳心	마음으로써 마음을 전함	
84.	입춘대길	立春大吉	봄이 서니 크게 길함	
85.	전지전능	全知全能	모두 알고 모든 것에 능함	
86.	지과필개	知過必改	잘못을 알면 반드시 고쳐야 함	
87.	지행합일	知行合一	아는 것과 행실이 합하여 하나가 됨	
88.	추풍낙엽	秋風落葉	가을의 바람에 떨어지는 잎(갑자기 많이 떨어짐)	
89.	패가망신	敗家亡身	집의 재산을 날리고 몸을 망침(세력이나 형세가 갑자기 기울거나 시듦)	
90.	화조월석	花朝月夕	꽃이 핀 아침과 달이 뜬 저녁(경치가 좋은 시절)	

▶4級Ⅱ◀ 故事成語 및 四字成語 *직역(의역)

91.	각자무치	角者無齒	뿔이 있는 자는 이가 없음(골고루 다 갖출수 없음)
92.	감언이설	甘言利說	달콤한 말과 이로운 말(남의 비위를 맞추기 위한 말)
93.	강호연파	江湖煙波	강이나 호수 위에 안개처럼 보얗게 이는 잔물결
94.	견리사의	見利思義	이로운 것을 보면 옳은 것을 생각함
95.	결자해지	結者解之	맺은 사람이 그것을 푼다(일을 저지른 사람이 그 일을 해결해야 함)
96.	결초보은	結草報恩	풀을 묶어 은혜를 갚음(죽어서도 은혜를 잊지 않음)
97.	경세제민	經世濟民	세상을 다스려 백성을 구제함
98.	공전절후	空前絶後	앞에는 허공이요 뒤에는 절벽이다(前無後無)
99.	구우일모	九牛一毛	아홉 마리 소에 한가닥의 털(아주 적은량)
100.	권불십년	權不十年	권력은 십년을 가지 아니한다(권세의 허무함)
101.	기사회생	起死回生	죽음에서 일어나 다시 회생함
102.	낙화유수	落花流水	떨어지는 꽃과 흐르는 물
103.	난공불락	難攻不落	공격이 어려워 떨어뜨리기 못함
104.	난형난제	難兄難弟	형과 동생을 서로 구분하기 어려움(莫上莫下)
105.	노갑이을	怒甲移乙	갑에 대한 화를 을에게 옮김
106.	노발대발	怒發大發	화가 크게 남
107.	논공행상	論功行賞	공을 의논해서 상을 줌
108.	다다익선	多多益善	많으면 많을수록 더욱 좋음
109.	단도직입	單刀直入	단칼에 바르게 들어감(서두없이 본론을 얘기할때)
110.	대의명분	大義名分	사람으로서 지켜야 할 도리
111.	독불장군	獨不將軍	혼자서는 장군이 되지 않는다(교만을 경계하는 말)
112.	득실상반	得失相半	얻은 것과 잃은 것이 반이다. 得↔失
113.	등하불명	燈下不明	등잔 밑이 밝지 않다(등잔밑이 어둡다)
114.	등화가친	燈火可親	사람과 등불이 가히 진하나(독서의 계절)
115.	망운지정	望雲之情	구름을 바라보는 정(어버이를 생각함)
116.	망자계치	亡子計齒	죽은 자식 이빨(나이)을 셈(소용없는 일)
117.	문방사우	文房四友	글방의 네가지 벗(종이. 붓. 벼루. 먹)
118.	박학다식	博學多識	학문이 넓어 아는 것이 많음
119.	백해무익	百害無益	백가지가 해롭고 이익이 없음
120.	병가상사	兵家常事	전쟁에서 이기고 지는 것은 항상 있는 일(실패를 격려하는 말)

▷4Ⅱ

121.	부정행위	不正行爲	바르지 못한 행동을 함
122.	북두칠성	北斗七星	북쪽의 일곱개 별
123.	불가사의	不可思議	생각 할 수도 없는 오묘한 이치
124.	불문가지	不問可知	묻지도 않아도 알 수 있음
125.	불필재언	不必再言	다시 말할 필요가 없음
126.	비일비재	非一非再	한번도 아니고 두 번도 아님(자주 일어남)
127.	사농공상	士農工商	선비·농업·상업·공업(왕조때의 신분 네가지)
128.	생불여사	生不如死	삶이 죽음만 못하다(몹시 곤란한 지경에 빠져있음)
129.	선례후학	先禮後學	먼저 예의를 배우고 나중에 학문을 배움(예의의 중요성)
130.	설왕설래	說往說來	말이 서로 가고 옴(옥신 각신 다툼) 往↔來
131.	세시풍속	歲時風俗	매년마다 때가 되면 행해지는 풍속
132.	수어지교	水魚之交	물과 물고기의 사귐(아주 친밀한 사이)
133.	시시비비	是是非非	옳은 것은 옳고 그른 것은 그르다고 하는 일. 是↔非
134.	시종여일	始終如一	처음과 끝이 같음
135.	신상필벌	信賞必罰	만인이 믿을 수 있게 상주고 반드시 벌을 줌(규정대로 分明히 함) 賞↔罰
136.	신세타령	身世打令	자신과 세상을 한탄하는 말
137.	실사구시	實事求是	사실에 근거하여 학문(진리.진상)을 연구하는 일
138.	아전인수	我田引水	나의 논에만 물을 끌어 씀(자기에게 이롭게만 생각함) 我:나아
139.	안빈낙도	安貧樂道	가난하지만 편안한 마음으로 도를 즐김
140.	안하무인	眼下無人	눈 아래 사람이 없다(사람됨이 교만하여 남을 업신여김)
141.	애인여기	愛人如己	남을 사랑하기를 내 몸 같이한다
142.	약육강식	弱肉強食	약한 것이 강한 것에 먹힘(생존경쟁의 격렬함을 이르는 말)
143.	언행일치	言行一致	말과 행동은 일치하여야 한다
144.	여출일구	如出一口	한 입에서 나오는 말 같다(이구동성)
145.	연전연승	連戰連勝	연이은 싸움에서 연달아 승리함
146.	온고지신	溫故知新	옛것을 익히고 새로운 것을 앎
147.	우이독경	牛耳讀經	쇠(소의)귀에 경 읽기
148.	원교근공	遠交近攻	먼것을 사귀고 가까운 나라를 공격함(가까운 것을 멀리함)
149.	유비무환	有備無患	준비가 있으면 근심이 없음
150.	이열치열	以熱治熱	열로써 열을 다스린다(힘에는 힘)

151.	이율배반	二律背反	두 법칙이 서로 대립되어 주장되는 일
152.	익자삼우	益者三友	이로운 것의 세가지 유형의 벗(정직.신의.지식)
153.	인과응보	因果應報	원인과 결과에 따라 훗날 길흉화복의 갚음을 이르는말
154.	인생무상	人生無常	인생의 덧없음을 이르는 말
155.	인자무적	仁者無敵	어진 사람은 적이 없다
156.	인자요산	仁者樂山	어진 사람은 산을 좋아한다
157.	일거양득	一擧兩得	한번에 두 가지 득을 본다
158.	일석이조	一石二鳥	하나의 돌로 두 마리 새를 잡는다는 말
159.	일시동인	一視同仁	누구나 한가지로 보고 똑같이 어질게 대함
160.	일언반구	一言半句	한마디 말과 반줄의 글귀(아주 짧은 말)
161.	일언지하	一言之下	한마디로 딱 잘라 말함
162.	일진일퇴	一進一退	한번 나아갔다 한번 물러섬
163.	자업자득	自業自得	자기가 저지른 일은 자기가 받음
164.	전대미문	前代未聞	앞 시대에는 들어 본 적이 없음(매우 놀라운 일이나 새로운 것)
165.	조변석개	朝變夕改	아침 저녁으로 뜯어 고침(결심이나 결정이 자주 바뀜)
166.	조족지혈	鳥足之血	새 발의 피(아주 적은 분량을 말함)
167.	종두득두	種豆得豆	콩 심으면 콩 얻는다(뿌린대로 거둠)
168.	주권재민	主權在民	주인의 권리가 백성에게 있다
169.	죽마고우	竹馬故友	대나무로 만든 말을 타고 놀던 옛날 친구
170.	지기지우	知己之友	자기를 잘 알아주는 친구
171.	지성감천	至誠感天	정성이 지극하면 하늘도 감동한다
172.	지호지간	指呼之間	손짓으로 부를 정도의 가까운 사이
173.	진퇴양난	進退兩難	나아가기도 물러서기도 양쪽 다 어려움
174.	충언역이	忠言逆耳	충성된 말은 귀에 거슬린다 忠言逆耳利於行(㊤良藥苦口)
175.	치지도외	置之度外	내버려두고 문제로 삼지 않음
176.	탁상공론	卓上空論	실현성이 없는 헛된 이론
177.	파죽지세	破竹之勢	대나무를 쪼개는 형세
178.	풍전등화	風前燈火	바람앞에 등불(매우 위급한 처지를 이르는 말)
179.	호형호제	呼兄呼弟	친형제처럼 가깝게 지내는 사이
180.	환난상구	患難相救	근심과 재난을 당했을 때 서로 도움

▶4級◀ 故事成語 및 四字成語 *직역(의역)

181.	감불생심	敢不生心	감히 마음이 생기지 아니한다(엄두를 못냄)
182.	갑남을녀	甲男乙女	갑이란 남자와 을이란 여자(평범한 사람들)
183.	거중조정	居中調整	사이에 끼여 들어 말리거나 화해를 붙임
184.	격화일로	激化一路	자꾸 격렬해져 감
185.	견갑이병	堅甲利兵	튼튼한 갑옷과 날카로운 병기(강한 병력) 利:날카로울리
186.	견위수명	見危授命	나라의 위태로움을 보면 자신의 목숨을 나라에 바침
187.	경국제세	經國濟世	나라를 다스리고 세상을 구원함
188.	경국지색	傾國之色	나라를 기울게 하는 뛰어난 여색
189.	경천동지	驚天動地	하늘이 놀라고 땅이 흔들림(세상을 크게 놀라게 함)
190.	계란유골	鷄卵有骨	계란에도 뼈가 있음(일이 잘 안됨을 비유한 말)
191.	고립무원	孤立無援	고립되어 도움을 받을데가 없음
192.	고진감래	苦盡甘來	쓴 것이 다하면 단 것이 옴(고생 끝에 낙이 옴) 甘↔苦
193.	골육상쟁	骨肉相爭	혈연관계에 있는 사람끼리 서로 싸움
194.	구절양장	九折羊腸	아홉번이나 꺾인 양의 창자(산길이 몹시 험하게 꼬불꼬불함)
195.	군자불기	君子不器	군자는 그릇과 같은 것이 아니다(매사에 균형이 잡혀서 원만함)
196.	귀책사유	歸責事由	법률상 비난 받을 고의나 과실에 대한 행위
197.	금과옥조	金科玉條	금옥과 같은 법률(소중히 여기고 꼭 지켜야 할 법률)
198.	기상천외	奇想天外	생각이 기발하고 엉뚱함
199.	노마지지	老馬之智	늙은 말의 지혜(하찮은 것일지라도 저마다 장점을 지니고 있음)
200.	당구풍월	堂狗風月	서당 개 삼년이면 풍월을 읊는다 狗:개구
201.	대경실색	大驚失色	크게 놀라 얼굴색이 변함
202.	대동소이	大同小異	크게 보면 같고 작게 보면 다름(거의 같거나 비슷비슷함)
203.	도불습유	道不拾遺	길에 떨어진 것도 줍지 않음(생활이 풍족하고 믿음있는 세상) 拾:주울습
204.	동명이인	同名異人	같은 이름의 다른 사람(이름은 같지만 사람이 다른 경우)
205.	두주불사	斗酒不辭	말술(10되)도 사양하지 않음(酒量이 많은 경우)
206.	등용문	登龍門	용문에 오르다(입신 출세의 어려운 관문)
207.	만산홍엽	滿山紅葉	온 산의 붉은 잎사귀(붉은 단풍)
208.	명경지수	明鏡止水	맑은 거울과 고요한 물(고요한 심정)
209.	명문거족	名門巨族	이름난 집안과 크게 번창한 겨레
210.	목불식정	目不識丁	눈 뜨고도 丁자를 알지 못한다(一字無識 / 낫 놓고 ㄱ자도 모른다)

4급

211.	무골호인	無骨好人	뼈없이 좋은 사람(지극히 순하여 남에게 두루 맞는 사람)
212.	무위도식	無爲徒食	하는 일 없이 헛되이 먹고 놀기만 함　　徒:헛될도
213.	무전취식	無錢取食	돈도 없이 밥을 먹음(남이 파는 음식을 돈도 없이 그저 먹음)
214.	물실호기	勿失好機	좋은 기회를 놓치지 말라
215.	물외한인	物外閑人	세속의 번거로움을 피해 한가롭게 지내는 사람
216.	박람강기	博覽强記	책을 널리 보고 읽어 잘 기억하고 있음
217.	반신반의	半信半疑	반은 믿고 반은 의심함
218.	백가쟁명	百家爭鳴	많은 학자들이 자유롭게 논쟁하는 일
219.	백의종군	白衣從軍	흰옷을 입고 군대를 따름(벼슬없는〈병사가 아닌〉사람이 싸움터에 나감)
220.	백절불굴	百折不屈	백번 꺾여도 굴하지 않음
221.	부지기수	不知其數	그 수를 알지 못함(매우 많음)　　其:그기
222.	불사이군	不事二君	두 임금을 섬기지 아니한다
223.	비례물청	非禮勿聽	예가 아니면 듣지 말라
224.	빈자일등	貧者一燈	가난한 사람의 하나의 등불(참마음의 소중함)
225.	사생결단	死生決斷	죽고 사는 것을 상관치 않고 끝장을 내려고 덤빔
226.	사필귀정	事必歸正	일은 반드시 바르게 돌아간다(정의의 승리)
227.	산해진미	山海珍味	산과 바다의 온갖 산물로 차린 음식
228.	살신성인	殺身成仁	자신의 몸을 희생(죽여)해 仁을 이룬다(남을 위하여 희생함)
229.	선공후사	先公後私	공적인 것을 먼저, 사사로운 것을 뒤에 함.　先↔後　公↔私
230.	신풍도골	仙風道骨	신선의 풍채와 노인의 골격(남달리 뛰어남)
231.	손자삼우	損者三友	손해가 되는 세가지 유형의 벗(편벽. 줏대無. 말많고 불성실한 벗)
232.	송구영신	送舊迎新	옛날(묵은해)을 보내고 새해를 맞이함.　送↔迎　新↔舊
233.	시사여생	視死如生	죽음을 살아 있는 것과 같이 봄(죽음을 두려워하지 않음)
234.	식자우환	識字憂患	글자를 아는 것이 도리어 근심이 된다는 말(아는 것이 병)
235.	신언서판	身言書判	몸·말·글·판단력(과거시험에서 인물의 평가기준)
236.	심기일전	心機一轉	(어떤 동기에 의해) 마음의 기능과 생각을 완전히 바꿈
237.	안거위사	安居危思	편안히 살 때 위태로움의 생각을 가짐(미리 대비함)　安↔危
238.	안한자적	安閑自適	평화롭고 한가하여 마음 내키는 대로 즐김
239.	약방감초	藥房甘草	한약방에 꼭 들어가는 약재(무슨 일이든지 꼭 끼여들음)
240.	양자택일	兩者擇一	둘 중에 하나를 선택하는 것

▷4급

241.	언어도단	言語道斷	어이가 없어 말로써 나타낼 수가 없음
242.	언중유골	言中有骨	하는 말 중에 뼈가 있음(예사로운 말에 속뜻이 있음)
243.	엄동설한	嚴冬雪寒	추운 겨울에 차가운 눈(심한 추위)
244.	엄정중립	嚴正中立	엄중하게 바르고 마음을 중심에 세움(중립을 굳게 지킴)
245.	여민동락	與民同樂	임금이 백성과 더불어 같이 즐김
246.	여세추이	與世推移	세상의 변화에 따라 함께 변함
247.	여필종부	女必從夫	여자는 반드시 지아비를 따른다
248.	역지사지	易地思之	처지를 바꾸어 그것을 생각함 地:처지지
249.	연목구어	緣木求魚	나무에서 물고기를 구한다(되지도 않는 엉뚱한 소망)
250.	오거지서	五車之書	다섯 수레의 책(많은 장서를 이르는 말)
251.	오곡백과	五穀百果	온갖 곡식과 많은 과실
252.	용의주도	用意周到	마음의 준비가 다 되어 빈틈이 없음
253.	위기일발	危機一髮	눈앞에 닥친 위기의 순간
254.	유유상종	類類相從	같은 무리끼리 서로 따름(끼리끼리 사귐)
255.	의기투합	意氣投合	뜻과 기운이 서로 합해짐(서로 마음이 맞음)
256.	이구동성	異口同聲	입은 다르나 소리는 같다(여러 사람의 말이 한결같음)
257.	이란투석	以卵投石	계란으로써 바위를 치다(어리석음을 비유한 말)
258.	이합집산	離合集散	헤어졌다 모였다 함. 離↔合 集↔散
259.	인계인수	引繼引受	남에게 넘겨주고 이어받음
260.	인사유명	人死留名	사람은 죽어서 이름을 남긴다
261.	일각천금	一刻千金	매우 짧은 시간도 천금과 같이 귀중함을 이르는 말
262.	일구월심	日久月深	날이 오래고 달이 깊어 감(세월이 흐를수록 소원이 더욱 간절함)
263.	일도양단	一刀兩斷	한 칼로 두 동강이를 냄(머뭇거리지 않고 과감히 처리함)
264.	일명경인	一鳴驚人	한마디 말로 뭇사람을 놀라게 함
265.	일벌백계	一罰百戒	한사람에게 벌 주어 백사람(여럿)에게 경계시킴
266.	일부종사	一夫從事	한 지아비만 따르고 섬긴다
267.	일사불란	一絲不亂	조금도 흐트러지거나 어지러움이 없음
268.	일의대수	一衣帶水	한 가닥 옷의 띠와 같은 좁은 냇물이나 바닷물을 사이에 둔 관계
269.	일점혈육	一點血肉	자기가 낳은 단 하나의 자식
270.	일취월장	日就月將	학문이 날로 달로 자라거나 나아감. 將:나아갈장

271.	일희일비	一喜一悲	한번은 기쁘고 한번은 슬프다. 喜↔悲
272.	자격지심	自激之心	자기가 한 일에 대하여 자기 스스로 미흡하게 여기는 마음
273.	자중지란	自中之亂	자기들 한패 속에서 일어나는 싸움질
274.	자화자찬	自畫自讚	자기 그림을 자신이 칭찬함
275.	장삼이사	張三李四	장씨 셋째 아들과 이씨 넷째 아들(아주 평범한 사람들)
276.	적자생존	適者生存	적응하는 것만이 살아서 존재한다는 말
277.	적재적소	適材適所	적당한 재목(人才)을 적당한 장소(임무)에 쓴다
278.	적토성산	積土成山	흙이 쌓여서 산을 이룸(작은 것이 모여 큰 것을 이룸)
279.	조불려석	朝不慮夕	아침에 저녁 일을 헤아리지 못함(앞일을 헤아릴 겨를이 없음)
280.	좌지우지	左之右之	제 마음대로 다루거나 휘두름
281.	주마간산	走馬看山	달리는 말에서 산천을 본다(바삐 서둘러 대강 보고 지나침)
282.	중구난방	衆口難防	여러 사람 입에서 나온 말은 막기가 어렵다
283.	지명지년	知命之年	천명을 아는 나이(50세를 이르는 말)
284.	지학지년	志學之年	학문에 뜻을 두는 나이(15세를 이르는 말)
285.	창업수성	創業守成	일을 시작하기는 쉬우나 지키기는 어려움
286.	천려일실	千慮一失	천가지 생각 중에도 한가지 실수가 있다는 말
287.	천편일률	千篇一律	천가지 책이 비슷하다는 말(사물이 모두 판에 박은 듯 같을때)
288.	촌철살인	寸鐵殺人	작은 쇠붙이로 사람을 죽임(짧은 글귀로 사람의 마음을 감동시킴)
289.	출장입상	出將入相	나가서는 장수요, 들어와서는 재상(아주 뛰어난 벼슬을 두루 지냄)
290.	침불안석	寢不安席	잠자리가 편안한 자리가 아니다(근심걱정)
291.	파상공격	波狀攻擊	물결이 밀려왔다가 밀려가듯이 함(공격대상에 대하여 왔다 갔다함)
292.	피골상접	皮骨相接	피부와 뼈가 서로 붙음(몹시 여위어 있음)
293.	한강투석	漢江投石	한강에 돌 던지기(아무리 해도 헛된 일을 하는 매우 어리석은 일)
294.	허장성세	虛張聲勢	실력이 없으면서 허세로 떠벌림
295.	호부견자	虎父犬子	호랑이 아버지에 개의 새끼(잘난 아버지에 못난 아들)
296.	호의호식	好衣好食	좋은 옷에 좋은 밥
297.	홍동백서	紅東白西	제사 지낼 때 붉은 과실은 동쪽, 흰 과실은 서쪽에 차림
298.	회자정리	會者定離	모인(만난)사람은 헤어짐이 정해져 있다(인생의 무상함)
299.	흥진비래	興盡悲來	흥함이 다하면 슬픔이 온다(세상일이 돌고 도는 것을 말함)
300.	희색만면	喜色滿面	기쁜 빛이 얼굴에 가득차다

▶3級 II◀ 故事成語 및 四字成語 *직역(의역)

301.	가인박명	佳人薄命	여자의 용모와 재주가 빼어나면 운명이 기구함을 뜻함
302.	각골명심	刻骨銘心	(뼈에 새기고 마음에 새겨)영원히 잊어버리지 않음
303.	각주구검	刻舟求劍	판단력이 둔하여 시대나 상황의 변화를 모르는 어리석음
304.	감지덕지	感之德之	대단히 고맙게 여김
305.	개과천선	改過遷善	지난 허물을 고치고 착하게 됨
306.	개세지재	蓋世之才	세상을 뒤덮을만한 재주
307.	격세지감	隔世之感	세상이 많이 바뀌어서 딴 세대가 된 것 같은 느낌
308.	견마지로	犬馬之勞	개와 말 같은 하찮은 힘(자기의 노력을 겸손하게 이르는 말)
309.	견인불발	堅忍不拔	굳게 참고 버티어 마음을 빼앗기지 않음
310.	견토지쟁	犬兔之爭	개와 토끼의 다툼. ㉺漁父之利, 田夫之功
311.	겸인지용	兼人之勇	혼자서 두 사람 이상 몫을 하는 빼어난 용기
312.	경거망동	輕擧妄動	경솔하고 분수없이 행동함
313.	계구우후	鷄口牛後	큰집단의 말단보다 작은집단의 지도자가 됨이 나음을 말함
314.	고대광실	高臺廣室	규모가 굉장히 크고 잘 지은 집
315.	고육지책	苦肉之策	어찌할 수가 없어 자신을 희생시키면서까지 내는 꾀
316.	고장난명	孤掌難鳴	혼자만의 힘으로는 일을 하기가 어려움
317.	곡학아세	曲學阿世	배운 학문을 왜곡시켜 시류나 이익에 영합함
318.	골육상잔	骨肉相殘	같은 민족, 부자, 형제간의 잔인한 다툼
319.	공중누각	空中樓閣	근거나 토대가 없는 사물이나 일을 의미함
320.	과공비례	過恭非禮	지나친 공손은 예의가 아님
321.	과대망상	誇大妄想	자기의 능력등을 실제보다 크게 평가하여 사실처럼 믿는 일
322.	과유불급	過猶不及	지나침은 미치지 못함과 같다
323.	관혼상제	冠婚喪祭	관례·혼례·상례·제례를 통틀어 이름(四禮)
324.	교언영색	巧言令色	(남의 환심을 사기 위해) 말을 교묘하게 하고 표정을 좋게 꾸밈
325.	구곡간장	九曲肝腸	굽이 굽이 깊이 서린 마음 속
326.	국태민안	國泰民安	나라가 태평하고 국민의 생활이 평안함
327.	군계일학	群鷄一鶴	많은 닭 중에 한 마리의 학(수많은 사람들 가운데 훌륭한 사람)
328.	군신유의	君臣有義	임금과 신하의 도리는 의리에 있음. 夫婦有別, 長幼有序, 父子有親, 朋友有信<五倫>
329.	군웅할거	群雄割據	많은 영웅들이 가지에 자리 잡고 세력을 떨치며 맞서는 일
330.	군위신강	君爲臣綱	임금은 신하의 벼리가 됨. 父爲子綱, 夫爲婦綱 <三綱>

331.	군자삼락	君子三樂	군자의 세가지 즐거움(父母俱存과 兄弟無故, 仰不愧天, 得天下英才敎育)
332.	궁여지책	窮餘之策	(막다른 처지에서)생각다 못해 내는 계책
333.	권모술수	權謀術數	남을 교묘하게 속이는 술책
334.	극기복례	克己復禮	사사로운 욕심을 누르고 예의범절을 지킴
335.	근묵자흑	近墨者黑	먹을 가까이 하는 사람이 검어짐(친구와 환경의 중요성/近朱者赤)
336.	금란지교	金蘭之交	쇠처럼 단단하고 난초처럼 향기 그윽한 사귐
337.	금석지약	金石之約	금석처럼 굳고 변함없는 약속
338.	금성탕지	金城湯池	끓어 오르는 못에 둘러 싸인 무쇠 성(방비가 아주 견고함)
339.	금시초문	今時初聞	이제 비로소 처음으로 들었다는 뜻
340.	금의야행	錦衣夜行	비단옷을 입고 밤길을 감(아무 소용 없는 일)
341.	금의환향	錦衣還鄕	벼슬 또는 성공하여 고향에 돌아옴
342.	금지옥엽	金枝玉葉	금가지와 옥 잎사귀(아주 귀한 자손)
343.	기고만장	氣高萬丈	일이 뜻대로 잘 되어 기세가 대단함
344.	길흉화복	吉凶禍福	길함과 흉함과 재앙과 행복(사람의 운수) 吉↔凶 禍↔福
345.	난신적자	亂臣賊子	나라를 어지럽게 하는 신하와 어버이를 해치는 자식
346.	내우외환	內憂外患	나라 안팎의 근심과 걱정
347.	내유외강	內柔外剛	마음이 약하면서 겉으로는 강하게 보임. 剛↔柔
348.	노기충천	怒氣衝天	노기가 하늘을 찌를 것 같음
349.	농와지경	弄瓦之慶	딸을 낳은 경사를 이름
350.	누란지위	累卵之危	알을 쌓아 놓은 듯이 위험한 상태
351.	단금지교	斷金之交	무쇠라도 끊을만큼 마음이 굳은 두 사람의 사귐
352.	대기만성	大器晩成	큰 인물이 될 사람은 오랜 기간 꾸준한 노력으로 이루어짐
353.	동가홍상	同價紅裳	같은 값이면 다홍치마
354.	동분서주	東奔西走	이리저리 바쁘게 돌아다님
355.	동상이몽	同床異夢	겉으로는 같이 행동하면서 속으로는 서로 다른 생각을 품음
356.	동족상잔	同族相殘	같은 민족끼리 서로 잔인하게 싸움
357.	등고자비	登高自卑	지위가 높아질수록 자신을 낮춤
358.	막역지우	莫逆之友	뜻이 맞아 서로 허물 없는 의기 투합한 친한 벗
359.	만고불변	萬古不變	오랜 세월을 두고 길이 변하지 않음
360.	만추가경	晩秋佳景	늦가을의 아름다운 풍경

▷³Ⅱ

361.	맥수지탄	麥秀之歎	보리가 무성하게 자람을 탄식(故國의 멸망을 한탄함)
362.	맹모단기	孟母斷機	맹모가 짜던 베를 짜름(학문을 중도에 마친 아들을 훈계) ㉠斷機之敎
363.	맹모삼천	孟母三遷	맹모가 세 번이나 집을 옮긴 일(三遷之敎:교육에 있어 環境의 重要性)
364.	면종복배	面從腹背	겉으로는 복종하는 체 하면서도 내심으로는 배반함. 腹↔背
365.	멸사봉공	滅私奉公	사심을 버리고 나라나 공공을 위하여 힘써 일함
366.	명실상부	名實相符	이름과 실상이 서로 부합함
367.	명약관화	明若觀火	불을 보듯 분명함. 더 말할 나위 없이 명백함
368.	명재경각	命在頃刻	거의 죽게 되어 숨이 곧 넘어갈 지경에 이름
369.	목불인견	目不忍見	(몹시 딱하거나 참혹하여) 눈으로는 차마 볼 수 없음
370.	무릉도원	武陵桃源	신선이 살았다는 전설적인 중국의 명승지(별천지의 이상향)
371.	미사여구	美辭麗句	아름답게 꾸민 말과 글귀
372.	미생지신	尾生之信	미생이라는 사람의 신의(信義가 두터움. 고지식한 行爲)
373.	박리다매	薄利多賣	적게 남기고 많이 팔아 수익을 올리는 일
374.	박장대소	拍掌大笑	손바닥을 치며 크게 웃음
375.	발본색원	拔本塞源	근원을 뽑아서 폐해를 아주 없애버림(근원적인 처방)
376.	백계무책	百計無策	온갖 계책이 다 소용 없음
377.	백전노장	百戰老將	수없이 많은 싸움을 치른 노련한 장수
378.	백중지간	伯仲之間	서로 어금지금하게 맞서는 사이 ㉠莫上莫下
379.	부귀재천	富貴在天	부하고 귀함은 천명에 있음
380.	불치하문	不恥下問	자기보다 못한 사람에게 묻는 것을 부끄러워하지 않음
381.	불편부당	不偏不黨	어느 한쪽으로 기울거나 치우치지 아니하고 아주 공평함
382.	비례물시	非禮勿視	예가 아니면 보지도 말라
383.	빙탄지간	氷炭之間	얼음과 숯 같은 사이(서로 화합할 수 없는 사이)
384.	사상누각	沙上樓閣	모래 위에 세운 누각(기초가 약하여 오래 가지 못함)
385.	산자수명	山紫水明	산은 자줏빛, 물은 깨끗하고 맑음(山水의 景致가 썩 좋음)
386.	삼라만상	森羅萬象	우주 속에 존재하는 온갖 사물과 모든 현상
387.	삼순구식	三旬九食	서른 날에 아홉 끼니밖에 먹지 못함(매우 가난함)
388.	삼인성호	三人成虎	근거 없는 말도 여럿이 하면 믿게 됨
389.	삼종지도	三從之道	여자의 세가지 따라야 하는 도리(부모·지아비·자식)
390.	삼척동자	三尺童子	키가 석자밖에 되지 않는 아이(철부지 어린아이)

391.	상전벽해	桑田碧海	뽕나무밭이 변하여 푸른 바다가 됨(世上의 變化가 심하거나 덧없음)
392.	생자필멸	生者必滅	생명이 있는 것은 반드시 죽을 때가 있음
393.	선견지명	先見之明	닥쳐올 일을 미리 내다보고 아는 것
394.	설상가상	雪上加霜	난처한 일이나 불행이 잇달아 일어남
395.	속수무책	束手無策	손을 묶인 듯이 어쩔 도리가 없어 꼼짝 못함
396.	수구초심	首丘初心	고향을 그리워하는 마음
397.	수복강녕	壽福康寧	오래 살고 행복하며 건강하고 평안함
398.	수불석권	手不釋卷	손에서 책을 놓지 않음(부지런히 工夫함)
399.	수신제가	修身齊家	몸을 닦고 가정을 가지런하게 함(修身齊家 治國 平天下)
400.	수주대토	守株待兔	그루터기를 지키며 토끼를 기다림(완고하고 미련함)
401.	수즉다욕	壽則多辱	오래 살수록 그 만큼 욕되는 일이 많음
402.	숙호충비	宿虎衝鼻	잠자는 호랑이 코를 찌름(공연히 건드려서 화를 입음)
403.	시종일관	始終一貫	처음과 끝이 한결 같음. ㉠初志一貫
404.	신종여시	愼終如始	삼가 마치기를 처음과 같이 함
405.	신출귀몰	神出鬼沒	자유자재로 출몰하여 그 변화를 쉽사리 알 수 없음
406.	심사숙고	深思熟考	깊이 생각함
407.	심산유곡	深山幽谷	깊은 산과 골짜기
408.	양금택목	良禽擇木	현명한 새는 좋은 나무를 가려 둥지를 침(훌륭한 사람을 가려서 섬김)
409.	양상군자	梁上君子	대들보 위의 군자(천정위의 쥐. 집안에 들어온 도둑을 이름)
410.	어두육미	魚頭肉尾	물고기는 머리쪽이, 육고기는 꼬리 쪽이 맛이 좋음
411.	억강부약	抑强扶弱	강자를 누르고 약자를 도와줌
412.	억조창생	億兆蒼生	수많은 백성
413.	엄처시하	嚴妻侍下	아내에게 쥐여사는 사람을 농담조로 이르는 말
414.	여리박빙	如履薄氷	살얼음을 걷는 것과 같음
415.	염량세태	炎涼世態	세력이 있을 때와 없을 때의 세속 인심. 炎↔涼
416.	오월동주	吳越同舟	오나라,월나라가 같이 배를 탐(적끼리 같은 처지에서 서로 돕게 됨)
417.	오합지졸	烏合之卒	갑자기 모인 훈련되지 않은 군사
418.	욕속부달	欲速不達	빨리 하고자 하면 도리어 이루지 못함
419.	용두사미	龍頭蛇尾	용머리에 뱀 꼬리(始作은 힘차게 하고 끝은 보잘 것이 없음)
420.	용미봉탕	龍味鳳湯	맛이 썩 좋은 음식을 비유함

421.	우공이산	愚公移山	어떤 일이라도 끊임없이 노력하면 반드시 이룸
422.	우유부단	優柔不斷	딱 잘라 결단을 내리지 못함
423.	우자일득	愚者一得	어리석은 사람도 한번쯤은 슬기로운 것도 있음
424.	우화등선	羽化登仙	(도교사상에서)사람이 신선이 되어 하늘로 올라감
425.	유방백세	流芳百世	꽃다운 이름이 후세에 길이 전함
426.	유유자적	悠悠自適	속세를 떠나 아무것에도 속박되지 않고 편안히 살아감
427.	은인자중	隱忍自重	괴로움을 감추어 참고 몸가짐을 조심함
428.	음덕양보	陰德陽報	남에게 덕을 베푸는 사람은 반드시 뒤에 복을 받음. 陰↔陽
429.	인면수심	人面獸心	사람의 얼굴을 하고 있으나 마음은 짐승과 다름이 없음
430.	일난풍화	日暖風和	날씨가 따뜻하고 바람결이 부드러움
431.	일이관지	一以貫之	한 방법이나 태도로써 한결같이 꿰뚫음
432.	일일지장	一日之長	하루 먼저 세상에 태어남(상대방보다 나이나 재량이 조금 더 뛰어남)
433.	일장춘몽	一場春夢	부귀영화의 덧없음
434.	일촉즉발	一觸卽發	조금 건드리기만 하여도 곧 폭발할 것 같은 위험한 상태
435.	일편단심	一片丹心	변치 않는 한 조각 붉은 마음(참된 충성이나 정성)
436.	임기응변	臨機應變	그때 그때의 형편에 따라 그 일에 알맞게 적당히 처리함
437.	입신양명	立身揚名	몸을 수양하고 세상에 이름을 날림
438.	전화위복	轉禍爲福	재앙을 바꾸어 오히려 복이 생김. 禍↔福
439.	절치부심	切齒腐心	몹시 분하여 이를 갈고 속을 썩임
440.	점입가경	漸入佳境	갈수록 더욱 좋거나 재미있는 경지로 들어감
441.	정문일침	頂門一針	(정신을 차리도록)따끔한 한 마디의 충고
442.	족탈불급	足脫不及	능력,역량,재질 따위의 차이가 뚜렷함을 이르는 말
443.	존망지추	存亡之秋	존속과 멸망, 삶과 죽음이 결정되는 절박한 때. 存↔亡
444.	종횡무진	縱橫無盡	행동이 마음 내키는 대로 자유자재임
445.	좌불안석	坐不安席	앉았으되 편안한 자리가 아님
446.	좌정관천	坐井觀天	우물에 앉아 하늘을 봄(견문과 소견이 좁은 것을 비유)
447.	좌충우돌	左衝右突	닥치는 대로 마구 치고받고 함
448.	주경야독	晝耕夜讀	낮엔 밭 갈고 밤엔 공부를 함(어려운 환경에서 노력함)
449.	주지육림	酒池肉林	극히 호사스럽고 방탕한 술잔치
450.	중과부적	衆寡不敵	적은 수효로 많은 수효와 맞겨루지 못함. 衆↔寡

451.	지리멸렬	支離滅裂	갈가리 흩어지고 찢기어 갈피를 잡을 수 없이 됨
452.	지자요수	知者樂水	지혜로운 사람은 물을 좋아함. ㉠仁者樂山
453.	지피지기	知彼知己	적을 알고 나를 알아야 함
454.	진퇴유곡	進退維谷	앞으로 나아갈 수도 뒤로 물러날 수도 없이 궁지에 빠짐. 進↔退
455.	진충보국	盡忠報國	충성을 다하여 나라의 은혜를 갚음
456.	천고마비	天高馬肥	하늘은 높고 말은 살찜(가을날의 맑고 풍성한 정경)
457.	천양지차	天壤之差	하늘과 땅같이 엄청난 차이
458.	천재일우	千載一遇	천년에 한번의 만남(좀처럼 얻기 어려운 좋은 기회)
459.	천태만상	千態萬象	모든 사물이 제각기 다른 모습을 하고 있음
460.	취생몽사	醉生夢死	아무 뜻 없이 한평생을 흐리멍텅하게 살아감
461.	칠거지악	七去之惡	아내를 버릴 수 있는 이유가 되는 일곱 가지 경우
462.	쾌도난마	快刀亂麻	잘 드는 칼로 엉클어진 삼실을 자름(곤란한 사건 따위를 명쾌하게 처리함)
463.	타산지석	他山之石	다른 산의 돌(다른 사람의 하찮은 언행도 自己의 智德을 닦는 데 도움이 된다는 말)
464.	태산북두	泰山北斗	태산과 북두성(世上으로부터 존경을 받는 사람)
465.	파사현정	破邪顯正	사악한 생각을 깨뜨리고 올바른 도리를 뚜렷이 드러냄. 邪↔正
466.	파안대소	破顔大笑	매우 즐거운 표정으로 크게 웃음
467.	포복절도	抱腹絶倒	배를 안고 넘어짐(매우 우스움) 抱:안을포
468.	표리부동	表裏不同	마음이 음흉하여 겉과 속이 다름. 表↔裏
469.	풍수지탄	風樹之歎	효도를 다하지 못한 채 어버이를 여읜 자식의 슬픔
470.	피차일반	彼此一般	두 편이 서로 같음. 彼↔此
471.	하대세월	何待歲月	기다리기가 몹시 지루함
472.	하석상대	下石上臺	아랫돌을 빼서 윗돌을 굄
473.	학수고대	鶴首苦待	학처럼 목을 길게 빼고 애타게 기다림
474.	항다반사	恒茶飯事	항상 차와 밥 먹는 일(항상 있는 일)
475.	현모양처	賢母良妻	자식에게는 어진 어머니이고, 남편에게는 착한 아내
476.	호연지기	浩然之氣	하늘과 땅 사이에 가득 찬 넓고 큰 정기
477.	홍로점설	紅爐點雪	벌겋게 단 화로에 떨어지는 눈
478.	후안무치	厚顔無恥	뻔뻔스러워 부끄러움을 모름
479.	흥망성쇠	興亡盛衰	흥하고 망함과 성하고 쇠함 興↔亡 盛↔衰
480.	희로애락	喜怒哀樂	기쁨과 노여움과 슬픔과 즐거움(사람의 온갖 감정) 喜↔怒 哀↔樂

▶故事成語 테스트◀

172~187쪽 참고 　　　　　　　　　　　　　　　　　　　정답 190쪽

185 堅甲(　)(　)	231 損(　)(　)友	282 (　)口難(　)
186 (　)危授(　)	232 (　)(　)迎新	284 (　)(　)之年
187 (　)(　)濟世	234 (　)字憂(　)	285 (　)(　)守成
192 (　)盡甘(　)	235 (　)(　)書判	287 千篇(　)(　)
193 骨肉(　)(　)	237 (　)(　)甘草	288 寸(　)(　)人
195 君子(　)(　)	240 (　)(　)擇一	289 (　)(　)入相
196 歸(　)(　)由	241 言語(　)(　)	291 (　)(　)攻擊
198 奇(　)(　)外	243 嚴冬(　)(　)	292 皮骨(　)(　)
205 (　)酒(　)辭	245 與民(　)(　)	294 虛張(　)(　)
207 (　)山紅(　)	248 易(　)(　)之	299 (　)盡(　)來
212 (　)(　)徒食	249 緣木(　)(　)	300 喜色(　)(　)
213 (　)錢(　)食	256 異口(　)(　)	305 (　)(　)遷善
214 勿(　)(　)機	257 (　)卵投(　)	308 犬(　)之(　)
216 (　)覽強(　)	263 一刀(　)(　)	312 (　)(　)妄動
218 百(　)(　)鳴	265 一(　)(　)戒	313 鷄口(　)(　)
221 不(　)其(　)	268 一(　)(　)水	314 高臺(　)(　)
223 (　)(　)勿聽	269 一點(　)(　)	315 (　)(　)之策
224 (　)(　)一燈	270 日就(　)(　)	317 (　)(　)阿世
225 死生(　)(　)	271 一喜(　)(　)	320 過恭(　)(　)
226 事(　)歸(　)	277 適(　)適(　)	321 誇(　)妄(　)
227 山(　)珍(　)	279 (　)不慮(　)	322 (　)猶(　)及
228 (　)(　)成仁	281 (　)(　)看山	324 巧言(　)(　)

- 188 -

326	（　）泰（　）安	377	百戰（　）（　）	428	陰（　）陽（　）
333	（　）謀（　）數	379	富（　）（　）天	430	日（　）風（　）
334	克（　）（　）禮	381	不偏（　）（　）	436	臨機（　）（　）
335	近墨（　）（　）	383	氷（　）之（　）	438	轉禍（　）（　）
338	（　）（　）湯池	386	森（　）（　）象	439	（　）（　）腐心
339	（　）時（　）聞	391	桑（　）碧（　）	440	漸（　）佳（　）
341	錦（　）還（　）	395	（　）（　）無策	446	坐井（　）（　）
343	（　）（　）萬丈	396	（　）丘（　）心	448	（　）耕（　）讀
344	（　）（　）禍福	397	壽（　）（　）寧	449	酒池（　）（　）
348	（　）（　）衝天	399	（　）（　）齊家	450	（　）寡不（　）
351	（　）（　）之交	400	（　）株（　）兔	452	（　）（　）樂水
352	（　）（　）晚成	401	壽（　）（　）辱	453	知彼（　）（　）
353	（　）（　）紅裳	402	（　）虎衝（　）	454	（　）（　）維谷
354	東奔（　）（　）	403	（　）（　）一貫	455	盡（　）（　）國
355	（　）（　）異夢	406	（　）（　）熟考	459	千（　）（　）象
359	萬古（　）（　）	408	（　）禽擇（　）	461	七（　）之（　）
360	晚（　）佳（　）	410	（　）（　）肉尾	463	（　）山之（　）
364	（　）從腹（　）	411	抑（　）扶（　）	464	泰山（　）（　）
365	滅私（　）（　）	414	（　）履薄（　）	465	（　）邪顯（　）
366	名（　）（　）符	415	炎涼（　）（　）	466	（　）顏大（　）
367	明若（　）（　）	418	欲（　）不（　）	473	鶴（　）（　）待
371	（　）辭麗（　）	422	優柔（　）（　）	475	（　）（　）良妻
373	薄利（　）（　）	423	愚者（　）（　）	479	（　）亡（　）衰
374	拍掌（　）（　）	424	羽（　）登（　）	480	喜（　）哀（　）

▶故事成語◀ 〈188쪽 테스트정답〉

185 堅甲利兵	231 損者三友	282 衆口難防	326 國泰民安	377 百戰老將	428 陰德陽報
186 見危授命	232 送舊迎新	284 志學之年	333 權謀術數	379 富貴在天	430 日暖風和
187 經國濟世	234 識字憂患	285 創業守成	334 克己復禮	381 不偏不黨	436 臨機應變
192 苦盡甘來	235 身言書判	287 千篇一律	335 近墨者黑	383 氷炭之間	438 轉禍爲福
193 骨肉相爭	237 藥房甘草	288 寸鐵殺人	338 金城湯池	386 森羅萬象	439 切齒腐心
195 君子不器	240 兩者擇一	289 出將入相	339 今時初聞	391 桑田碧海	440 漸入佳境
196 歸責事由	241 言語道斷	291 波狀攻擊	341 錦衣還鄕	395 束手無策	446 坐井觀天
198 奇想天外	243 嚴冬雪寒	292 皮骨相接	343 氣高萬丈	396 首丘初心	448 晝耕夜讀
205 斗酒不辭	245 與民同樂	294 虛張聲勢	344 吉凶禍福	397 壽福康寧	449 酒池肉林
207 滿山紅葉	248 易地思之	299 興盡悲來	348 怒氣衝天	399 修身齊家	450 衆寡不敵
212 無爲徒食	249 緣木求魚	300 喜色滿面	351 斷金之交	400 守株待兔	452 知者樂水
213 無錢取食	256 異口同聲	305 改過遷善	352 大器晚成	401 壽則多辱	453 知彼知己
214 勿失好機	257 以卵投石	308 犬馬之勞	353 同價紅裳	402 宿虎衝鼻	454 進退維谷
216 博覽强記	263 一刀兩斷	312 輕擧妄動	354 東奔西走	403 始終一貫	455 盡忠報國
218 百家爭鳴	265 一罰百戒	313 鷄口牛後	355 同床異夢	406 深思熟考	459 千態萬象
221 不知其數	268 一衣帶水	314 高臺廣室	359 萬古不變	408 良禽擇木	461 七去之惡
223 非禮勿聽	269 一點血肉	315 苦肉之策	360 晩秋佳景	410 魚頭肉尾	463 他山之石
224 貧者一燈	270 日就月將	317 曲學阿世	364 面從腹背	411 抑强扶弱	464 泰山北斗
225 死生決斷	271 一喜一悲	320 過恭非禮	365 滅私奉公	414 如履薄氷	465 破邪顯正
226 事必歸正	277 適材適所	321 誇大妄想	366 名實相符	415 炎涼世態	466 破顔大笑
227 山海珍味	279 朝不慮夕	322 過猶不及	367 明若觀火	418 欲速不達	473 鶴首苦待
228 殺身成仁	281 走馬看山	324 巧言令色	371 美辭麗句	422 優柔不斷	475 賢母良妻
			373 薄利多賣	423 愚者一得	479 興亡盛衰
			374 拍掌大笑	424 羽化登仙	480 喜怒哀樂

漢字能力檢定試驗時　留意事項

1. 수험번호, 주민등록번호, 성명 반드시 기재
2. 검정볼펜 사용 (수정액사용)
3. 신분증 지참 (초등학생은 의료보험증 지참)
4. 답안지 칸에 벗어나지 않도록 작성
5. 답안지 낙서 금지
6. 대표훈음을 기재 (검토할 것)

우량상과 우수상의 施賞 基準

級數	總問項(合格點)	優良賞			優秀賞			備考
		初等	中等	高等	初等	中等	高等	
3級Ⅱ	150 (105)	113	120	120	120	127	135	

② ① ③ ⑤ ④　　③ ① ② ④ ⑤ ⑥ ⑧ ⑦
欲速則不達하고 見小利則大事不成이라.

빨리 하고자 하면 도달하지 못하고 작은 이익을 보면 큰 일은 이룰 수 없느니라.

第1回 漢字能力檢定試驗 국가공인 3級 II

(시험시간 : 60분)

※다음 漢字語의 讀音을 쓰시오.
1. 架空(　　)　　2. 鋼鐵(　　)
3. 蓋世(　　)　　4. 間隔(　　)
5. 直徑(　　)　　6. 硬軟(　　)
7. 桂樹(　　)　　8. 狂信(　　)
9. 丘陵(　　)　　10. 殺菌(　　)
11. 騎士(　　)　　12. 泥沙(　　)
13. 糖乳(　　)　　14. 貸與(　　)
15. 倒産(　　)　　16. 桃花(　　)
17. 渡美(　　)　　18. 凍結(　　)
19. 橋梁(　　)　　20. 蓮根(　　)
21. 滅裂(　　)　　22. 福祿(　　)
23. 落雷(　　)　　24. 累計(　　)
25. 脫漏(　　)　　26. 麻藥(　　)
27. 硏磨(　　)　　28. 晩鍾(　　)
29. 媒體(　　)　　30. 麥酒(　　)
31. 免責(　　)　　32. 墨香(　　)
33. 追從(　　)　　34. 基盤(　　)
35. 奇拔(　　)　　36. 芳書(　　)
37. 族譜(　　)　　38. 覆面(　　)
39. 鳳鳥(　　)　　40. 腐敗(　　)
41. 賦課(　　)　　42. 支拂(　　)
43. 黑蛇(　　)　　44. 斜線(　　)
45. 削髮(　　)

※다음 漢字의 訓과 音을 쓰시오.
46. 桑(　　)　　47. 禪(　　)
48. 燒(　　)　　49. 訟(　　)
50. 鎖(　　)　　51. 垂(　　)
52. 濕(　　)　　53. 牙(　　)
54. 疫(　　)　　55. 燕(　　)
56. 炎(　　)　　57. 鹽(　　)
58. 瓦(　　)　　59. 緩(　　)
60. 羽(　　)　　61. 胃(　　)
62. 僞(　　)　　63. 淫(　　)
64. 賃(　　)　　65. 紫(　　)
66. 殿(　　)　　67. 租(　　)
68. 奏(　　)　　69. 珠(　　)
70. 鑄(　　)　　71. 株(　　)
72. 仲(　　)

※다음 訓音에 알맞은 漢字를 쓰시오.
73. 편안 강(　　)　　74. 검사할 검(　　)
75. 멜 담(　　)　　76. 통달할 달(　　)
77. 무리 대(　　)　　78. 호반 무(　　)
79. 나눌 배(　　)　　80. 떳떳할 상(　　)
81. 스승 사(　　)

※다음 漢字語중 첫소리가 長音인 것을 골라 그 번호를 쓰시오.
82. (　　) : ①發展 ②發見 ③房門 ④訪問
83. (　　) : ①機械 ②奇計 ③使役 ④記事
84. (　　) : ①舊都 ②構圖 ③求道 ④球狀
85. (　　) : ①答謝 ②踏査 ③斷定 ④端正
86. (　　) : ①臣下 ②代身 ③讀者 ④獨自

※다음 漢字와 反對 또는 相對되는 漢字를 써 넣어 單語를 完成하시오.
87. (　　)疏　88. (　　)晩　89. (　　)尾
90. 胸(　　)　91. (　　)愚

※다음 漢字의 部首를 쓰시오.
92. 前(　　)　93. 集(　　)　94. 亭(　　)
95. 兆(　　)　96. 卑(　　)

※다음 밑줄친 漢字語를 漢字로 쓰시오.
97. 나의 성격은 <u>세심</u>한 편이다.
　　　　　　　　　‥‥‥‥‥‥(　　　　　)
98. <u>세금</u>은 세법의 규정에 따라 부과한다.
　　　　　　　　　‥‥‥‥‥‥(　　　　　)
99. <u>소박</u>한 인생살이가 좋지요.
　　　　　　　　　‥‥‥‥‥‥(　　　　　)
100. <u>정신</u>이 맑아야 공부도 잘된다.
　　　　　　　　　‥‥‥‥‥‥(　　　　　)
101. T.V를 보면서 <u>대소</u> 하였다.
　　　　　　　　　‥‥‥‥‥‥(　　　　　)
102. 컴퓨터 사용도중 <u>전원</u>이 중단되었다.
　　　　　　　　　‥‥‥‥‥‥(　　　　　)
103. 출근시간 지하철은 항상 <u>만원</u>이다.
　　　　　　　　　‥‥‥‥‥‥(　　　　　)
104. <u>휴식</u>시간에는 오락을 한다.
　　　　　　　　　‥‥‥‥‥‥(　　　　　)
105. <u>명암</u>이 교차되는 인생살이.
　　　　　　　　　‥‥‥‥‥‥(　　　　　)
106. <u>강압</u>적인 말투는 불쾌감을 주지요.
　　　　　　　　　‥‥‥‥‥‥(　　　　　)
107. 시대의 흐름에 <u>역행</u>하지 맙시다.
　　　　　　　　　‥‥‥‥‥‥(　　　　　)
108. 한자1급 합격의 <u>영광</u>을 차지하다.
　　　　　　　　　‥‥‥‥‥‥(　　　　　)
109. 인생은 짧고 <u>예술</u>은 길다.
　　　　　　　　　‥‥‥‥‥‥(　　　　　)
110. 명동거리에는 사람들의 <u>왕래</u>가 빈번하다.
　　　　　　　　　‥‥‥‥‥‥(　　　　　)
111. 그는 성격이 <u>원만</u>하여 친구가 많다.
　　　　　　　　　‥‥‥‥‥‥(　　　　　)
112. 국토 <u>방위</u>에 여념이 없는 국군아저씨.
　　　　　　　　　‥‥‥‥‥‥(　　　　　)
113. 놀고 먹는 사람을 <u>무위</u> 徒食한다지요.
　　　　　　　　　‥‥‥‥‥‥(　　　　　)
114. <u>의리</u> 없는 친구는 사귀지도 말라.
　　　　　　　　　‥‥‥‥‥‥(　　　　　)
115. 군인들이 훈련을 위해 <u>이동</u>을 합니다.
　　　　　　　　　‥‥‥‥‥‥(　　　　　)
116. <u>적군</u>을 섬멸한 이순신 장군.
　　　　　　　　　‥‥‥‥‥‥(　　　　　)
117. 도시에 <u>근접</u>한 지역.
　　　　　　　　　‥‥‥‥‥‥(　　　　　)

※다음 빈칸에 알맞은 漢字를 써 넣어 고사성어를 완성하시오.
118. 布衣之(　　　)　　119. 孤掌(　　　)鳴
120. 雪(　　　)加霜　　121. (　　　)裏不同
122. 錦衣還(　　　)　　123. 鶴首(　　　)待
124. 立身揚(　　　)　　125. 浩然之(　　　)
126. 深思熟(　　　)　　127. (　　　)猶不及

※다음 漢字語의 反對語(相對語)를 漢字로 쓰시오.
128. 貧賤(　　　)　　128. 樂觀(　　　)
130. 異端(　　　)　　131. 本業(　　　)
132. 專用(　　　)

※다음 빈칸에 訓이 같은 漢字를 써 넣어 單語를 完成하시오.
133. (　　　) - 寧　　134. (　　　) - 念
135. (　　　) - 育　　136. (　　　) - 端
137. (　　　) - 歲

※다음 漢字語와 音은 같으나 뜻이 다른 漢字語를 쓰시오.(장단음 관계없음)
138. 將兵-(　　　) 오랫동안 앓고 있는 병
139. 市廳-(　　　) 눈으로 보고 귀로 들음
140. 延期-(　　　) 재주를 펼치다
141. 良識-(　　　) 서양음식
142. 首相-(　　　) 상을 받음

※다음 漢字語의 뜻을 쓰시오.
143. 枝葉 : (　　　　　　　　　　)
144. 鹽田 : (　　　　　　　　　　)
145. 其他 : (　　　　　　　　　　)
146. 觸感 : (　　　　　　　　　　)
147. 碧海 : (　　　　　　　　　　)

※다음 漢字의 略字를 쓰시오.
148. 續(　　　) 149. 數(　　　) 150. 團(　　　)

第2回 漢字能力檢定試驗 국가공인 3級 II
(시험시간 : 60분)

※다음 漢字語의 讀音을 쓰시오.

1. 桑田(   ) 2. 補償(   )
3. 塞源(   ) 4. 參禪(   )
5. 燒火(   ) 6. 訴訟(   )
7. 鎖國(   ) 8. 垂直(   )
9. 濕度(   ) 10. 齒牙(   )
11. 發芽(   ) 12. 疫病(   )
13. 燕尾(   ) 14. 暴炎(   )
15. 鹽素(   ) 16. 瓦解(   )
17. 緩行(   ) 18. 羽隊(   )
19. 胃腸(   ) 20. 僞造(   )
21. 淫談(   ) 22. 賃金(   )
23. 刺客(   ) 24. 紫雲(   )
25. 殿閣(   ) 26. 租稅(   )
27. 演奏(   ) 28. 鑄物(   )
29. 株式(   ) 30. 仲媒(   )
31. 枝葉(   ) 32. 震怒(   )
33. 借用(   ) 34. 錯誤(   )
35. 債務(   ) 36. 遷都(   )
37. 滯症(   ) 38. 牧畜(   )
39. 漆器(   ) 40. 浸水(   )
41. 奪取(   ) 42. 湯藥(   )
43. 吐露(   ) 44. 透徹(   )
45. 偏愛(   )

※ 다음 漢字의 訓과 音을 쓰시오.

46. 編(   ) 47. 廢(   )
48. 捕(   ) 49. 荷(   )
50. 汗(   ) 51. 穴(   )
52. 衡(   ) 53. 荒(   )
54. 胸(   ) 55. 架(   )
56. 鋼(   ) 57. 蓋(   )
58. 隔(   ) 59. 徑(   )
60. 硬(   ) 61. 桂(   )
62. 狂(   ) 63. 丘(   )
64. 菌(   ) 65. 騎(   )
66. 泥(   ) 67. 貸(   )
68. 倒(   ) 69. 桃(   )
70. 渡(   ) 71. 凍(   )
72. 梁(   )

※다음 訓音에 알맞은 漢字를 쓰시오.

73. 새   조(   ) 74. 이를 조(   )
75. 준할   준(   ) 76. 벌릴 라(   )
77. 둘   치(   ) 78. 가   변(   )
79. 회복할복(   ) 80. 권할 권(   )
81. 갖출   비(   )

※다음 漢字語중 첫소리가 長音인 것을 골라 그 번호를 쓰시오.

82. (   ) : ①夫人 ②婦人 ③富者 ④父子
83. (   ) : ①思料 ②史料 ③思慕 ④邪惡
84. (   ) : ①射手 ②死守 ③私用 ④師恩
85. (   ) : ①商街 ②初喪 ③社會 ④司會
86. (   ) : ①常用 ②上品 ③賞品 ④商品

※다음 漢字와 反對 또는 相對되는 漢字를 써 넣어 單語를 完成하시오.

87. 是(   ) 88. 增(   ) 89. 乘(   )
90. 陰(   ) 91. 喜(   )

※다음 漢字의 部首를 쓰시오.

92. 穀(   ) 93. 墓(   ) 94. 超(   )
95. 高(   ) 96. 男(   )

※다음 밑줄친 漢字語를 漢字로 쓰시오.
97. <u>불순</u>한 생각은 금물 이예요.
　　　…………(　　　　　)
98. <u>학문</u>의 세계는 끝이 없단다.
　　　…………(　　　　　)
99. 산에서는 취사가 <u>제한</u>되어 있지요.
　　　…………(　　　　　)
100. 화재현장에서 <u>구조</u>하고 있다.
　　　…………(　　　　　)
101. 제사 모실때 음식은 <u>정성</u>스럽게!
　　　…………(　　　　　)
102. 차량통행이 <u>증가</u>하여 교통이 복잡하다.
　　　…………(　　　　　)
103. 뜻을 같이할 <u>동지</u>를 규합하다.
　　　…………(　　　　　)
104. 美國 大統領의 <u>방한</u>을 환영하였다.
　　　…………(　　　　　)
105. 스키장에선 <u>방한복</u>을 입자.
　　　…………(　　　　　)
106. 해운대에는 <u>휴식</u>공간이 많지요.
　　　…………(　　　　　)
107. 民願의 <u>요청</u>에 귀 기울여야 한다.
　　　…………(　　　　　)
108. <u>저축</u>을 많이 해야 잘 사는 國民.
　　　…………(　　　　　)
109. 6.25때 北韓軍이 <u>남침</u> 하였다.
　　　…………(　　　　　)
110. 불쾌한 <u>기분</u>은 빨리 잊으세요.
　　　…………(　　　　　)
111. 나는 職業이 <u>건축</u>업이다.
　　　…………(　　　　　)
112. 창덕궁은 <u>대표적</u>인 古宮.
　　　…………(　　　　　)
113. <u>가로등</u>이 유난히도 반짝이는 밤.
　　　…………(　　　　　)
114. 시골에도 <u>현대화</u>가 많이 되었다.
　　　…………(　　　　　)
115. 지금은 <u>정보화</u> 시대이다.
　　　…………(　　　　　)

116. <u>정류소</u>에는 버스가 서 있습니다.
　　　…………(　　　　　)
117. 漢字에 대한 <u>전문가</u>가 되어야지.
　　　…………(　　　　　)

※다음 빈칸에 알맞은 漢字를 써 넣어
　고사성어를 완성하시오.
118. 孟(　　)三遷　119. 守株(　　)兔
120. 梁(　　)君子　121. 壽福(　　)寧
122. 龍(　　)蛇尾　123. 羽化登(　　)
124. (　　)暖風和　125. 切齒腐(　　)
126. (　　)離滅裂　127. 快刀(　　)麻

※다음 漢字語의 反對語(相對語)를 漢字로
　쓰시오.
128. 消費(　　　)　128. 依他(　　　)
130. 外延(　　　)　131. 後退(　　　)
132. 義務(　　　)

※다음 빈칸에 訓이 같은 漢字를 써 넣어
　單語를 完成하시오.
133. (　　) - 擊　134. (　　) - 久
135. (　　) - 則　136. (　　) - 虛
137. (　　) - 衆

※다음 漢字語와 音은 같으나 뜻이 다른
　漢字語를 쓰시오.(장단음 관계없음)
138. 衆智-(　　) 중간에서 일을 중지하다
139. 尊屬-(　　) 계속해서 존속하다
140. 造船-(　　) 우리나라의 옛 이름
141. 定員-(　　) 우리집 정원
142. 全般-(　　) 축구 전반전

※다음 漢字語의 뜻을 쓰시오.
143. 勉勵 : (　　　　　　　　　)
144. 忍耐 : (　　　　　　　　　)
145. 楓葉 : (　　　　　　　　　)
146. 銘記 : (　　　　　　　　　)
147. 甚難 : (　　　　　　　　　)

※다음 漢字의 略字를 쓰시오.
148. 權(　　) 149. 濟(　　) 150. 晝(　　)

第3回 漢字能力檢定試驗 국가공인 3級 II
(시험시간 : 60분)

※ 다음 漢字語의 讀音을 쓰시오.
1. 編著(　　　)　　2. 廢業(　　　)
3. 捕獲(　　　)　　4. 荷役(　　　)
5. 汗蒸(　　　)　　6. 穴居(　　　)
7. 衡平(　　　)　　8. 荒野(　　　)
9. 胸腹(　　　)　　10. 架橋(　　　)
11. 蓋藏(　　　)　　12. 隔離(　　　)
13. 半徑(　　　)　　14. 強硬(　　　)
15. 桂皮(　　　)　　16. 狂奔(　　　)
17. 丘墓(　　　)　　18. 病菌(　　　)
19. 騎將(　　　)　　20. 雪糖(　　　)
21. 壓倒(　　　)　　22. 越桃(　　　)
23. 渡美(　　　)　　24. 凍傷(　　　)
25. 紅蓮(　　　)　　26. 決裂(　　　)
27. 貫祿(　　　)　　28. 避雷(　　　)
29. 漏落(　　　)　　30. 麻布(　　　)
31. 媒介(　　　)　　32. 麥飯(　　　)
33. 免許(　　　)　　34. 墨紙(　　　)
35. 盤舞(　　　)　　36. 系譜(　　　)
37. 腐儒(　　　)　　38. 割賦(　　　)
39. 削減(　　　)　　40. 償還(　　　)
41. 否塞(　　　)　　42. 燒盡(　　　)
43. 閉鎖(　　　)　　44. 懸垂(　　　)
45. 防疫(　　　)

※다음 漢字의 訓과 音을 쓰시오.
46. 燕(　　　)　　47. 炎(　　　)
48. 鹽(　　　)　　49. 瓦(　　　)
50. 緩(　　　)　　51. 偏(　　　)
52. 透(　　　)　　53. 吐(　　　)
54. 湯(　　　)　　55. 奪(　　　)
56. 浸(　　　)　　57. 漆(　　　)
58. 畜(　　　)　　59. 滯(　　　)
60. 遷(　　　)　　61. 債(　　　)
62. 胃(　　　)　　63. 羽(　　　)
64. 僞(　　　)　　65. 淫(　　　)
66. 賃(　　　)　　67. 紫(　　　)
68. 殿(　　　)　　69. 奏(　　　)
70. 鑄(　　　)　　71. 株(　　　)
72. 枝(　　　)

※ 다음 訓音에 알맞은 漢字를 쓰시오.
73. 베풀 설(　　　)　74. 통달할 달(　　　)
75. 가늘 세(　　　)　76. 어두울 암(　　　)
77. 진　액(　　　)　78. 거스릴 역(　　　)
79. 본디 소(　　　)　80. 줄　수(　　　)
81. 영화 영(　　　)

※다음 漢字語중 첫소리가 長音인 것을 골라 그 번호를 쓰시오.
82. (　　　) : ①材料 ②所在 ③消化 ④修道
83. (　　　) : ①盛大 ②聲帶 ③聲名 ④聲明
84. (　　　) : ①首相 ②受賞 ③水量 ④數量
85. (　　　) : ①詩歌 ②詩句 ③施賞 ④詩想
86. (　　　) : ①衣食 ②意識 ③儀式 ④醫師

※다음 漢字와 反對 또는 相對되는 漢字를 써 넣어 單語를 完成하시오.
87. (　　)使　88.(　　)卑　89. 姑(　　)
90. (　　)寡　91.(　　)失

※다음 漢字의 部首를 쓰시오.
92. 就(　　　) 93. 亞(　　　) 94. 九(　　　)
95. 夜(　　　) 96. 堅(　　　)

※다음 글에서 밑줄 친 漢字語중 한글로 쓴 것은 漢字로, 漢字로 쓴 것은 한글로 바꾸어 쓰시오.

한자·한문은 삼국시대(97) 이전(98)에 우리나라에 전파되었다. 이 시대에 들어와서는 이미 한문을 공부(99)하는 학교와 국가에서 시험(100)을 치르는 제도(101)가 생겨났을 뿐만 아니라, 백제(102)가 일본(103)에까지 전파시켰던 것으로 미루어 한자·한문이 뿌리를 내렸다고 볼 수 있다.

우리나라에서 이렇게 한자·한문이 백성(104)들에게 문자(105)로서 사용(106)된 원인(107)은 말할 것도 없이 우리의 문자가 없었기 때문이다.

그러나 조선(108)시대에 들어와 비로소 세종(109)대왕께서 한글을 창제(110)하시어 백성들이 어려운 문자의 苦痛(111)을 덜게 하시고자 하였으나 문자의 支配(112) 階層(113)과 特殊(114)층들은 한자·한문만을 固執(115)하였으므로 실상 통용되지는 못하였다.

이러한 경위로 인하여 우리 민족의 전통문화 遺産(116)·생활·慣習(117)·학문 등은 대부분 한자·한문으로 이루어지게 되었다.

그러므로 첫째, 우리 조상들에 대한 정확한 지식을 얻고 훌륭한 점들을 본받으려고 한다면 관심사 외로 둘 수는 없을 것이며, 또한 그 전통문화 유산을 계승발전 시킨다는 점과 과거의 것을 알아 새로운 것을 받아들인다는 관점 등으로 미루어 본다면 한자·한문의 교육은 지극히 당연한 것이다.

97. 시대(　　　) 98. 이전(　　　)
99. 공부(　　　) 100. 시험(　　　)
101. 제도(　　　) 102. 백제(　　　)
103. 일본(　　　) 104. 백성(　　　)
105. 문자(　　　) 106. 사용(　　　)
107. 원인(　　　) 108. 조선(　　　)
109. 세종(　　　) 110. 창제(　　　)
111. 苦痛(　　　) 112. 支配(　　　)
113. 階層(　　　) 114. 特殊(　　　)
115. 固執(　　　) 116. 遺産(　　　)
117. 慣習(　　　)

※다음 빈칸에 알맞은 漢字를 써 넣어 고사성어를 완성하시오.

118. 改過遷(　　) 119. 蓋(　　)之勢
120. 堅忍(　　)拔 121. 金枝玉(　　)
122. 山紫水(　　) 123. 大器晩(　　)
124. 桑(　　)碧海 125. 尾生之(　　)
126. 伯仲之(　　) 127. 附和雷(　　)

※다음 漢字語의 反對語(相對語)를 漢字로 쓰시오.

128. (　　)-退場 128. (　　)-否認
130. (　　)-理性 131. (　　)-被害
132. (　　)-浪費

※다음 빈칸에 訓이 같은 漢字를 써 넣어 單語를 完成하시오.

133. 家(　　) 134. 境(　　) 135. 徒(　　)
136. 居(　　) 137. 群(　　)

※다음 漢字語와 音은 같으나 뜻이 다른 漢字語를 쓰시오.(장단음 관계없음)

138. 鄕愁-(　　) 향을 달인 물
139. 祝典-(　　) 축하하는 전보
140. 招待-(　　) 초대 대통령
141. 靑山-(　　) 계산을 깨끗이 함
142. 指導-(　　) 우리나라의 지도

※다음 漢字語의 뜻을 쓰시오.

143. 陶器 : (　　　　　　　　)
144. 長壽 : (　　　　　　　　)
145. 鶴舞 : (　　　　　　　　)
146. 所謂 : (　　　　　　　　)
147. 解夢 : (　　　　　　　　)

※다음 漢字의 略字를 쓰시오.

148. 邊(　　) 149. 斷(　　) 150. 檢(　　)

□ 150점 만점에 105점이상 합격 □

第4回 漢字能力檢定試驗 국가공인 3級 II

(시험시간 : 60분)

※다음 漢字語의 讀音을 쓰시오.

1. 甚深(   )   2. 邪惡(   )
3. 讚揚(   )   4. 柔軟(   )
5. 御製(   )   6. 獸醫(   )
7. 否認(   )   8. 業績(   )
9. 銅錢(   )   10. 齊唱(   )
11. 外戚(   ) 12. 伐草(   )
13. 督促(   ) 14. 姿態(   )
15. 看護(   ) 16. 暗記(   )
17. 昨年(   ) 18. 競爭(   )
19. 降等(   ) 20. 亞流(   )
21. 肥滿(   ) 22. 仰望(   )
23. 色盲(   ) 24. 宿命(   )
25. 眼目(   ) 26. 壓迫(   )
27. 釋放(   ) 28. 壁報(   )
29. 是非(   ) 30. 出仕(   )
31. 監査(   ) 32. 校舍(   )
33. 鑑賞(   ) 34. 詳細(   )
35. 簡素(   ) 36. 術數(   )
37. 將帥(   ) 38. 甘受(   )
39. 休息(   ) 40. 威信(   )
41. 街路(   ) 42. 勇敢(   )
43. 快擧(   ) 44. 打擊(   )
45. 謝過(   )

※다음 漢字의 訓과 音을 쓰시오.

46. 鮮(   )   47. 祈(   )
48. 奴(   )   49. 裳(   )
50. 堂(   )   51. 黨(   )
52. 辭(   )   53. 氷(   )
54. 徒(   )   55. 鼻(   )
56. 裏(   )   57. 履(   )
58. 逢(   )   59. 微(   )
60. 差(   )   61. 灰(   )
62. 普(   )   63. 已(   )
64. 暇(   )   65. 邑(   )
66. 刻(   )   67. 飾(   )
68. 旬(   )   69. 幹(   )
70. 疏(   )   71. 領(   )
72. 構(   )

※다음 漢字語중 첫 소리가 長音인 것을 골라 그 번호를 쓰시오.

73. (   ) : ①甲板 ②洞里 ③勞苦 ④莫强
74. (   ) : ①佳景 ②茶房 ③名士 ④席卷
75. (   ) : ①方今 ②速攻 ③弟子 ④角木
76. (   ) : ①刊行 ②死亡 ③三光 ④福券
77. (   ) : ①量産 ②毛根 ③百家 ④意見

※다음 漢字와 反對(또는 相對)되는 漢字를 써 넣어 單語를 完成 하시오.

78. (   )閉 79. (   )富 80. 京(   )
81. (   )民 82. (   )果

※다음 漢字語의 反對語(또는 相對語)를 漢字로 쓰시오.

83. 怨恨-(   ) 84. 敵對-(   )
85. 散在-(   ) 86. 革新-(   )
87. 損失-(   )

※다음 한자의 예에서 뜻과 비슷한 한자를 골라 그 번호를 써 넣으시오.

| ①亭 ②歌 ③談 ④給 ⑤比 |
| ⑥致 ⑦交 ⑧停 ⑨疾 ⑩達 |

88. 與(   ) 89. 較(   ) 90. 到(   )
91. 曲(   ) 92. 話(   )

※다음 밑줄 친 漢字語를 漢字로 쓰시오.

▷<u>인류(93)</u>는 지난 한 세기 동안 <u>역사(94)</u>상 가장 많은 과학적 <u>발전(95)</u>을 이룩했고 인간 삶의 <u>질(96)</u>은 급격히 <u>향상(97)</u>됐다.

▷과학에 대한 <u>관심(98)</u>과 <u>이해(99)</u>는 물론 실제적인 <u>응용(100)</u>에 <u>진보(101)</u>적인 생각이 필요하다.

▷우리의 <u>미래(102)</u>는 <u>불확실(103)</u>한 <u>시대(104)</u>가 될지 모르겠다.

▷사이비 종교의 출현은 미래에 대한 <u>불안(105)</u>, 그리고 이기<u>주의(106)</u>의 부정적 <u>단면(107)</u>을 보여 주는 일이다.

▷어쩌면 인간을 괴롭혀 온 걸림돌 중 하나는 <u>과학(108)</u>과 <u>종교(109)</u>가 함께 공존할 수 없다는 이분법적 <u>사고(110)</u>일 것이다.

▷그 문제에 대한 <u>답(111)</u>을 찾으려면 보이지 않는 <u>법칙(112)</u>들을 발견해야 한다.

▷<u>자연(113)</u>을 연구하고 <u>설명(114)</u>하는 기초적인 <u>분야(115)</u>를 가르치는 교육은 <u>중대(116)</u>한 계획이 선행되어야 한다.

▷그 길은 산 끝에서 <u>시작(117)</u>되어 마을 어귀까지 <u>연결(118)</u>되어 있었다.

▷예술 <u>세계(119)</u>에 <u>접근(120)</u>하는 방법은 <u>순서(121)</u>를 밟아 작은 부분에서 시작하여 <u>전체(122)</u>를 연구하는 것이다.

93. 인류(　　) 94. 역사(　　)
95. 발전(　　) 96. 질 (　　)
97. 향상(　　) 98. 관심(　　)
99. 이해(　　) 100. 응용(　　)
101. 진보(　　) 102. 미래(　　)
103. 확실(　　) 104. 시대(　　)
105. 불안(　　) 106. 주의(　　)
107. 단면(　　) 108. 과학(　　)
109. 종교(　　) 110. 사고(　　)
111. 답 (　　) 112. 법칙(　　)
113. 자연(　　) 114. 설명(　　)
115. 분야(　　) 116. 중대(　　)
117. 시작(　　) 118. 연결(　　)
119. 세계(　　) 120. 접근(　　)
121. 순서(　　) 122. 전체(　　)

※다음 빈칸에 알맞은 漢字를 써 넣어 故事成句(熟語)를 완성하시오.

123. (　　)母良妻　　124. 江湖(　　)波
125. (　　)口難防　　126. 我田(　　)水
127. 喜(　　)哀樂　　128. 風前(　　)火
129. 破竹之(　　)　　130. 忠言(　　)耳
131. 千篇一(　　)　　132. 縱橫(　　)盡

※다음 漢字語와 音은 같으나 뜻이 다른 漢字語를 쓰시오.(長短音 관계없음)

133. 援助(　　):어떠한 일을 처음 시작한 사람.
134. 可恐(　　):천연물이나 덜된 물건에 인공을 더함.
135. 綠花(　　):비디오테이프에 텔레비전의 상을 기록하는 것.
136. 靑山(　　):상호간에 채권·채무 관계를 셈하여 깨끗이 정리함.
137. 新古(　　):국민이 행정 관청에 일정한 사실을 진술·보고하는 일.

※다음 漢字語의 뜻을 쓰시오.

138. 勤勉 : (　　　　　　　　　　)
139. 臨戰 : (　　　　　　　　　　)
140. 礎石 : (　　　　　　　　　　)
141. 假裝 : (　　　　　　　　　　)
142. 秀麗 : (　　　　　　　　　　)

※다음 漢字의 部首를 쓰시오.

143. 表(　　) 144. 奇(　　) 145. 兩(　　)
146. 變(　　) 147. 泰(　　)

※다음 漢字의 略字를 쓰시오.

148. 價(　　) 149. 佛(　　) 150. 當(　　)

第5回 漢字能力檢定試驗 국가공인 3級 II

(시험시간 : 60분)

※다음 漢字語의 讀音을 쓰시오.

1. 約束(   ) 2. 王陵(   )
3. 悲劇(   ) 4. 血盟(   )
5. 架橋(   ) 6. 愛讀(   )
7. 豫選(   ) 8. 淸掃(   )
9. 夏季(   ) 10. 吉凶(   )
11. 怨恨(   ) 12. 遺蹟(   )
13. 將帥(   ) 14. 回歸(   )
15. 祝賀(   ) 16. 醉興(   )
17. 健脚(   ) 18. 賃貸(   )
19. 庭園(   ) 20. 評傳(   )
21. 土壤(   ) 22. 餘裕(   )
23. 三綱(   ) 24. 役割(   )
25. 距離(   ) 26. 脫獄(   )
27. 陰陽(   ) 28. 美貌(   )
29. 普通(   ) 30. 儒林(   )
31. 委員(   ) 32. 投稿(   )
33. 牛乳(   ) 34. 空軍(   )
35. 恭敬(   ) 36. 窓門(   )

※다음 漢字의 訓과 音을 쓰시오.

37. 婢(   ) 38. 雪(   )
39. 羽(   ) 40. 權(   )
41. 牙(   ) 42. 胸(   )
43. 習(   ) 44. 泉(   )
45. 哲(   ) 46. 塔(   )
47. 誤(   ) 48. 他(   )
49. 慈(   ) 50. 君(   )
51. 永(   ) 52. 霜(   )
53. 示(   ) 54. 厚(   )
55. 閑(   ) 56. 鳥(   )
57. 個(   ) 58. 宙(   )
59. 旗(   ) 60. 旦(   )
61. 梅(   ) 62. 武(   )
63. 笑(   )

※다음 漢字語중 첫 소리가 長音인 것을 골라 그 번호를 쓰시오.

64. (   ) : ①鳳仙花 ②當場 ③疲勞 ④看病
65. (   ) : ①射擊 ②謀議 ③趣味 ④嚴重
66. (   ) : ①構成 ②猛犬 ③父母 ④呼訴
67. (   ) : ①壁畫 ②危急 ③凍傷 ④伏兵
68. (   ) : ①修養 ②速達 ③飮料 ④隊員

※다음 漢字와 反對(또는 相對)되는 漢字를 써 넣어 單語를 完成 하시오.

69. (   )免 70. 晝(   ) 71. (   )舊
72. (   )衰 73. 祖(   )

※다음 漢字語의 反對語(또는 相對語)를 漢字로 쓰시오.

74. 減少-(   ) 75. 進步-(   )
76. 上昇-(   ) 77. 背恩-(   )
78. 成功-(   )

※다음 한자의 예에서 뜻과 비슷한 한자를 골라 그 번호를 써 넣으시오.

| ①宅 ②睦 ③炎 ④智 |
| ⑤鏡 ⑥郞 ⑦泰 ⑧宿 |

79. 男(   ) 80. 戶(   ) 81. 火(   )
82. 太(   ) 83. 慧(   )

※다음 빈칸에 알맞은 漢字를 써 넣어 故事成句(熟語)를 완성하시오.

84. (   )折羊腸 85. 魚頭(   )尾
86. (   )貧樂道 87. 金石之(   )
88. 女(   )從夫 89. 百戰百(   )
90. 桑(   )碧海 91. 無爲徒(   )
92. 四分(   )裂 93. 首丘初(   )

- 201 -

※다음 글에서 밑줄 친 單語중 한글표기는 漢字로, 漢字 표기는 한글로 고쳐 쓰시오.

▷당시의 조선(94) 한문, 요새로 치면 국어 선생(95)이라고 할까요. 민족주의적인 色彩(96)가 농후하신, 일제시대에 영어(囹圄) 생활도 한 분이예요. 역시 민족(97) 감정(98)을 고취하는 그런 시조(99) 강의(100)를 하셨어요.

▷언어의 오염이라는 것이 작은 문제가 아닙니다. 사실(101) 우리 민족의 정신(102)과도 직결(103)되는 겁니다.

▷다행(104)히 작년부터 조금 서광이 보입니다. 그렇게 절망(105)은 아니예요. 지금 한자 교육(106)을 정식(107)으로 하고 있는 곳이 많습니다.

▷일본(108)을 이기는 것, 즉 극일은 지력과 倫理(109)로 봅니다. 땅이 넓고 인구(110)가 많아야 강국은 아니거든요. 그 옛날에 영국 같은 섬나라가 세계에 웅비(111)하지 않았어요.

▷한글 전용에 관한 법률(112) 제6호는 '공용(113) 문서를 적는데 적용할 규제(114)인 것이다. 그런데 이것이 잘못 解釋(115)되어 대한민국의 모든 글은 한글로 쓴다'로 받아들이게 된 것이다. 실로 어처구니없는 일이 아닐 수 없다.

▷우리 한글은 이 지구상에서 다시 찾아볼 수 없는 優秀(116)한 표음문자이다.

▷국어교육 과정(117)에서 段階(118)적으로 일정 수(119)의 한자를 가르쳐 익히게 하는 것이 우리말에 숙달하는 지름길이라는 것이다.

▷이 簡單(120)하고도 명백(121)한 문제 때문에 이를 해결하려는 남다른 意慾(122) 때문에 한 노학자(123)는 한 세대(124)에 걸친 歲月(125)을 부르짖음으로 보내었다. 참으로 기막힌 일이 아닐 수 없다.

▷지조(126)란 것은 순일(127)한 정신을 지키기 위한 불타는 신념(128)이요, 고귀(129)한 투쟁이기까지 하다.

▷독립(130) 운동(131)할 때의 혁명가와 정치(132)인은 모두 지사였다.

94. 조선(　　) 95. 선생(　　　)
96. 色彩(　　) 97. 민족(　　　)
98. 감정(　　) 99. 시조(　　　)
100. 강의(　　) 101. 사실(　　　)
102. 정신(　　) 103. 직결(　　　)
104. 다행(　　) 105. 절망(　　　)
106. 교육(　　) 107. 정식(　　　)
108. 일본(　　) 109. 倫理(　　　)
110. 인구(　　) 111. 웅비(　　　)
112. 법률(　　) 113. 공용(　　　)
114. 규제(　　) 115. 解釋(　　　)
116. 優秀(　　) 117. 과정(　　　)
118. 段階(　　) 119. 수 (　　　)
120. 簡單(　　) 121. 명백(　　　)
122. 意慾(　　) 123. 노학자(　　　)
124. 세대(　　) 125. 歲月(　　　)
126. 지조(　　) 127. 순일(　　　)
128. 신념(　　) 129. 고귀(　　　)
130. 독립(　　) 131. 운동(　　　)
132. 정치(　　)

※다음 漢字語와 音은 같으나 뜻이 다른 漢字語를 쓰시오.(長短音 관계없음)

133. 私地(　　) : 죽은 땅.
134. 辭典(　　) : 역사의 이전.
135. 科擧(　　) : 지나간 때.
136. 改量(　　) : 고치어 좋게 함.
137. 貞婦(　　) : 국가의 통치권을 행사하는 기관.

※다음 漢字語의 뜻을 쓰시오.

138. 忍耐 : (　　　　　　　　)
139. 完走 : (　　　　　　　　)
140. 兩親 : (　　　　　　　　)
141. 沙漠 : (　　　　　　　　)
142. 創造 : (　　　　　　　　)

※다음 漢字의 部首를 쓰시오.

143. 曜(　　) 144. 孝(　　) 145. 察(　　)
146. 勿(　　) 147. 著(　　)

※다음 漢字의 略字를 쓰시오.

148. 會(　　) 149. 區(　　) 150. 萬(　　)

第6回 漢字能力檢定試驗 국가공인 3級 II

(시험시간 : 60분)

※ 다음 漢字語의 讀音을 쓰시오.

1. 漸次(　　)
2. 到達(　　)
3. 早晚(　　)
4. 談笑(　　)
5. 帳簿(　　)
6. 童顔(　　)
7. 監督(　　)
8. 惡鬼(　　)
9. 騎兵(　　)
10. 布木(　　)
11. 空欄(　　)
12. 必死(　　)
13. 遊覽(　　)
14. 新郞(　　)
15. 列位(　　)
16. 財貨(　　)
17. 陽曆(　　)
18. 歡迎(　　)
19. 愚弄(　　)
20. 比率(　　)
21. 銀幕(　　)
22. 沙漠(　　)
23. 妄想(　　)
24. 辯護(　　)
25. 虛弱(　　)
26. 悠久(　　)
27. 可決(　　)
28. 都邑(　　)
29. 歸家(　　)
30. 獎勵(　　)
31. 雙眼(　　)
32. 頭角(　　)
33. 街路(　　)
34. 益鳥(　　)
35. 勇敢(　　)
36. 幹線(　　)
37. 緩急(　　)
38. 慶祝(　　)
39. 抑壓(　　)
40. 巨商(　　)
41. 寧日(　　)
42. 怒號(　　)
43. 經營(　　)
44. 仰望(　　)
45. 但書(　　)

※ 다음 漢字의 訓과 音을 쓰시오.

46. 羅(　　)
47. 桃(　　)
48. 等(　　)
49. 突(　　)
50. 糖(　　)
51. 凍(　　)
52. 渡(　　)
53. 鑑(　　)
54. 莊(　　)
55. 項(　　)
56. 拒(　　)
57. 契(　　)
58. 蒼(　　)
59. 寡(　　)
60. 策(　　)
61. 勤(　　)
62. 趣(　　)
63. 寄(　　)
64. 樓(　　)
65. 納(　　)
66. 綠(　　)
67. 泥(　　)
68. 歷(　　)
69. 端(　　)
70. 旅(　　)
71. 朗(　　)
72. 隊(　　)

※ 다음 漢字語중 첫 소리가 長音인 것을 골라 그 번호를 쓰시오.

73. (　　): ①屋舍 ②厚待 ③言及 ④着手
74. (　　): ①彼此 ②敵意 ③確固 ④凶計
75. (　　): ①羽毛 ②削髮 ③片貌 ④休暇
76. (　　): ①雄飛 ②吸收 ③借用 ④山脈
77. (　　): ①切斷 ②腹案 ③博愛 ④貿易

※ 다음 漢字와 反對(또는 相對)되는 漢字를 써 넣어 單語를 完成 하시오.

78. (　　)減
79. 往(　　)
80. 禍(　　)
81. (　　)暖
82. 始(　　)

※ 다음 漢字語의 反對語(또는 相對語)를 漢字로 쓰시오.

83. 紛爭-(　　)
84. 靈魂-(　　)
85. 苦痛-(　　)
86. 分斷-(　　)
87. 破壞-(　　)

※ 다음 한자의 예에서 뜻과 비슷한 한자를 골라 그 번호를 써 넣으시오.

| ①境 | ②奔 | ③尊 | ④狀 | ⑤庫 |
| ⑥住 | ⑦宅 | ⑧康 | ⑨廷 | ⑩潤 |

88. 貴(　　)
89. 界(　　)
90. 安(　　)
91. 倉(　　)
92. 居(　　)

※다음 밑줄 친 漢字語를 漢字로 쓰시오.

▷<u>학생(93)</u>들의 <u>관심(94)</u>사는 어떻게 하면 학업에 <u>집중(95)</u>하여 <u>최대(96)</u>의 <u>효과(97)</u>를 얻는가이다.
▷그 <u>광고(98)</u>는 <u>현대인(99)</u>에게 <u>당신(100)</u>은 과연 누구인가를 묻고 있다.
▷<u>방과후(101)</u> <u>수업(102)</u>은 특별하게 <u>실시(103)</u>되었다.
▷<u>소유(104)</u>하고 있는 <u>물질(105)</u>을 <u>위주(106)</u>로 셈하는 것은 행복의 질을 <u>제시(107)</u>하는 좋은 <u>방법(108)</u>이 아니다.
▷<u>강사(109)</u>는 <u>연구(110)</u>한 <u>내용(111)</u>을 <u>매주(112)</u> <u>전원(113)</u>에게 <u>발표(114)</u>시켜, <u>공동(115)</u>으로 <u>협의(116)</u>하고 <u>배경(117)</u> <u>지식(118)</u>을 <u>설명(119)</u>하는 식으로 수업의 <u>통합(120)</u>을 <u>강조(121)</u>하며 <u>진행(122)</u>하였다.

93. 학생(　　　) 94. 관심(　　　)
95. 집중(　　　) 96. 최대(　　　)
97. 효과(　　　) 98. 광고(　　　)
99. 현대인(　　　) 100. 당신(　　　)
101. 방과후(　　　) 102. 수업(　　　)
103. 실시(　　　) 104. 소유(　　　)
105. 물질(　　　) 106. 위주(　　　)
107. 제시(　　　) 108. 방법(　　　)
109. 강사(　　　) 110. 연구(　　　)
111. 내용(　　　) 112. 매주(　　　)
113. 전원(　　　) 114. 발표(　　　)
115. 공동(　　　) 116. 협의(　　　)
117. 배경(　　　) 118. 지식(　　　)
119. 설명(　　　) 120. 통합(　　　)
121. 강조(　　　) 122. 진행(　　　)

※다음 빈칸에 알맞은 漢字를 써 넣어 故事成句(熟語)를 완성하시오.

123. 甲(　　)乙女　124. 驚天(　　)地
125. 夫(　　)婦隨　126. 落花(　　)水
127. 犬(　　)之勞　128. 孤掌(　　)鳴
129. 百(　　)老將　130. 三旬九(　　)
131. (　　)古不變　132. 近朱者(　　)

※다음 漢字語와 音은 같으나 뜻이 다른 漢字語를 쓰시오.(長短音 관계없음)

133. 五氣-(　　　): 잘못 적음
134. 壽酒-(　　　): 주문을 받음
135. 善否-(　　　): 돌아가신 아버지
136. 碑銘-(　　　): 뜻밖의 재난으로 죽음
137. 介然-(　　　): 연극, 연설등을 시작함.

※다음 漢字語의 뜻을 쓰시오.

138. 默殺 : (　　　　　　　　　)
139. 禽獸 : (　　　　　　　　　)
140. 橋梁 : (　　　　　　　　　)
141. 奪還 : (　　　　　　　　　)
142. 漏刻 : (　　　　　　　　　)

※다음 漢字의 部首를 쓰시오.

143. 脚(　　) 144. 多(　　) 145. 度(　　)
146. 奉(　　) 147. 少(　　)

※다음 漢字의 略字를 쓰시오.

148. 假(　　) 149. 黨(　　) 150. 聲(　　)

검토하고 제출하십시오. 150점 만점에 105점이상 합격

第7回 漢字能力檢定試驗 국가공인 3Ⅱ

(시험시간 : 60분)

※다음 漢字語의 讀音을 쓰시오.
1. 滿足 (　　　)　2. 借入 (　　　)
3. 得票 (　　　)　4. 鄕愁 (　　　)
5. 武藝 (　　　)　6. 旅費 (　　　)
7. 總帥 (　　　)　8. 妹兄 (　　　)
9. 終映 (　　　)　10. 筆跡 (　　　)
11. 恨歎 (　　　)　12. 吉凶 (　　　)
13. 擔任 (　　　)　14. 勤勉 (　　　)
15. 假飾 (　　　)　16. 慕情 (　　　)
17. 復活 (　　　)　18. 建設 (　　　)
19. 影響 (　　　)　20. 如此 (　　　)
21. 晩種 (　　　)　22. 老松 (　　　)
23. 週期 (　　　)　24. 急增 (　　　)
25. 卑俗 (　　　)　26. 觀照 (　　　)
27. 移住 (　　　)　28. 沈默 (　　　)
29. 呼吸 (　　　)　30. 逆境 (　　　)
31. 切除 (　　　)　32. 脫皮 (　　　)
33. 稅關 (　　　)　34. 壽宴 (　　　)
35. 冬季 (　　　)　36. 推測 (　　　)

※다음 漢字의 訓과 音을 쓰시오.
37. 督 (　　　)　38. 悟 (　　　)
39. 飮 (　　　)　40. 副 (　　　)
41. 覺 (　　　)　42. 拜 (　　　)
43. 紛 (　　　)　44. 投 (　　　)
45. 卓 (　　　)　46. 庭 (　　　)
47. 優 (　　　)　48. 秩 (　　　)
49. 快 (　　　)　50. 眞 (　　　)
51. 愼 (　　　)　52. 懇 (　　　)
53. 盆 (　　　)　54. 孤 (　　　)
55. 課 (　　　)　56. 寧 (　　　)
57. 章 (　　　)　58. 幼 (　　　)
59. 領 (　　　)　60. 睦 (　　　)
61. 雲 (　　　)　62. 損 (　　　)
63. 演 (　　　)

※같은 뜻의 漢字를 보기에서 골라 그 번호를 쓰시오.

①群　②戶　③久　④辯
⑤較　⑥美　⑦曲　⑧唱

64. 舍 - (　　　)　65. 衆 - (　　　)
66. 談 - (　　　)　67. 比 - (　　　)
68. 佳 - (　　　)

※反對・相對되는 漢字로 單語를 完成하시오.
69. (　　　) - 憎　70. (　　　) - 辱
71. (　　　) - 從　72. (　　　) - 惡
73. (　　　) - 沒

※다음 한자어의 反對語・相對語를 漢字로 쓰시오.
74. 內容 - (　　　)　75. 複雜 - (　　　)
76. 物質 - (　　　)　77. 危險 - (　　　)
78. 君子 - (　　　)

※故事成語를 完成하시오.
79. 我(　　)引水　80. 轉禍爲(　　)
81. 不(　　)其數　82. 立身揚(　　)
83. 束(　　)無策　84. 說往說(　　)
85. 二(　　)背反　86. 至誠(　　)天
87. 興(　　)盛衰　88. 張三(　　)四

※다음 漢字의 部首를 쓰시오.
89. 承 (　　)　90. 康 (　　)　91. 戚 (　　)
92. 村 (　　)　93. 右 (　　)

※ 다음 글에서 밑줄 친 한글은 漢字로, 漢字는 한글로 바꿔 쓰시오.

㈎ 휴머니즘은 <u>多樣(94)</u>한 문화에 접촉하여 <u>풍부(95)</u>한 <u>개성(96)</u>을 길러 내는 것을 <u>目標(97)</u>로 삼고, 종교는 <u>통일(98)</u>적 원리에 의하여 개성을 훈련하고 <u>집중(99)</u>하는 것을 목표로 삼는다. 교양은 잡다한 <u>요소(100)</u>가 들어가서 상호 조정함으로 말미암아 <u>도달(101)</u>되는 한 <u>조화(102)</u>적 <u>狀態(103)</u>니, 그것은 외부사회에 대하여선 <u>고원(104)</u>한 <u>식견(105)</u>과 적정한 판단을 가지게 된다.

㈏ <u>교수(106)</u> 신문이 <u>최근(107)</u> 교수를 대상으로 설문조사를 <u>실시(108)</u> 해 <u>발표(109)</u> 한 <u>결과(110)</u>에 따르면 2005년 한국의 <u>정치(111)</u> 경제<u>(112)</u>·사회에 <u>適合(113)</u>한 사자성어로 "위에는 불 아래는 못", "서로 등을 돌렸다."라는 뜻의 <u>上火下澤(114)</u>을 선정했다.
　이 사자성어는 서로 이반하고 <u>分裂(115)</u>하는 현상을 뜻하는 말로 끊임없는 정쟁, 행정복합 <u>도시(116)</u>를 둘러싼 비<u>생산(117)</u>적인 <u>논쟁(118)</u>, 지역 및 <u>이념(119)</u> 갈등 등 우리 사회의 소모적인 分裂과 갈등 양상을 반영한 것으로 풀이된다.
　교수들은 이 와중에 사회 <u>양극(120)</u>화는 더욱 <u>深刻(121)</u> 해져 <u>농민(122)</u>들의 삶은 더욱 피폐해지고 비 <u>정규(123)</u>직 <u>노동자(124)</u>는 더욱 확산됐다고 <u>指摘(125)</u> 했다.(생략)
　상대방의 작은 허물을 찾아내 <u>비난(126)</u>한다는 <u>의미(127)</u>의 "吹毛覓疵"취모멱자도 <u>순위(128)</u>에 들었다.
　가장 안타까운 일로는 <u>단연(129)</u> '황우석 교수'와 'PD수첩 사태'를 꼽았고 이어 사회적 <u>貧困(130)</u> 심화, 대책 없는 쌀 <u>개방(131)</u>과 연이은 <u>자살(132)</u> 순이었다. [서울=연합뉴스 2005. 12. 20]

94. 多樣(　　) 95. 풍부(　　)
96. 개성(　　) 97. 目標(　　)
98. 통일(　　) 99. 집중(　　)
100. 요소(　　) 101. 도달(　　)
102. 조화(　　) 103. 狀態(　　)
104. 고원(　　) 105. 식견(　　)
106. 교수(　　) 107. 최근(　　)
108. 실시(　　) 109. 발표(　　)
110. 결과(　　) 111. 정치(　　)
112. 경제(　　) 113. 適合(　　)
114. 上火下澤(　　) 115. 分裂(　　)
116. 도시(　　) 117. 생산(　　)
118. 논쟁(　　) 119. 이념(　　)
120. 양극(　　) 121. 深刻(　　)
122. 농민(　　) 123. 정규(　　)
124. 노동자(　　) 125. 指摘(　　)
126. 비난(　　) 127. 의미(　　)
128. 순위(　　) 129. 단연(　　)
130. 貧困(　　) 131. 개방(　　)
132. 자살(　　)

※ 音은 같으나 뜻이 다른 漢字語를 쓰시오.

133. 死傷 : (　　) 생각.
134. 待機 : (　　) 큰 그릇.
135. 在庫 : (　　) 다시 생각함.
136. 同時 : (　　) 어린이의 시.
137. 造船 : (　　) 이성계가 세운 나라.

※ 첫소리가 장음인 것을 고르시오.

138. (　　) : ①沙漠 ②敢行 ③裝置 ④耕作
139. (　　) : ①溫泉 ②東窓 ③去就 ④協約
140. (　　) : ①失業 ②縮尺 ③落差 ④悲哀
141. (　　) : ①廣告 ②賢哲 ③官許 ④探訪
142. (　　) : ①丹靑 ②香料 ③巨額 ④末伏

※ 다음 漢字語의 뜻을 쓰시오.

143. 貯蓄 : (　　)
144. 忍耐 : (　　)
145. 閑寂 : (　　)
146. 減少 : (　　)
147. 聖歌 : (　　)

※ 다음 漢字의 略字를 쓰시오.

148. 解(　　) 149. 禮(　　) 150. 應(　　)

검토하고 제출하십시오. 150점 만점에 105점이상 합격

第8回 漢字能力檢定試驗 국가공인 3 II

(시험시간 : 60분)

※다음 漢字語의 讀音을 쓰시오.

1. 欄干(　　)　2. 龍床(　　)
3. 拔群(　　)　4. 醉客(　　)
5. 登錄(　　)　6. 雅淡(　　)
7. 茶房(　　)　8. 依賴(　　)
9. 持久(　　)　10. 陵谷(　　)
11. 占據(　　)　12. 豪雨(　　)
13. 勉學(　　)　14. 憤怒(　　)
15. 綱領(　　)　16. 隆盛(　　)
17. 啓蒙(　　)　18. 祭祀(　　)
19. 孟浪(　　)　20. 旅券(　　)
21. 納涼(　　)　22. 漏落(　　)
23. 慈堂(　　)　24. 露宿(　　)
25. 元旦(　　)　26. 協贊(　　)
27. 羅列(　　)　28. 獨奏(　　)
29. 姑婦(　　)　30. 繁榮(　　)
31. 壓卷(　　)　32. 弄談(　　)
33. 悲鳴(　　)　34. 耕作(　　)
35. 倒産(　　)　36. 止血(　　)
37. 高麗(　　)　38. 逃亡(　　)
39. 時刻(　　)　40. 衰弱(　　)
41. 追窮(　　)　42. 架橋(　　)
43. 便覽(　　)　44. 貫徹(　　)
45. 黨派(　　)

※다음 漢字의 訓과 音을 쓰시오.
46. 異(　　)　47. 漁(　　)
48. 抵(　　)　49. 緊(　　)
50. 步(　　)　51. 栗(　　)
52. 讓(　　)　53. 倫(　　)
54. 勵(　　)　55. 企(　　)
56. 段(　　)　57. 麥(　　)
58. 努(　　)　59. 祕(　　)
60. 宇(　　)　61. 乙(　　)
62. 凍(　　)　63. 沙(　　)
64. 微(　　)　65. 損(　　)
66. 隨(　　)　67. 筋(　　)
68. 隊(　　)　69. 勉(　　)
70. 克(　　)　71. 快(　　)
72. 慕(　　)

※다음 한자의 類義字를 찾아 그 번호를 쓰시오.

| ①畫　②歲　③劃　④曲　⑤爆 |
| ⑥滅　⑦穀　⑧辭　⑨暴　⑩續 |

73. 圖 -(　　)　74. 歌 -(　　)
75. 年 -(　　)　76. 凶 -(　　)
77. 連 -(　　)

※反對·相對되는 漢字를 넣어 單語를 완성 하시오.
78. (　　) - 負　79. 緩 -(　　)
80. (　　) - 伏　81. 眞 -(　　)
82. (　　) - 靜

※다음 漢字語의 反對語·相對語를 漢字로 쓰시오.
83. 光明-(　　)　84. 死藏-(　　)
85. 全體-(　　)　86. 閉鎖-(　　)
87. 分散-(　　)

※다음 漢字의 部首를 쓰시오.
88. 右(　　)　89. 頃(　　)　90. 掌(　　)
91. 亞(　　)　92. 弓(　　)

※다음 밑줄 친 漢字語를 漢字 正字로 쓰시오.

▷<u>준비(93)</u>된 <u>물건(94)</u>을 <u>식탁(95)</u>에 올려놓았다.
▷<u>제품(96)</u>을 <u>매매(97)</u>하기 전에 <u>가격(98)</u>에 대한 <u>조사(99)</u>가 필요하다.
▷논문의 <u>필자(100)</u>가 <u>표면(101)</u>적으로 내세운 <u>이론(102)</u>은 어느 <u>정도(103)</u> 독자의 <u>시선(104)</u>을 <u>인식(105)</u>하여 그들의 <u>의견(106)</u>을 반영함으로써 <u>연구(107)</u>의 <u>구색(108)</u>을 맞추는 <u>결과(109)</u>를 낳았다.
▷<u>최근(110)</u>에 <u>발생(111)</u>된 <u>중요(112)</u>한 문제의 해결책은 <u>직관(113)</u>적으로 그 <u>방안(114)</u>을 마련하여 <u>주목(115)</u>을 받았다.
▷새내기들의 <u>자신(116)</u>감을 앞세운 신제품에 대한 <u>광고(117)</u>는 <u>열풍(118)</u>처럼 소비자를 <u>설득(119)</u>하여 <u>현상(120)</u> 유지 정도를 <u>당연(121)</u>한 것이라 보았던 임원들의 <u>사고(122)</u> 방식은 여지없이 무너졌다.

93. 준비(　　　　) 94. 물건(　　　　)
95. 식탁(　　　　) 96. 제품(　　　　)
97. 매매(　　　　) 98. 가격(　　　　)
99. 조사(　　　　) 100. 필자(　　　　)
101. 표면(　　　　) 102. 이론(　　　　)
103. 정도(　　　　) 104. 시선(　　　　)
105. 인식(　　　　) 106. 의견(　　　　)
107. 연구(　　　　) 108. 구색(　　　　)
109. 결과(　　　　) 110. 최근(　　　　)
111. 발생(　　　　) 112. 중요(　　　　)
113. 직관(　　　　) 114. 주목(　　　　)
115. 주목(　　　　) 116. 자신(　　　　)
117. 광고(　　　　) 118. 열풍(　　　　)
119. 설득(　　　　) 120. 현상(　　　　)
121. 당연(　　　　) 122. 사고(　　　　)

※(　)안에 알맞은 漢字를 넣어 故事成語를 완성하시오.

123. (　　)過遷善　　124. 我田(　　)水
125. 女(　　)從夫　　126. 佳人薄(　　)
127. 大(　　)痛哭　　128. 不知其(　　)
129. 無(　　)出入　　130. 加減乘(　　)
131. 莫(　　)之友　　132. 利己主(　　)

※音은 같으나 뜻이 다른 漢字語를 쓰시오.

133. 強辯: (　　　　)강가
134. 由緖: (　　　　)같은 종류의 책.
135. 浮上: (　　　　)자본이 많은 상인.
136. 古典: (　　　　)몹시 힘든 싸움.
137. 市政: (　　　　)그릇된 것을 바로 잡음.

※다음 漢字語의 첫소리가 長音인 것을 고르시오.

138. (　　): ①委任 ②脅迫 ③空地 ④統一
139. (　　): ①交付 ②趣味 ③斗量 ④督促
140. (　　): ①末世 ②厚待 ③軍屬 ④獄舍
141. (　　): ①覺悟 ②看板 ③總計 ④基本
142. (　　): ①敗家 ②伯叔 ③金星 ④堅固

※다음 漢字語의 뜻을 쓰시오.

143. 積立 : (　　　　　　　　　　)
144. 激務 : (　　　　　　　　　　)
145. 危局 : (　　　　　　　　　　)
146. 攻防 : (　　　　　　　　　　)
147. 嚴父 : (　　　　　　　　　　)

※다음 漢字의 略字를 쓰시오.

148. 寶(　　) 149. 卒(　　) 150. 缺(　　)

합격을 기원합니다.

	3급Ⅱ	제 1 회			
1	가공	51	드리울수	101	大笑
2	강철	52	젖을 습	102	電源
3	개세	53	어금니아	103	滿員
4	간격	54	전염병역	104	休息
5	직경	55	제비 연	105	明暗
6	경연	56	불꽃 염	106	强壓
7	계수	57	소금 염	107	逆行
8	광신	58	기와 와	108	榮光
9	구릉	59	느릴 완	109	藝術
10	살균	60	깃 우	110	往來
11	기사	61	밥통 위	111	圓滿
12	이사	62	거짓 위	112	防衛
13	당유	63	음란할음	113	無爲
14	대여	64	품삯 임	114	義理
15	도산	65	자주빛자	115	移動
16	도화	66	전각 전	116	敵軍
17	도미	67	조세 조	117	近接
18	동결	68	아뢸 주	118	交
19	교량	69	구슬 주	119	難
20	연근	70	쇠불릴주	120	上
21	멸렬	71	그루 주	121	表
22	복록	72	버금 중	122	鄕
23	낙뢰	73	康	123	苦
24	누계	74	檢	124	名
25	탈루	75	擔	125	氣
26	마약	76	達	126	考
27	연마	77	隊	127	過
28	만종	78	武	128	富貴
29	매체	79	配	129	悲觀
30	맥주	80	常	130	正統
31	면책	81	師	131	副業
32	묵향	82	④	132	共用
33	추종	83	③	133	安/康
34	기반	84	①	134	想/思
35	기발	85	③	135	養/飼
36	방서	86	②	136	末/極
37	족보	87	親	137	年
38	복면	88	早	138	長病
39	봉조	89	首	139	視聽
40	부패	90	背	140	演技
41	부과	91	賢	141	洋食
42	지불	92	刀(刂)	142	受賞
43	흑사	93	佳	143	가지와 잎
44	사선	94	亠	144	소금밭
45	삭발	95	儿	145	그외
46	뽕나무상	96	十	146	닿는 느낌
47	선 선	97	細心	147	푸른 바다
48	사를 소	98	稅金	148	續
49	송사할송	99	素朴	149	數
50	쇠사슬쇄	100	精神	150	団

	3급Ⅱ	제 2 회			
1	상전	51	굴 혈	101	精誠
2	보상	52	저울대형	102	增加
3	색원	53	거칠 황	103	同志
4	참선	54	가슴 흉	104	訪韓
5	소화	55	시렁 가	105	防寒
6	소송	56	강철 강	106	休息
7	쇄국	57	덮을 개	107	要請
8	수직	58	사이뜰격	108	貯蓄
9	습도	59	지름길경	109	南侵
10	치아	60	굳을 경	110	氣分
11	발아	61	계수나무계	111	建築
12	역병	62	미칠 광	112	代表的
13	연미	63	언덕 구	113	街路燈
14	폭염	64	버섯 균	114	現代化
15	염소	65	말탈 기	115	情報化
16	와해	66	진흙 니	116	停留所
17	완행	67	빌릴 대	117	專門家
18	우대	68	넘어질도	118	母
19	위장	69	복숭아도	119	待
20	위조	70	건널 도	120	上
21	음담	71	얼 동	121	康
22	임금	72	들보 량	122	頭
23	자객	73	鳥	123	仙
24	자운	74	早	124	日
25	전각	75	準	125	心
26	조세	76	羅	126	支
27	연주	77	置	127	亂
28	주물	78	邊	128	生産
29	주식	79	復	129	自立
30	중매	80	勸	130	內包
31	지엽	81	備	131	前進
32	진노	82	③	132	權利
33	차용	83	②	133	打/攻
34	착오	84	②	134	永
35	채무	85	③	135	法/規
36	천도	86	②	136	空
37	체증	87	非	137	群
38	목축	88	減	138	中止
39	칠기	89	除/降	139	存續
40	침수	90	陽	140	朝鮮
41	탈취	91	悲	141	庭園
42	탕약	92	禾	142	前半
43	토로	93	土	143	힘쓰다
44	투철	94	走	144	참고 견딤
45	편애	95	高	145	단풍잎
46	엮을 편	96	田	146	새겨 기록함
47	폐할 폐	97	不純	147	심히 어려움
48	잡을 포	98	學問	148	权
49	멜 하	99	制限	149	済
50	땀 한	100	救助	150	昼

3급 II 제 3 회

#		#		#	
1	편저	51	치우칠편	101	制度
2	폐업	52	사무칠투	102	百濟
3	포획	53	토할 토	103	日本
4	하역	54	끓을 탕	104	百姓
5	한증	55	빼앗을탈	105	文字
6	혈거	56	잠길 침	106	使用
7	형평	57	옻 칠	107	原因
8	황야	58	짐승 축	108	朝鮮
9	흥복	59	막힐 체	109	世宗
10	가교	60	옮길 천	110	創製
11	개장	61	빚 채	111	고통
12	격리	62	밥통 위	112	지배
13	반경	63	깃 우	113	계층
14	강경	64	거짓 위	114	특수
15	계피	65	음란할음	115	고집
16	광분	66	품삯 임	116	유산
17	구묘	67	자주빛자	117	관습
18	병균	68	전각 전	118	善
19	기장	69	아뢸 주	119	世
20	설탕	70	쇠불릴주	120	不
21	압도	71	그루 주	121	葉
22	월도	72	가지 지	122	明
23	도미	73	設	123	成
24	동상	74	達	124	田
25	홍련	75	細	125	信
26	결렬	76	暗	126	間
27	관록	77	液	127	同
28	피뢰	78	逆	128	入場
29	누락	79	素	129	是認
30	마포	80	授	130	感情
31	매개	81	榮	131	加害
32	맥반	82	②	132	貯蓄
33	면허	83	①	133	屋/宅
34	묵지	84	④	134	界
35	반무	85	③	135	黨
36	계보	86	②	136	住
37	부유	87	勞	137	衆
38	할부	88	尊	138	香水
39	삭감	89	婦	139	祝電
40	상환	90	衆	140	初代
41	비색	91	得	141	淸算
42	소진	92	九	142	地圖
43	폐쇄	93	二	143	질그릇
44	현수	94	乙	144	오래 삶
45	방역	95	夕	145	학춤
46	제비 연	96	土	146	이른바
47	불꽃 염	97	時代	147	꿈을 풀다
48	소금 염	98	以前	148	辺
49	기와 와	99	工夫	149	断
50	느릴 완	100	試驗	150	検

3급 II 제 4 회

#		#		#	
1	심심	51	무리 당	101	進步
2	사악	52	말씀 사	102	未來
3	찬양	53	얼음 빙	103	確實
4	유연	54	무리 도	104	時代
5	어제	55	코 비	105	不安
6	수의	56	속 리	106	主義
7	부인	57	밟을 리	107	斷面
8	업적	58	만날 봉	108	科學
9	동전	59	작을 미	109	宗敎
10	제창	60	다를 차	110	思考
11	외척	61	재 회	111	答
12	벌초	62	넓을 보	112	法則
13	독촉	63	이미 이	113	自然
14	자태	64	겨를 가	114	說明
15	간호	65	고을 읍	115	分野
16	암기	66	새길 각	116	重大
17	작년	67	꾸밀 식	117	始作
18	경쟁	68	열흘 순	118	連結
19	강등	69	줄기 간	119	世界
20	아류	70	트일 소	120	接近
21	비만	71	거느릴령	121	順序
22	앙망	72	얽을 구	122	全體
23	색맹	73	②	123	賢
24	숙명	74	①	124	煙
25	안목	75	③	125	衆
26	압박	76	②	126	引
27	석방	77	④	127	怒
28	벽보	78	開	128	燈
29	시비	79	貧	129	勢
30	출사	80	鄕	130	逆
31	감사	81	官	131	律
32	교사	82	因	132	無
33	감상	83	恩惠	133	元祖
34	상세	84	友好	134	加工
35	간소	85	密集	135	錄畵
36	술수	86	保守	136	淸算
37	장수	87	利益	137	申告
38	감수	88	④	138	부지런히 힘씀
39	휴식	89	⑤	139	싸움에 임함
40	위신	90	⑥	140	주춧돌
41	가로	91	②	141	거짓으로 꾸밈
42	용감	92	③	142	빼어나고 고움
43	쾌거	93	人類	143	衣
44	타격	94	歷史	144	大
45	사과	95	發展	145	入
46	고울 선	96	質	146	言
47	빌 기	97	向上	147	水(氺)
48	종 노	98	關心	148	価
49	치마 상	99	理解	149	仏
50	집 당	100	應用	150	当

3급 II 제 5 회

#		#		#	
1	약속	51	길 영	101	事實
2	왕릉	52	서리 상	102	精神
3	비극	53	보일 시	103	直結
4	혈맹	54	두터울 후	104	多幸
5	가교	55	한가할 한	105	絶望
6	애독	56	새 조	106	敎育
7	예선	57	낱 개	107	定式
8	청소	58	집 주	108	日本
9	하계	59	기 기	109	윤리
10	길흉	60	아침 단	110	人口
11	원한	61	매화 매	111	雄飛
12	유적	62	호반 무	112	法律
13	장수	63	웃음 소	113	公用
14	회귀	64	①	114	規制
15	축하	65	③	115	해석
16	취흥	66	②	116	우수
17	건각	67	③	117	課程
18	임대	68	③	118	단계
19	정원	69	任	119	數
20	평전	70	夜	120	간단
21	토양	71	新	121	明白
22	여유	72	盛	122	의욕
23	삼강	73	孫	123	老學者
24	역할	74	增加	124	世代
25	거리	75	退步	125	세월
26	탈옥	76	下降	126	志操
27	음양	77	報恩	127	純一
28	미모	78	失敗	128	信念
29	보통	79	⑥	129	高貴
30	유림	80	①	130	獨立
31	위원	81	③	131	運動
32	투고	82	⑦	132	政治
33	우유	83	④	133	死地
34	공군	84	九	134	史前
35	공경	85	肉	135	過去
36	창문	86	安	136	改良
37	계집종 비	87	交/約/材	137	政府
38	눈 설	88	必	138	참고 견딤
39	깃 우	89	勝	139	끝까지 달림
40	권세 권	90	田	140	두부모님
41	어금니 아	91	食	141	모래벌판
42	가슴 흉	92	五	142	처음 만듦
43	익힐 습	93	心	143	日
44	샘 천	94	朝鮮	144	子
45	밝을 철	95	先生	145	宀
46	탑 탑	96	색채	146	勹
47	그르칠 오	97	民族	147	艹
48	다를 타	98	感情	148	会
49	사랑 자	99	時調	149	区
50	임금 군	100	講義	150	万

3급 II 제 6 회

#		#		#	
1	점차	51	얼 동	101	放課後
2	도달	52	건널 도	102	授業
3	조만	53	거울 감	103	實施
4	담소	54	씩씩할 장	104	所有
5	장부	55	항목 항	105	物質
6	동안	56	막을 거	106	爲主
7	감독	57	맺을 계	107	提示
8	악귀	58	푸를 창	108	方法
9	기병	59	적을 과	109	講師
10	포목	60	꾀 책	110	硏究
11	공란	61	부지런할 근	111	內容
12	필사	62	뜻 취	112	每週
13	유람	63	부칠 기	113	全員
14	신랑	64	다락 루	114	發表
15	열위	65	들일 납	115	共同
16	재화	66	푸를 록	116	協議
17	양력	67	진흙 니	117	背景
18	환영	68	지날 력	118	知識
19	우롱	69	끝 단	119	說明
20	비율	70	나그네 려	120	統合
21	은막	71	밝을 랑	121	强調
22	사막	72	무리 대	122	進行
23	망상	73	②	123	男
24	변호	74	①	124	動
25	허약	75	①	125	唱
26	유구	76	③	126	流
27	가결	77	④	127	馬
28	도움	78	增/加	128	難
29	귀가	79	來/復	129	戰
30	장려	80	福	130	食
31	쌍안	81	寒	131	萬
32	두각	82	終/末	132	赤
33	가로	83	和解	133	誤記
34	익조	84	肉體	134	受注
35	용감	85	快樂	135	先父
36	간선	86	連結	136	非命
37	완급	87	建設	137	開演
38	경축	88	③	138	못본체내버려둠
39	억압	89	①	139	날짐승과 길짐승
40	거상	90	⑧	140	다리
41	영일	91	⑤	141	도로 빼앗아 찾음
42	노호	92	⑥	142	물시계
43	경영	93	學生	143	月(肉)
44	앙망	94	關心	144	夕
45	단서	95	集中	145	广
46	벌릴 라	96	最大	146	大
47	복숭아 도	97	效果	147	小
48	무리 등	98	廣告	148	仮
49	갑자기 돌	99	現代人	149	党
50	엿 당	100	當身	150	声

3급 II   제 7 회

1	만족	51	삼갈 신	101	到達
2	차입	52	간절할 간	102	調和
3	득표	53	더할 익	103	상태
4	향수	54	외로울 고	104	高遠
5	무예	55	공부할 과	105	識見
6	여비	56	편안 녕	106	敎授
7	총수	57	글 장	107	最近
8	매형	58	어릴 유	108	實施
9	종영	59	거느릴 령	109	發表
10	필적	60	화목할 목	110	結果
11	한탄	61	구름 운	111	政治
12	길흉	62	덜 손	112	經濟
13	담임	63	펼 연	113	적합
14	근면	64	②	114	상화하택
15	가식	65	①	115	분열
16	모정	66	④	116	都市
17	부활	67	⑤	117	生産
18	건설	68	⑥	118	論爭
19	영향	69	愛	119	理念
20	여차	70	榮	120	兩極
21	만종	71	主	121	심각
22	노송	72	善	122	農民
23	주기	73	出	123	正規
24	급증	74	形式	124	勞動者
25	비속	75	單純	125	지적
26	관조	76	精神	126	非難
27	이주	77	安全	127	意味
28	침묵	78	小人	128	順位
29	호흡	79	田	129	斷然
30	역경	80	福	130	빈곤
31	절제	81	知	131	開放
32	탈피	82	名	132	自殺
33	세관	83	手	133	思想
34	수연	84	來	134	大器
35	동계	85	律	135	再考
36	추측	86	感	136	童詩
37	감독할 독	87	亡	137	朝鮮
38	깨달을 오	88	李	138	②
39	마실 음	89	手	139	③
40	버금 부	90	广	140	④
41	깨달을 각	91	戈	141	①
42	절 배	92	木	142	③
43	어지러울 분	93	口	143	모으다
44	던질 투	94	다양	144	참고 견딤
45	높을 탁	95	豊富	145	한가하고 고요함
46	뜰 정	96	個性	146	덜어서 줄어듦
47	넉넉할 우	97	목표	147	성스러운 노래
48	차례 질	98	統一	148	解
49	쾌할 쾌	99	集中	149	礼
50	참 진	100	要所	150	応

3급 II   제 8 회

1	난간	51	밤 률	101	表面
2	용상	52	사양할 양	102	理論
3	발군	53	인륜 륜	103	程度
4	취객	54	힘쓸 려	104	視線
5	등록	55	꾀할 기	105	認識
6	아담	56	층계 단	106	意見
7	다방	57	보리 맥	107	硏究
8	의뢰	58	힘쓸 노	108	具色
9	지구	59	숨길 비	109	結果
10	능곡	60	집 우	110	最近
11	점거	61	새 을	111	發生
12	호우	62	얼 동	112	重要
13	면학	63	모래 사	113	直觀
14	분노	64	작을 미	114	方案
15	강령	65	덜 손	115	注目
16	융성	66	따를 수	116	自信
17	계몽	67	힘줄 근	117	廣告
18	제사	68	무리 대	118	熱風
19	맹랑	69	힘쓸 면	119	說得
20	여권	70	이길 극	120	現狀
21	납량	71	쾌할 쾌	121	當然
22	누락	72	그릴 모	122	思考
23	자당	73	①	123	改
24	노숙	74	④	124	引
25	원단	75	②	125	必
26	협찬	76	⑨	126	命
27	나열	77	⑩	127	聲
28	독주	78	勝	128	數
29	고부	79	急	129	斷
30	번영	80	起	130	除
31	압권	81	假	131	逆
32	농담	82	動	132	義
33	비명	83	暗黑	133	江邊
34	경작	84	活用	134	類書
35	도산	85	個別	135	富商
36	지혈	86	開放	136	苦戰
37	고려	87	集中	137	是正
38	도망	88	口	138	④
39	시각	89	頁	139	②
40	쇠약	90	手	140	②
41	추궁	91	二	141	③
42	가교	92	弓	142	①
43	편람	93	準備	143	모아 쌓음
44	관철	94	物件	144	힘든 일
45	당파	95	食卓	145	위태로운 형국
46	다를 이	96	製品	146	공격과 방어
47	고기잡을 어	97	賣買	147	엄한 아버지
48	막을 저	98	價格	148	宝
49	긴할 긴	99	調査	149	卆
50	걸음 보	100	筆者	150	欠

字音索引

(8급~3Ⅱ 1,500字)

ㄱ

價	값	가	5Ⅱ[人]
街	거리	가	4Ⅱ[行]
佳	아름다울가	3Ⅱ[人]
假	거짓	가	4Ⅱ[人]
暇	겨를	가	4급[日]
可	옳을	가	5급[口]
歌	노래	가	7급[欠]
加	더할	가	5급[力]
架	시렁	가	3Ⅱ[木]
家	집	가	7Ⅱ[宀]
各	각각	각	6Ⅱ[口]
覺	깨달을각	4급[見]
脚	다리	각	3Ⅱ[肉]
角	뿔	각	6Ⅱ[角]
刻	새길	각	4급[刀]
閣	집	각	3Ⅱ[門]
間	사이	간	7Ⅱ[門]
簡	간략할간	4급[竹]
懇	간절할간	3Ⅱ[心]
看	볼	간	4급[目]
干	방패	간	4급[干]
刊	새길	간	3Ⅱ[刀]
肝	간	간	3Ⅱ[肉]
幹	줄기	간	3Ⅱ[干]
感	느낄	감	6급[心]
減	덜	감	4Ⅱ[水]
監	볼	감	4Ⅱ[皿]
鑑	거울	감	3Ⅱ[金]
甘	달	감	4급[甘]
敢	감히	감	4급[攵]
甲	갑옷	갑	4급[田]
江	강	강	7Ⅱ[水]
剛	굳셀	강	3Ⅱ[刀]
綱	벼리	강	3Ⅱ[糸]
鋼	강철	강	3Ⅱ[金]
強	강할	강	6급[弓]
降	내릴	강	4급[阜]
	항복할항	
講	욀	강	4Ⅱ[言]
康	편안	강	4Ⅱ[广]
改	고칠	개	5급[攵]
介	낄	개	3Ⅱ[人]
個	낱	개	4Ⅱ[人]
槪	대개	개	3Ⅱ[木]
蓋	덮을	개	3Ⅱ[艹]
開	열	개	6급[門]
客	손	객	5Ⅱ[宀]
更	다시	갱	4급[曰]
	고칠	경	
去	갈	거	5급[厶]
據	근거	거	4급[手]
擧	들	거	5급[手]
巨	클	거	4급[工]
拒	막을	거	4급[手]
距	상거할거	3Ⅱ[足]
居	살	거	4급[尸]
車	수레차(거)	7Ⅱ[車]
建	세울	건	5급[廴]
健	굳셀	건	5급[人]
件	물건	건	5급[人]
乾	하늘	건	3Ⅱ[乙]
傑	뛰어날걸	4급[人]
檢	검사할검	4Ⅱ[木]
儉	검소할검	4급[人]
劍	칼	검	3Ⅱ[刀]
格	격식	격	5Ⅱ[木]
激	격할	격	4급[水]
隔	사이뜰격	3Ⅱ[阜]
擊	칠	격	4급[手]
犬	개	견	4급[犬]
見	볼	견	5Ⅱ[見]
	뵈올	현	
堅	굳을	견	4급[土]
潔	깨끗할결	4Ⅱ[水]
結	맺을	결	5Ⅱ[糸]
決	결단할결	5Ⅱ[水]
訣	이별할결	3Ⅱ[言]
缺	이지러질결	[缶]
兼	겸할	겸	3Ⅱ[八]
謙	겸손할겸	3Ⅱ[言]
輕	가벼울경	5급[車]
經	지날	경	4Ⅱ[糸]
徑	지름길경	3Ⅱ[彳]
敬	공경	경	5Ⅱ[攵]
警	깨우칠경	4Ⅱ[言]
驚	놀랄	경	4급[馬]
硬	굳을	경	3Ⅱ[石]
頃	이랑	경	3Ⅱ[頁]
傾	기울	경	4급[人]
競	다툴	경	5급[立]
鏡	거울	경	4급[金]
境	지경	경	4Ⅱ[土]
慶	경사	경	4Ⅱ[心]
耕	밭갈	경	3Ⅱ[耒]
景	볕	경	5급[日]
京	서울	경	6급[亠]
戒	경계할계	4급[戈]
械	기계	계	3Ⅱ[木]
桂	계수나무계	3Ⅱ[木]
季	계절	계	4급[子]
溪	시내	계	3Ⅱ[水]
鷄	닭	계	4급[鳥]
繼	이을	계	4급[糸]
系	이어맬계	4급[糸]
係	맬	계	4Ⅱ[人]
契	맺을	계	3Ⅱ[大]
階	섬돌	계	4급[阜]
計	셀	계	6Ⅱ[言]
啓	열	계	3Ⅱ[口]
界	지경	계	6Ⅱ[田]
告	고할	고	5Ⅱ[口]
高	높을	고	6Ⅱ[高]
稿	원고	고	3Ⅱ[禾]
古	예	고	6급[口]
姑	시어미고	3Ⅱ[女]
苦	쓸	고	6급[艹]
故	연고	고	4Ⅱ[攵]
固	굳을	고	5급[口]
鼓	북	고	3Ⅱ[鼓]
考	생각할고	5급[耂]
孤	외로울고	4급[子]
庫	곳집	고	4급[广]
穀	곡식	곡	4급[禾]
谷	골	곡	3Ⅱ[谷]
曲	굽을	곡	5급[曰]
哭	울	곡	3Ⅱ[口]
困	곤할	곤	4급[口]
骨	뼈	골	4급[骨]
工	장인	공	7Ⅱ[工]
攻	칠	공	4급[攵]
功	공	공	6Ⅱ[力]
恐	두려울공	3Ⅱ[心]
貢	바칠	공	3Ⅱ[貝]
空	빌	공	7Ⅱ[穴]
公	공평할공	6Ⅱ[八]
孔	구멍	공	4급[子]
共	한가지공	6Ⅱ[八]
供	이바지할공	3Ⅱ[人]
恭	공손할공	3Ⅱ[心]
科	과목	과	6Ⅱ[禾]
過	지날	과	5Ⅱ[辶]
果	실과	과	6Ⅱ[木]
課	공부할과	5Ⅱ[言]
誇	자랑할과	3Ⅱ[言]
寡	적을	과	3Ⅱ[宀]
冠	갓	관	3Ⅱ[冖]
關	관계할관	5Ⅱ[門]
貫	꿸	관	3Ⅱ[貝]
慣	익숙할관	3Ⅱ[心]
寬	너그러울관	3Ⅱ[宀]
官	벼슬	관	4Ⅱ[宀]
管	대롱	관	4급[竹]
館	집	관	3Ⅱ[食]
觀	볼	관	5Ⅱ[見]
廣	넓을	광	5Ⅱ[广]
鑛	쇳돌	광	4급[金]
狂	미칠	광	3Ⅱ[犬]
光	빛	광	6Ⅱ[儿]
怪	괴이할괴	3Ⅱ[心]
壞	무너질괴	3Ⅱ[土]
教	가르칠교	8급[攵]
巧	공교할교	3Ⅱ[工]
橋	다리	교	5급[木]
交	사귈	교	6급[亠]
校	학교	교	8급[木]
較	비교	교	3Ⅱ[車]

- 213 -

具	갖출 구	5급Ⅱ[八]	禁	금할 금	4급[示]	念	생각 념	5급[心]	度	법도 도 헤아릴 탁	6급[广]
求	구할 구	4급Ⅱ[水]	錦	비단 금	3급Ⅱ[金]	寧	편안 녕	3급Ⅱ[宀]	渡	건널 도	3급Ⅱ[水]
球	공 구	6급Ⅱ[玉]	禽	새 금	3급Ⅱ[禸]	奴	종 노	3급Ⅱ[女]	圖	그림 도	6급Ⅱ[囗]
救	구원할구	5급[攵]	金	쇠 금 성 김	8급[金]	怒	성낼 노	4급Ⅱ[心]	途	길 도	3급Ⅱ[辶]
區	구분할구	6급[匸]	及	미칠 급	3급Ⅱ[又]	努	힘쓸 노	4급Ⅱ[力]	道	길 도	7급Ⅱ[辶]
句	글귀 구	4급Ⅱ[口]	級	등급 급	6급[糸]	農	농사 농	7급Ⅱ[辰]	導	인도할도	4급Ⅱ[寸]
拘	잡을 구	3급Ⅱ[手]	給	줄 급	5급[糸]	腦	골 뇌	3급Ⅱ[肉]	到	이를 도	5급Ⅱ[刀]
九	아홉 구	8급[乙]	急	급할 급	6급Ⅱ[心]	能	능할 능	5급Ⅱ[肉]	倒	넘어질도	3급Ⅱ[人]
究	연구할구	4급Ⅱ[穴]	其	그 기	3급Ⅱ[八]	泥	진흙 니	3급Ⅱ[水]	盜	도둑 도	4급[皿]
丘	언덕 구	3급Ⅱ[一]	旗	기 기	7급[方]		**ㄷ**		都	도읍 도	5급[邑]
構	얽을 구	4급[木]	期	기약할기	5급[月]	多	많을 다	6급[夕]	逃	도망할도	4급[辶]
舊	예 구	5급Ⅱ[臼]	基	터 기	5급Ⅱ[土]	茶	차다,차차	3급Ⅱ[艹]	桃	복숭아도	3급Ⅱ[木]
久	오랠 구	3급Ⅱ[丿]	器	그릇 기	4급Ⅱ[口]	斷	끊을 단	4급Ⅱ[斤]	徒	무리 도	4급[彳]
口	입 구	7급[口]	氣	기운 기	7급Ⅱ[气]	端	끝 단	4급Ⅱ[立]	島	섬 도	5급[山]
菊	국화 국	3급Ⅱ[艹]	奇	기특할기	4급[大]	丹	붉을 단	3급Ⅱ[丶]	陶	질그릇도	3급Ⅱ[阜]
國	나라 국	8급[囗]	寄	부칠 기	4급[宀]	旦	아침 단	3급Ⅱ[日]	刀	칼 도	3급Ⅱ[刀]
局	판 국	5급Ⅱ[尸]	騎	말탈 기	3급Ⅱ[馬]	但	다만 단	3급Ⅱ[人]	毒	독 독	4급Ⅱ[毋]
君	임금 군	4급[口]	己	몸 기	5급Ⅱ[己]	壇	단 단	5급[土]	讀	읽을 독 구절 두	6급Ⅱ[言]
郡	고을 군	6급[邑]	記	기록할기	7급Ⅱ[言]	檀	박달나무단	4급Ⅱ[木]	獨	홀로 독	5급Ⅱ[犬]
群	무리 군	4급[羊]	紀	벼리 기	4급[糸]	團	둥글 단	5급Ⅱ[囗]	督	감독할독	4급Ⅱ[目]
軍	군사 군	8급[車]	起	일어날기	4급Ⅱ[走]	短	짧을 단	6급Ⅱ[矢]	突	갑자기돌	3급Ⅱ[穴]
屈	굽힐 굴	4급[尸]	企	꾀할 기	3급Ⅱ[人]	段	층계 단	4급[殳]	同	한가지동	7급[口]
窮	다할 궁	4급[穴]	機	틀 기	4급[木]	單	홑 단	4급Ⅱ[口]	洞	골 동 밝을 통	7급[水]
弓	활 궁	3급Ⅱ[弓]	幾	경기 기	3급[田]	達	통달할달	4급Ⅱ[辶]	銅	구리 동	4급Ⅱ[金]
宮	집 궁	4급Ⅱ[宀]	汽	물끓는김기	5급[水]	談	말씀 담	5급[言]	東	동녘 동	8급[木]
權	권세 권	4급Ⅱ[木]	祈	빌 기	3급Ⅱ[示]	淡	맑을 담	3급Ⅱ[水]	凍	얼 동	3급Ⅱ[冫]
勸	권할 권	4급[力]	技	재주 기	5급[手]	擔	멜 담	4급Ⅱ[手]	童	아이 동	6급Ⅱ[立]
券	문서 권	4급[刀]	緊	긴할 긴	3급Ⅱ[糸]	踏	밟을 답	3급Ⅱ[足]	動	움직일동	7급Ⅱ[力]
卷	책 권	4급[卩]	吉	길할 길	5급[口]	答	대답 답	7급Ⅱ[竹]	冬	겨울 동	7급[冫]
拳	주먹 권	3급Ⅱ[手]		**ㄴ**		唐	당나라당	3급Ⅱ[口]	斗	말 두	4급Ⅱ[斗]
鬼	귀신 귀	3급Ⅱ[鬼]	諾	허락할낙	3급Ⅱ[言]	糖	엿당,엿탕	3급Ⅱ[米]	豆	콩 두	4급Ⅱ[豆]
貴	귀할 귀	5급[貝]	暖	따뜻할난	4급Ⅱ[日]	當	마땅 당	5급Ⅱ[田]	頭	머리 두	6급[頁]
歸	돌아갈귀	4급[止]	難	어려울난	4급Ⅱ[隹]	堂	집 당	6급Ⅱ[土]	得	얻을 득	4급Ⅱ[彳]
規	법 규	5급[見]	南	남녘 남	8급[十]	黨	무리 당	4급Ⅱ[黑]	登	오를 등	7급[癶]
均	고를 균	4급[土]	男	사내 남	7급Ⅱ[田]	待	기다릴대	6급[彳]	燈	등 등	4급Ⅱ[火]
菌	버섯 균	3급Ⅱ[艹]	納	들일 납	4급[糸]	臺	대(집) 대	3급Ⅱ[至]	等	무리 등	6급Ⅱ[竹]
極	극진할극	4급Ⅱ[木]	娘	계집 낭	3급Ⅱ[女]	代	대신 대	6급[人]		**ㄹ**	
劇	심할 극	4급[刀]	耐	견딜 내	3급Ⅱ[而]	貸	빌릴 대	3급Ⅱ[貝]			
克	이길 극	3급Ⅱ[儿]	內	안 내	7급Ⅱ[入]	對	대할 대	6급Ⅱ[寸]	羅	벌릴 라	4급Ⅱ[网]
近	가까울근	6급[辶]		나인 나		帶	띠 대	4급Ⅱ[巾]	落	떨어질락	5급[艹]
勤	부지런할근	4급[力]	女	계집 녀	8급[女]	隊	무리 대	4급Ⅱ[阜]	絡	이을 락	3급Ⅱ[糸]
根	뿌리 근	6급[木]	年	해 년	8급[干]	大	큰 대	8급[大]			
筋	힘줄 근	4급[竹]				德	큰 덕	5급Ⅱ[彳]			
今	이제 금	6급Ⅱ[人]									
琴	거문고금	3급Ⅱ[玉]									

樂	즐길 락	6Ⅱ[木]	露	이슬 로	3Ⅱ[雨]	馬	말 마	5급[馬]	夢	꿈 몽	3Ⅱ[夕]
	노래 악		勞	일할 로	5급[力]	莫	없을 막	3급[++]	蒙	어두울몽	3Ⅱ[++]
	좋아할요		爐	화로 로	3급[火]	漠	넓을 막	3Ⅱ[水]	妙	묘할 묘	4급[女]
欄	난간 란	3Ⅱ[木]	綠	푸를 록	6급[糸]	幕	장막 막	3Ⅱ[巾]	墓	무덤 묘	4급[土]
蘭	난초 란	3Ⅱ[++]	錄	기록할록	4Ⅱ[金]	晚	늦을 만	3Ⅱ[日]	貿	무역할무	3Ⅱ[貝]
卵	알 란	4급[卩]	祿	녹 록	3급[示]	萬	일만 만	8급[++]	茂	무성할무	3Ⅱ[++]
亂	어지러울란	4급[乙]	論	논할 론	4Ⅱ[言]	滿	찰 만	4Ⅱ[水]	無	없을 무	5급[火]
覽	볼 람	4급[見]	弄	희롱할롱	3Ⅱ[廾]	末	끝 말	5급[木]	舞	춤출 무	4급[舛]
浪	물결 랑	3Ⅱ[水]	雷	우레 뢰	3Ⅱ[雨]	亡	망할 망	5급[亠]	武	호반 무	4Ⅱ[止]
朗	밝을 랑	5Ⅱ[月]	賴	의뢰할뢰	3Ⅱ[貝]	妄	망령될망	3Ⅱ[女]	務	힘쓸 무	4Ⅱ[力]
郎	사내 랑	3Ⅱ[邑]	料	헤아릴료	5급[斗]	望	바랄 망	5Ⅱ[月]	墨	먹 묵	3Ⅱ[土]
廊	사랑채랑	3Ⅱ[广]	龍	용 룡	4급[龍]	妹	누이 매	4급[女]	默	잠잠할묵	3Ⅱ[黑]
來	올 래	7급[人]	樓	다락 루	3Ⅱ[木]	媒	중매 매	3Ⅱ[女]	文	글월 문	7급[文]
冷	찰 랭	5급[冫]	漏	샐 루	3Ⅱ[水]	每	매양 매	7Ⅱ[毋]	紋	무늬 문	3Ⅱ[糸]
略	간략할략	4급[田]	累	자주 루	3Ⅱ[糸]	梅	매화 매	3Ⅱ[木]	門	문 문	8급[門]
兩	두 량	4Ⅱ[入]	柳	버들 류	4급[木]	賣	팔 매	5급[貝]	問	물을 문	7급[口]
梁	들보 량	3Ⅱ[木]	留	머무를류	4Ⅱ[田]	買	살 매	5급[貝]	聞	들을 문	6Ⅱ[耳]
涼	서늘할량	3Ⅱ[氵]	類	무리 류	5Ⅱ[頁]	麥	보리 맥	3Ⅱ[麥]	勿	말 물	3Ⅱ[勹]
量	헤아릴량	5급[里]	流	흐를 류	5Ⅱ[水]	脈	줄기 맥	4Ⅱ[肉]	物	물건 물	7Ⅱ[牛]
糧	양식 량	4급[米]	陸	뭍 륙	5Ⅱ[阜]	盟	맹세 맹	3Ⅱ[皿]	尾	꼬리 미	3Ⅱ[尸]
良	어질 량	5Ⅱ[艮]	六	여섯 륙	8급[八]	孟	맏 맹	3Ⅱ[子]	未	아닐 미	4Ⅱ[木]
麗	고울 려	4급[鹿]	輪	바퀴 륜	4급[車]	猛	사나울맹	3Ⅱ[犬]	味	맛 미	4Ⅱ[口]
旅	나그네려	5Ⅱ[方]	倫	인륜 륜	3Ⅱ[人]	盲	소경 맹	3Ⅱ[目]	米	쌀 미	6급[米]
慮	생각할려	4급[心]	栗	밤 률	3Ⅱ[木]	面	낯 면	7급[面]	美	아름다울미	6급[羊]
勵	힘쓸 려	3Ⅱ[力]	律	법칙 률	4Ⅱ[彳]	免	면할 면	3Ⅱ[儿]	微	작을 미	3Ⅱ[彳]
歷	지날 력	5Ⅱ[止]	率	비율 률	3Ⅱ[玄]	勉	힘쓸 면	4급[力]	民	백성 민	8급[氏]
曆	책력 력	3Ⅱ[日]		거느릴솔		綿	솜 면	3Ⅱ[糸]	密	빽빽할밀	4Ⅱ[宀]
力	힘 력	7Ⅱ[力]	隆	높을 륭	3Ⅱ[阜]	眠	잘 면	3Ⅱ[目]			
戀	그리워할련	3Ⅱ[心]	陵	언덕 릉	3Ⅱ[阜]	滅	멸할 멸	3Ⅱ[水]		ㅂ	
練	익힐 련	5Ⅱ[糸]	吏	관리 리	3Ⅱ[口]	明	밝을 명	6Ⅱ[日]			
鍊	쇠불릴련	3Ⅱ[金]	離	떠날 리	4급[隹]	名	이름 명	7Ⅱ[口]	朴	성 박	6급[木]
連	이을 련	4Ⅱ[辶]	履	밟을 리	3Ⅱ[尸]	銘	새길 명	3Ⅱ[金]	博	넓을 박	4Ⅱ[十]
蓮	연꽃 련	3Ⅱ[++]	利	이할 리	6Ⅱ[刀]	鳴	울 명	4급[鳥]	薄	엷을 박	3Ⅱ[++]
聯	연이을련	3Ⅱ[耳]	裏	속 리	3Ⅱ[衣]	命	목숨 명	7급[口]	拍	칠 박	4급[手]
列	벌릴 렬	4Ⅱ[刀]	李	오얏 리	6급[木]	模	본뜰 모	4급[木]	迫	핍박할박	3Ⅱ[辶]
裂	찢어질렬	3Ⅱ[衣]	里	마을 리	7급[里]	慕	그릴 모	3Ⅱ[心]	般	가지 반	3Ⅱ[舟]
烈	매울 렬	4급[火]	理	다스릴리	6Ⅱ[玉]	貌	모양 모	3Ⅱ[豸]	盤	소반 반	3Ⅱ[皿]
令	하여금령	5급[人]	林	수풀 림	7급[木]	謀	꾀 모	3Ⅱ[言]	班	나눌 반	6Ⅱ[玉]
領	거느릴령	5급[頁]	臨	임할 림	3Ⅱ[臣]	母	어미 모	8급[毋]	反	돌아올반	6Ⅱ[又]
嶺	고개 령	3Ⅱ[山]	立	설 립	7Ⅱ[立]	毛	터럭 모	4Ⅱ[毛]		뒤엎을번	
靈	신령 령	3Ⅱ[雨]				木	나무 목	8급[木]	飯	밥 반	3Ⅱ[食]
例	법식 례	6급[人]		ㅁ		目	눈 목	6급[目]	半	반 반	6Ⅱ[十]
禮	예도 례	6급[示]				牧	칠 목	4Ⅱ[牛]	拔	뽑을 발	3Ⅱ[手]
老	늙을 로	7급[耂]	麻	삼 마	3Ⅱ[麻]	睦	화목할목	3Ⅱ[目]	髮	터럭 발	4급[髟]
路	길 로	6급[足]	磨	갈 마	3Ⅱ[石]	沒	빠질 몰	3Ⅱ[水]	發	필 발	6Ⅱ[癶]

- 215 -

方	모	방	7급[方]	腹	배	복	3급[肉]	飛	날	비	4Ⅱ[飛]	山 메 산 8급[山]
妨	방해할방		4급[女]	覆	덮을 복		3급[襾]	卑	낮을 비		3Ⅱ[十]	算 셈 산 7급[竹]
防	막을 방		4Ⅱ[阜]	福	복 복		5Ⅱ[示]	碑	비석 비		4급[石]	散 흩을 산 4급[攵]
訪	찾을 방		4Ⅱ[言]	伏	엎드릴복		4급[人]	婢	계집종비		3Ⅱ[女]	殺 죽일 살 4Ⅱ[殳]
房	방 방		4Ⅱ[戶]	本	근본 본		6급[木]	妃	왕비 비		3Ⅱ[女]	감할 쇄
芳	꽃다울방		3Ⅱ[艹]	奉	받들 봉		5Ⅱ[大]	肥	살찔 비		3Ⅱ[肉]	빠를 쇄
放	놓을 방		6Ⅱ[攵]	峯	봉우리봉		3Ⅱ[山]	祕	숨길 비		4급[示]	三 석 삼 8급[一]
倍	곱 배		5급[人]	逢	만날 봉		3Ⅱ[辶]	非	아닐 비		4Ⅱ[非]	森 수풀 삼 3Ⅱ[木]
培	북돋을배		3Ⅱ[土]	封	봉할 봉		3Ⅱ[寸]	悲	슬플 비		4Ⅱ[心]	尙 오히려상 3Ⅱ[小]
配	나눌 배		4Ⅱ[酉]	鳳	새 봉		3Ⅱ[鳥]	費	쓸 비		5급[貝]	常 떳떳할상 4Ⅱ[巾]
背	등 배		4Ⅱ[肉]	夫	지아비부		7급[大]	鼻	코 비		5급[鼻]	賞 상줄 상 5급[貝]
輩	무리 배		3Ⅱ[車]	扶	도울 부		3Ⅱ[手]	貧	가난할빈		4Ⅱ[貝]	償 갚을 상 3Ⅱ[人]
排	밀칠 배		3Ⅱ[手]	部	떼 부		6Ⅱ[邑]	氷	얼음 빙		5급[水]	裳 치마 상 3Ⅱ[衣]
拜	절 배		4Ⅱ[手]	浮	뜰 부		3Ⅱ[水]					傷 다칠 상 4급[人]
白	흰 백		8급[白]	付	부칠 부		3Ⅱ[人]	ㅅ				象 코끼리상 4급[豕]
伯	맏 백		3Ⅱ[人]	府	마을 부		4Ⅱ[广]					像 모양 상 3Ⅱ[人]
百	일백 백		7급[白]	符	부호 부		3Ⅱ[竹]	邪	간사할사		3Ⅱ[邑]	桑 뽕나무상 3Ⅱ[木]
繁	번성할번		3Ⅱ[糸]	附	붙을 부		3Ⅱ[阜]	蛇	긴뱀 사		3Ⅱ[虫]	床 상 상 4Ⅱ[广]
番	차례 번		6급[田]	婦	며느리부		4Ⅱ[女]	祀	제사 사		3Ⅱ[示]	詳 자세할상 3Ⅱ[言]
罰	벌할 벌		4Ⅱ[网]	簿	문서 부		3Ⅱ[竹]	四	넉 사		8급[囗]	相 서로 상 5Ⅱ[目]
伐	칠 벌		4Ⅱ[人]	富	부자 부		4Ⅱ[宀]	司	맡을 사		3Ⅱ[口]	想 생각 상 4Ⅱ[心]
凡	무릇 범		3Ⅱ[几]	副	버금 부		4Ⅱ[刀]	詞	말 사		3Ⅱ[言]	霜 서리 상 3Ⅱ[雨]
犯	범할 범		4급[犬]	賦	부세 부		3Ⅱ[貝]	辭	말씀 사		4급[辛]	上 위 상 7Ⅱ[一]
範	법 범		4급[竹]	腐	썩을 부		3Ⅱ[肉]	沙	모래 사		3Ⅱ[水]	喪 잃을 상 3Ⅱ[口]
法	법 법		5Ⅱ[水]	否	아닐 부		4급[口]	社	모일 사		6Ⅱ[示]	商 장사 상 5Ⅱ[口]
壁	벽 벽		4Ⅱ[土]		막힐 비			舍	집 사		4Ⅱ[舌]	狀 형상 상 4Ⅱ[犬]
碧	푸를 벽		3Ⅱ[石]	負	질 부		4급[貝]	寫	베낄 사		5급[宀]	문서 장
邊	가 변		4Ⅱ[辶]	父	아비 부		8급[父]	斜	비낄 사		3Ⅱ[斗]	塞 막힐 색 3Ⅱ[土]
辯	말씀 변		4급[辛]		남자미칭보			史	사기 사		5Ⅱ[口]	변방 새
變	변할 변		5Ⅱ[言]	北	북녘 북		8급[匕]	射	쏠 사		4급[寸]	色 빛 색 7급[色]
別	다를 별		6급[刀]		달아날배				맞힐 석			索 찾을 색 3Ⅱ[糸]
丙	남녘 병		3Ⅱ[一]	分	나눌 분		6Ⅱ[刀]	謝	사례할사		4Ⅱ[言]	노끈 삭
病	병 병		6급[疒]		푼 푼			私	사사 사		4급[禾]	生 날 생 8급[生]
兵	병사 병		5Ⅱ[八]	粉	가루 분		4급[米]	思	생각 사		5급[心]	書 글 서 6Ⅱ[曰]
步	걸음 보		4Ⅱ[止]	紛	어지러울분		3Ⅱ[糸]	士	선비 사		5Ⅱ[士]	署 마을(관청)서 3Ⅱ[网]
補	기울 보		3Ⅱ[衣]	奔	달릴 분		3Ⅱ[大]	仕	섬길 사		5Ⅱ[人]	緖 실마리서 3Ⅱ[糸]
寶	보배 보		4Ⅱ[宀]	奮	떨칠 분		3Ⅱ[大]	師	스승 사		4Ⅱ[巾]	西 서녘 서 8급[襾]
普	넓을 보		4급[日]	憤	분할 분		4급[心]	絲	실 사		4급[糸]	恕 용서할서 3Ⅱ[心]
譜	족보 보		3Ⅱ[言]	拂	떨칠 불		3Ⅱ[手]	事	일 사		7Ⅱ[亅]	序 차례 서 5급[广]
保	지킬 보		4Ⅱ[人]	佛	부처 불		4Ⅱ[人]	寺	절 사		4Ⅱ[寸]	徐 천천할서 3Ⅱ[彳]
報	갚을 보		4Ⅱ[土]	不	아닐 불		7Ⅱ[一]	査	조사할사		5급[木]	石 돌 석 6급[石]
服	옷 복		6급[月]		아닐 부			死	죽을 사		6급[歹]	惜 아낄 석 3Ⅱ[心]
復	회복할복		4Ⅱ[彳]	備	갖출 비		4Ⅱ[人]	使	하여금사		6급[人]	席 자리 석 6급[巾]
	다시 부			比	견줄 비		5급[比]	削	깎을 삭		3Ⅱ[刀]	夕 저녁 석 7급[夕]
複	겹칠 복		4급[衣]	批	비평할비		4급[手]	産	낳을 산		5Ⅱ[生]	釋 풀 석 3Ⅱ[釆]

選	가릴 선 5급[辶]	速	빠를 속 6급[辶]	純	순수할순 4Ⅱ[糸]	審	살필 심 3Ⅱ[宀]
鮮	고울 선 5Ⅱ[魚]	屬	붙일 속 4급[尸]	順	순할 순 5Ⅱ[頁]	甚	심할 심 3Ⅱ[甘]
旋	돌 선 3Ⅱ[方]		부탁할촉	術	재주 술 6Ⅱ[行]	十	열 십 8급[十]
先	먼저 선 8급[儿]	續	이을 속 4Ⅱ[糸]	述	펼 술 3Ⅱ[辶]	雙	두 쌍 3Ⅱ[隹]
船	배 선 5급[舟]	俗	풍속 속 4Ⅱ[人]	崇	높을 숭 4급[山]	氏	각씨 씨 4급[氏]
宣	베풀 선 4급[宀]	損	덜 손 4급[手]	襲	엄습할습 3Ⅱ[衣]		나라이름지
禪	선 선 3Ⅱ[示]	孫	손자 손 6급[子]	習	익힐 습 6급[羽]		
仙	신선 선 5Ⅱ[人]	送	보낼 송 4Ⅱ[辶]	濕	젖을 습 3Ⅱ[水]		ㅇ
線	줄 선 6Ⅱ[糸]	松	소나무송 4급[木]	拾	주울 습 3Ⅱ[手]		
善	착할 선 5급[口]	訟	송사할송 3Ⅱ[言]		열 십	我	나 아 3Ⅱ[戈]
雪	눈 설 6Ⅱ[雨]	頌	칭송할송 4급[頁]	昇	오를 승 3Ⅱ[日]	雅	맑을 아 3Ⅱ[隹]
說	말씀 설 5Ⅱ[言]	鎖	쇠사슬쇄 3Ⅱ[金]	勝	이길 승 6급[力]	亞	버금 아 3Ⅱ[二]
	달랠 세	刷	인쇄할쇄 3Ⅱ[刀]	承	이을 승 4Ⅱ[手]	牙	어금니아 3Ⅱ[牙]
	기쁠 열	衰	쇠할 쇠 3Ⅱ[衣]	僧	중 승 3Ⅱ[人]	芽	싹 아 3Ⅱ[艹]
設	베풀 설 4Ⅱ[言]	收	거둘 수 4Ⅱ[攵]	乘	탈 승 3Ⅱ[丿]	兒	아이 아 5Ⅱ[儿]
舌	혀 설 4급[舌]	愁	근심 수 3Ⅱ[心]	時	때 시 7Ⅱ[日]	阿	언덕 아 3Ⅱ[阜]
星	별 성 4Ⅱ[日]	樹	나무 수 6급[木]	侍	모실 시 3Ⅱ[人]	惡	악할 악 5Ⅱ[心]
省	살필 성 6Ⅱ[目]	殊	다를 수 3Ⅱ[歹]	施	베풀 시 4Ⅱ[方]		미워할오
	덜 생	修	닦을 수 4Ⅱ[人]	示	보일 시 5급[示]	顔	낯 안 3Ⅱ[頁]
姓	성 성 7Ⅱ[女]	垂	드리울수 3Ⅱ[土]	視	볼 시 4Ⅱ[見]	眼	눈 안 4Ⅱ[目]
性	성품 성 5Ⅱ[心]	隨	따를 수 3Ⅱ[阜]	始	비로소시 6Ⅱ[女]	岸	언덕 안 3Ⅱ[山]
聖	성인 성 4Ⅱ[耳]	首	머리 수 5Ⅱ[首]	是	이 시 4Ⅱ[日]	安	편안 안 7Ⅱ[宀]
成	이룰 성 6Ⅱ[戈]	壽	목숨 수 3Ⅱ[士]	市	저자 시 7Ⅱ[巾]	案	책상 안 5급[木]
城	재 성 4Ⅱ[土]	水	물 수 8급[水]	詩	시 시 4Ⅱ[言]	巖	바위 암 3Ⅱ[山]
誠	정성 성 4Ⅱ[言]	授	줄 수 4Ⅱ[手]	試	시험 시 4Ⅱ[言]	暗	어두울암 4Ⅱ[日]
盛	성할 성 4Ⅱ[皿]	受	받을 수 4Ⅱ[又]	式	법 식 6급[弋]	壓	누를 압 4Ⅱ[土]
聲	소리 성 4Ⅱ[耳]	輸	보낼 수 3Ⅱ[車]	息	쉴 식 4Ⅱ[心]	仰	우러를앙 3Ⅱ[人]
細	가늘 세 4Ⅱ[糸]	秀	빼어날수 4급[禾]	食	먹을 식 7Ⅱ[食]	央	가운데앙 3Ⅱ[大]
稅	세금 세 4Ⅱ[禾]	數	셈 수 7급[攵]		밥 사	愛	사랑 애 6급[心]
洗	씻을 세 5Ⅱ[水]		자주 삭	識	알 식 5Ⅱ[言]	哀	슬플 애 3Ⅱ[口]
世	인간 세 7Ⅱ[一]		빽빽할촉		기록할지	額	이마 액 4급[頁]
歲	해 세 5Ⅱ[止]	手	손 수 7Ⅱ[手]	植	심을 식 7급[木]	液	진 액 4Ⅱ[水]
勢	형세 세 4Ⅱ[力]	需	쓰일 수 3Ⅱ[雨]	飾	꾸밀 식 3Ⅱ[食]	夜	밤 야 6급[夕]
疏	트일 소 3Ⅱ[足]	帥	장수 수 3Ⅱ[巾]	申	납 신 4Ⅱ[田]	野	들 야 6급[里]
蘇	되살아날소 3Ⅱ[艹]	守	지킬 수 4Ⅱ[宀]	神	귀신 신 6Ⅱ[示]	約	맺을 약 5Ⅱ[糸]
素	본디 소 4Ⅱ[糸]	獸	짐승 수 3Ⅱ[犬]	身	몸 신 6Ⅱ[身]	藥	약 약 6급[艹]
所	바 소 7급[戶]	熟	익을 숙 3Ⅱ[火]	信	믿을 신 6Ⅱ[人]	若	같을 약 3Ⅱ[艹]
消	사라질소 6Ⅱ[水]	叔	아재비숙 4급[又]	愼	삼갈 신 3Ⅱ[心]		반야 야
燒	사를 소 3Ⅱ[火]	淑	맑을 숙 3Ⅱ[水]	新	새 신 6Ⅱ[斤]	弱	약할 약 6Ⅱ[弓]
掃	쓸 소 4Ⅱ[手]	肅	엄숙할숙 4급[聿]	臣	신하 신 5Ⅱ[臣]	養	기를 양 5Ⅱ[食]
笑	웃음 소 4Ⅱ[竹]	宿	잘 숙 5Ⅱ[宀]	實	열매 실 5Ⅱ[宀]	陽	볕 양 6급[阜]
小	작을 소 8급[小]		별자리수	失	잃을 실 6급[大]	揚	날릴 양 3Ⅱ[手]
少	적을 소 7급[小]	瞬	눈깜짝할순 3Ⅱ[目]	室	집 실 8급[宀]	樣	모양 양 4급[木]
訴	호소할소 3Ⅱ[言]	巡	돌 순 3Ⅱ[川]	深	깊을 심 4Ⅱ[水]	羊	양 양 4Ⅱ[羊]
束	묶을 속 5Ⅱ[木]	旬	열흘 순 3Ⅱ[日]	心	마음 심 7급[心]	洋	큰바다양 6급[水]

壤	흙덩이양	3급[土]	迎	맞을 영	4급[辶]	雲	구름 운	5급[雨]	育	기를 육 7급[肉]
讓	사양할양	3급[言]	榮	영화 영	4급[木]	運	옮길 운	6급[辶]	潤	불을 윤 3급[水]
御	거느릴어	3급[彳]	營	경영할영	4급[火]	韻	운 운	3급[音]	隱	숨을 은 4급[阜]
魚	고기 어	5급[魚]	永	길 영	6급[水]	雄	수컷 웅	5급[隹]	銀	은 은 6급[金]
漁	고기잡을어	5급[水]	影	그림자영	3급[彡]	原	언덕 원	5급[厂]	恩	은혜 은 4급[心]
語	말씀 어	7급[言]	譽	기릴 예	3급[言]	源	근원 원	4급[水]	乙	새 을 3급[乙]
抑	누를 억	3급[手]	豫	미리 예	4급[豕]	願	원할 원	5급[頁]	陰	그늘 음 4급[阜]
憶	생각할억	3급[心]	藝	재주 예	4급[艹]	援	도울 원	4급[手]	飮	마실 음 6급[食]
億	억 억	5급[人]	誤	그르칠오	4급[言]	遠	멀 원	6급[辶]	音	소리 음 6급[音]
言	말씀 언	6급[言]	烏	까마귀오	3급[火]	園	동산 원	6급[口]	淫	음란할음 3급[水]
嚴	엄할 엄	4급[口]	五	다섯 오	8급[二]	員	인원 원	4급[口]	邑	고을 읍 7급[邑]
業	업 업	6급[木]	悟	깨달을오	3급[心]	圓	둥글 원	4급[口]	應	응할 응 4급[心]
如	같을 여	4급[女]	午	낮 오	7급[十]	怨	원망할원	4급[心]	義	옳을 의 4급[羊]
餘	남을 여	4급[食]	玉	구슬 옥	4급[玉]	元	으뜸 원	5급[儿]	議	의논할의 4급[言]
與	더불 여	4급[臼]	獄	옥 [囚舍]옥	3급[犬]	院	집 원	5급[阜]	儀	거동 의 4급[人]
逆	거스릴역	4급[辶]	屋	집 옥	5급[尸]	越	넘을 월	3급[走]	意	뜻 의 6급[心]
亦	또 역	3급[亠]	溫	따뜻할온	6급[水]	月	달 월	8급[月]	衣	옷 의 6급[衣]
易	바꿀 역	4급[日]	瓦	기와 와	3급[瓦]	委	맡길 위	4급[女]	依	의지할의 4급[人]
	쉬울 이		緩	느릴 완	3급[糸]	胃	밥통 위	3급[肉]	疑	의심할의 4급[疋]
役	부릴 역	3급[彳]	完	완전할완	5급[宀]	謂	이를 위	3급[言]	醫	의원 의 6급[酉]
疫	전염병역	3급[疒]	往	갈 왕	4급[彳]	偉	클 위	5급[人]	耳	귀 이 5급[耳]
譯	번역할역	3급[言]	王	임금 왕	8급[玉]	衛	지킬 위	4급[行]	二	두 이 8급[二]
驛	역 역	3급[馬]	外	바깥 외	8급[夕]	圍	에워쌀위	4급[口]	以	써 이 5급[人]
域	지경 역	4급[土]	謠	노래 요	4급[言]	慰	위로할위	4급[心]	移	옮길 이 4급[禾]
硏	갈 연	4급[石]	曜	빛날 요	5급[日]	威	위엄 위	4급[女]	己	이미 이 3급[己]
然	그럴 연	7급[火]	要	요긴할요	5급[襾]	危	위태할위	4급[卩]	異	다를 이 4급[田]
燃	탈 연	4급[火]	浴	목욕할욕	5급[水]	位	자리 위	5급[人]	翼	날개 익 3급[羽]
鉛	납 연	4급[金]	辱	욕될 욕	3급[辰]	爲	할 위	4급[爪]	益	더할 익 4급[皿]
沿	물따라갈연	3급[水]	慾	욕심 욕	3급[心]	僞	거짓 위	3급[人]	引	끌 인 4급[弓]
延	늘일 연	4급[廴]	欲	하고자할욕	3급[欠]	幽	그윽할유	3급[幺]	仁	어질 인 4급[人]
煙	연기 연	4급[火]	用	쓸 용	6급[用]	由	말미암을유	6급[田]	印	도장 인 4급[卩]
軟	연할 연	3급[車]	勇	날랠 용	6급[力]	油	기름 유	6급[水]	忍	참을 인 3급[心]
緣	인연 연	4급[糸]	容	얼굴 용	4급[宀]	誘	꾈 유	3급[言]	認	알 인 4급[言]
宴	잔치 연	3급[宀]	憂	근심 우	3급[心]	遺	남길 유	4급[辶]	因	인할 인 5급[口]
燕	제비 연	3급[火]	優	넉넉할우	4급[人]	裕	넉넉할유	3급[衣]	人	사람 인 8급[人]
演	펼 연	4급[水]	羽	깃 우	3급[羽]	遊	놀 유	4급[辶]	日	날 일 8급[日]
悅	기쁠 열	3급[心]	友	벗 우	5급[又]	悠	멀 유	3급[心]	逸	편안할일 3급[辶]
熱	더울 열	5급[火]	牛	소 우	5급[牛]	維	벼리 유	3급[糸]	一	한 일 8급[一]
染	물들 염	3급[木]	遇	만날 우	4급[辶]	柔	부드러울유	3급[木]	壬	북방 임 3급[士]
炎	불꽃 염	3급[火]	愚	어리석을우	3급[心]	儒	선비 유	4급[人]	任	맡길 임 5급[人]
鹽	소금 염	3급[鹵]	偶	짝 우	3급[人]	幼	어릴 유	3급[幺]	賃	품삯 임 3급[貝]
葉	잎 엽	5급[艹]	宇	집 우	3급[宀]	猶	오히려유	3급[犬]	入	들 입 7급[入]
	성 섭		右	오른 우	7급[口]	有	있을 유	7급[月]		
英	꽃부리영	6급[艹]	郵	우편 우	4급[邑]	乳	젖 유	4급[乙]		
映	비칠 영	4급[日]	雨	비 우	5급[雨]	肉	고기 육	4급[肉]		

- 218 -

ㅈ

子	아들	자	7급	[子]
字	글자	자	7급	[子]
者	놈	자	6급	[耂]
姿	모양	자	4급	[女]
資	재물	자	4급	[貝]
慈	사랑	자	3급	[心]
姉	손위누이	자	4급	[女]
自	스스로	자	7급	[自]
紫	자주빛	자	3Ⅱ	[糸]
刺	찌를	자	3Ⅱ	[刀]
	찌를	척		
昨	어제	작	6Ⅱ	[日]
作	지을	작	6Ⅱ	[人]
殘	남을	잔	4급	[歹]
潛	잠길	잠	3Ⅱ	[水]
暫	잠깐	잠	3Ⅱ	[日]
雜	섞일	잡	4급	[隹]
壯	장할	장	4급	[士]
莊	씩씩할	장	3Ⅱ	[艹]
裝	꾸밀	장	4급	[衣]
將	장수	장	4Ⅱ	[寸]
奬	장려할	장	4급	[大]
粧	단장할	장	3Ⅱ	[米]
場	마당	장	7Ⅱ	[土]
腸	창자	장	4급	[肉]
藏	감출	장	3Ⅱ	[艹]
臟	오장	장	3Ⅱ	[肉]
章	글	장	6급	[立]
障	막을	장	4Ⅱ	[阜]
長	길	장	8급	[長]
張	베풀	장	4급	[弓]
帳	장막	장	4급	[巾]
掌	손바닥	장	3Ⅱ	[手]
丈	어른	장	3Ⅱ	[一]
葬	장사지낼	장	3Ⅱ	[艹]
再	두	재	5급	[冂]
載	실을	재	3Ⅱ	[車]
栽	심을	재	3Ⅱ	[木]
裁	옷마를	재	3Ⅱ	[衣]
在	있을	재	6급	[土]
才	재주	재	6Ⅱ	[手]
材	재목	재	5Ⅱ	[木]
財	재물	재	5급	[貝]
災	재앙	재	5급	[火]
爭	다툴	쟁	5급	[爪]
著	나타날	저	3Ⅱ	[艹]
低	낮을	저	4Ⅱ	[人]
抵	막을	저	3Ⅱ	[手]
底	밑	저	4급	[广]
貯	쌓을	저	5급	[貝]
寂	고요할	적	3Ⅱ	[宀]
的	과녁	적	5Ⅱ	[白]
積	쌓을	적	4급	[禾]
績	길쌈	적	4급	[糸]
蹟	자취	적	3Ⅱ	[足]
跡	발자취	적	3Ⅱ	[足]
赤	붉을	적	5급	[赤]
敵	대적할	적	4Ⅱ	[攴]
摘	딸	적	3Ⅱ	[手]
適	맞을	적	4급	[辶]
賊	도둑	적	4급	[貝]
籍	문서	적	4급	[竹]
笛	피리	적	3Ⅱ	[竹]
專	오로지	전	4급	[寸]
傳	전할	전	5Ⅱ	[人]
轉	구를	전	4급	[車]
錢	돈	전	4급	[金]
田	밭	전	4Ⅱ	[田]
電	번개	전	7Ⅱ	[雨]
典	법	전	5Ⅱ	[八]
戰	싸울	전	6Ⅱ	[戈]
前	앞	전	7Ⅱ	[刀]
全	온전	전	7Ⅱ	[入]
殿	전각	전	3Ⅱ	[殳]
展	펼	전	5Ⅱ	[尸]
折	꺾을	절	4급	[手]
絶	끊을	절	4Ⅱ	[糸]
切	끊을	절	5Ⅱ	[刀]
	모두	체		
節	마디	절	5Ⅱ	[竹]
占	점령할	점	4급	[卜]
店	가게	점	5Ⅱ	[广]
點	점	점	4급	[黑]
漸	점점	점	3Ⅱ	[水]
接	이을	접	4Ⅱ	[手]
整	가지런할	정	4급	[攴]
貞	곧을	정	3Ⅱ	[貝]
程	길	정	4Ⅱ	[禾]
淨	깨끗할	정	3Ⅱ	[水]
靜	고요할	정	4급	[靑]
廷	조정	정	3Ⅱ	[廴]
庭	뜰	정	6Ⅱ	[广]
情	뜻	정	5Ⅱ	[心]
精	정할[潔]	정	4Ⅱ	[米]
亭	정자	정	3Ⅱ	[亠]
停	머무를	정	5급	[人]
丁	장정	정	4급	[一]
頂	정수리	정	3Ⅱ	[頁]
正	바를	정	7Ⅱ	[止]
政	정사	정	4Ⅱ	[攴]
征	칠	정	3Ⅱ	[彳]
井	우물	정	3Ⅱ	[二]
定	정할	정	6급	[宀]
除	덜	제	4Ⅱ	[阜]
齊	가지런할	제	3Ⅱ	[齊]
濟	건널	제	4Ⅱ	[水]
提	끌	제	4Ⅱ	[手]
	보리수리			
題	제목	제	6Ⅱ	[頁]
諸	모두	제	3Ⅱ	[言]
弟	아우	제	8급	[弓]
第	차례	제	6Ⅱ	[竹]
帝	임금	제	4급	[巾]
制	절제할	제	4Ⅱ	[刀]
製	지을	제	4Ⅱ	[衣]
祭	제사	제	4Ⅱ	[示]
際	즈음	제	4Ⅱ	[阜]
條	가지	조	4급	[木]
調	고를	조	5Ⅱ	[言]
操	잡을	조	5급	[手]
照	비칠	조	3Ⅱ	[火]
鳥	새	조	4Ⅱ	[鳥]
朝	아침	조	6급	[月]
潮	조수	조	4급	[水]
兆	억조	조	3Ⅱ	[儿]
早	이를	조	4Ⅱ	[日]
祖	할아비	조	7급	[示]
助	도울	조	4Ⅱ	[力]
組	짤	조	4급	[糸]
租	조세	조	3Ⅱ	[禾]
造	지을	조	4Ⅱ	[辶]
族	겨레	족	6급	[方]
足	발	족	7Ⅱ	[足]
尊	높을	존	4Ⅱ	[寸]
存	있을	존	4급	[子]
卒	마칠	졸	5Ⅱ	[十]
宗	마루	종	4Ⅱ	[宀]
終	마칠	종	5급	[糸]
從	좇을	종	4급	[彳]
縱	세로	종	3Ⅱ	[糸]
鍾	쇠북	종	4급	[金]
種	씨	종	5Ⅱ	[禾]
左	왼	좌	7Ⅱ	[工]
坐	앉을	좌	3Ⅱ	[土]
座	자리	좌	4급	[广]
罪	허물	죄	5급	[网]
州	고을	주	5Ⅱ	[川]
朱	붉을	주	4급	[木]
珠	구슬	주	3Ⅱ	[玉]
株	그루	주	3Ⅱ	[木]
晝	낮	주	6급	[日]
走	달릴	주	4Ⅱ	[走]
洲	물가	주	3Ⅱ	[水]
主	주인	주	7급	[丶]
住	살	주	7급	[人]
注	부을	주	6Ⅱ	[水]
柱	기둥	주	3Ⅱ	[木]
鑄	쇠불릴	주	3Ⅱ	[金]
酒	술	주	4급	[酉]
奏	아뢸	주	3Ⅱ	[大]
宙	집	주	3Ⅱ	[宀]
周	두루	주	4급	[口]
週	주일	주	5Ⅱ	[辶]
竹	대	죽	4Ⅱ	[竹]
準	준할	준	4Ⅱ	[水]
中	가운데	중	8급	[丨]
仲	버금	중	3Ⅱ	[人]
重	무거울	중	7급	[里]
衆	무리	중	4Ⅱ	[血]
卽	곧	즉	3Ⅱ	[卩]
曾	일찍	증	3Ⅱ	[曰]
增	더할	증	4Ⅱ	[土]
憎	미울	증	3Ⅱ	[心]
證	증거	증	4급	[言]
症	증세	증	3Ⅱ	[疒]
蒸	찔	증	3Ⅱ	[艹]
支	지탱할	지	4Ⅱ	[支]
枝	가지	지	3Ⅱ	[木]

- 219 -

持 가질 지 4급[手]	倉 곳집 창 3급[人]	寸 마디 촌 8급[寸]	侵 침노할침 4급[人]
指 가리킬지 4급[手]	創 비롯할창 4급[刀]	村 마을 촌 7급[木]	稱 일컬을창 4급[禾]
志 뜻 지 4급[心]	蒼 푸를 창 3급[艹]	總 다 총 4급[糸]	
誌 기록할지 4급[言]	窓 창 창 6급[穴]	銃 총 총 4급[金]	**ㅋ, ㅌ**
地 땅 지 7급[土]	昌 창성할창 3급[日]	最 가장 최 5급[曰]	
池 못 지 3급[水]	唱 부를 창 5급[口]	秋 가을 추 7급[禾]	快 쾌할 쾌 4급[心]
知 알 지 5급[矢]	菜 나물 채 3급[艹]	催 재촉할최 3급[人]	他 다를 타 5급[人]
智 지혜 지 4급[日]	彩 채색 채 3급[彡]	推 밀추,밀퇴 4급[手]	打 칠 타 5급[手]
至 이를 지 4급[至]	採 캘 채 4급[手]	追 쫓을 추 3급[辶]	卓 높을 탁 5급[十]
紙 종이 지 7급[糸]	債 빚 채 3급[人]	畜 짐승 축 3급[田]	炭 숯 탄 5급[火]
之 갈 지 3급[丿]	責 꾸짖을 책 5급[貝]	蓄 모을 축 4급[艹]	歎 탄식할탄 4급[欠]
止 그칠 지 5급[止]	策 꾀 책 3급[竹]	祝 빌 축 5급[示]	彈 탄알 탄 4급[弓]
直 곧을 직 7급[目]	冊 책 책 4급[冂]	築 쌓을 축 4급[竹]	脫 벗을 탈 4급[肉]
職 직분 직 4급[耳]	處 곳 처 4급[虍]	縮 줄일 축 4급[糸]	奪 빼앗을탈 3급[大]
織 짤 직 4급[糸]	妻 아내 처 3급[女]	春 봄 춘 7급[日]	探 찾을 탐 4급[手]
進 나아갈진 4급[辶]	拓 넓힐 척 3급[手]	出 날 출 7급[凵]	塔 탑 탑 3급[土]
盡 다할 진 4급[皿]	박을 탁	蟲 벌레 충 4급[虫]	湯 끓을 탕 3급[水]
珍 보배 진 4급[玉]	尺 자 척 3급[尸]	衝 찌를 충 3급[行]	殆 거의 태 3급[歹]
辰 별 진 3급[辰]	戚 친척 척 3급[戈]	充 채울 충 5급[儿]	態 모습 태 4급[心]
振 떨칠 진 3급[手]	川 내 천 7급[川]	忠 충성 충 4급[心]	泰 클 태 3급[水]
震 우레 진 3급[雨]	泉 샘 천 4급[水]	就 나아갈취 4급[尢]	太 클 태 6급[大]
陳 베풀 진 3급[阜]	遷 옮길 천 3급[辶]	取 가질 취 4급[又]	擇 가릴 택 4급[手]
陣 진칠 진 4급[阜]	千 일천 천 7급[十]	趣 뜻 취 4급[走]	澤 못 택 3급[水]
鎭 진압할진 3급[金]	踐 밟을 천 3급[足]	吹 불 취 3급[口]	宅 집 택 5급[宀]
眞 참 진 4급[目]	淺 얕을 천 3급[水]	醉 취할 취 3급[酉]	討 칠 토 4급[言]
質 바탕 질 5급[貝]	賤 천할 천 3급[貝]	側 곁 측 3급[人]	兎 토끼 토 3급[儿]
疾 병 질 3급[疒]	天 하늘 천 7급[大]	測 헤아릴측 4급[水]	土 흙 토 8급[土]
秩 차례 질 3급[禾]	哲 밝을 철 3급[口]	層 층 층 4급[尸]	吐 토할 토 3급[口]
集 모을 집 6급[隹]	鐵 쇠 철 5급[金]	値 값 치 3급[人]	統 거느릴통 4급[糸]
執 잡을 집 3급[土]	徹 통할 철 3급[彳]	治 다스릴치 4급[水]	通 통할 통 6급[辶]
徵 부를 징 3급[彳]	聽 들을 청 4급[耳]	置 둘 치 4급[罒]	痛 아플 통 4급[疒]
	廳 관청 청 4급[广]	恥 부끄러울치 3급[心]	退 물러날퇴 4급[辶]
ㅊ	靑 푸를 청 8급[靑]	稚 어릴 치 3급[禾]	投 던질 투 4급[手]
	淸 맑을 청 6급[水]	齒 이 치 4급[齒]	透 사무칠투 3급[辶]
次 버금 차 4급[欠]	請 청할 청 4급[言]	致 이를 치 5급[至]	鬪 싸움 투 4급[鬥]
此 이 차 3급[止]	滯 막힐 체 3급[水]	則 법칙 칙 5급[刀]	特 특별할특 6급[牛]
差 다를 차 4급[工]	體 몸 체 6급[骨]	곧 즉	
着 붙을 착 5급[目]	肖 닮을 초 3급[肉]	親 친할 친 6급[見]	**ㅍ**
借 빌릴 차 3급[人]	超 뛰어넘을초 3급[走]	漆 옻 칠 3급[水]	
錯 어긋날착 3급[金]	招 부를 초 4급[手]	七 일곱 칠 8급[一]	派 갈래 파 4급[水]
贊 도울 찬 3급[貝]	礎 주춧돌초 3급[石]	針 바늘 침 4급[金]	波 물결 파 4급[水]
讚 기릴 찬 4급[言]	初 처음 초 5급[刀]	沈 잠길 침 3급[水]	破 깨뜨릴파 4급[石]
察 살필 찰 4급[宀]	草 풀 초 7급[艹]	성 심	板 널 판 5급[木]
參 참여할참 5급[厶]	觸 닿을 촉 3급[角]	寢 잘 침 4급[宀]	版 판목 판 3급[片]
석 삼	促 재촉할촉 3급[人]	浸 잠길 침 3급[水]	判 판단할판 4급[刀]

- 220 -

八	여덟 팔	8급[八]	夏	여름 하	7급[夂]	血	피 혈 4급[血]
敗	패할 패	5급[攴]	賀	하례할 하	3급Ⅱ[貝]	脅	위협할 협 3급Ⅱ[肉]
編	엮을 편	3급Ⅱ[糸]	學	배울 학	8급[子]	協	화할 협 4급Ⅱ[十]
篇	책 편	4급[竹]	鶴	학 학	3급Ⅱ[鳥]	形	모양 형 6급[彡]
偏	치우칠 편	3급Ⅱ[人]	韓	나라 한	8급[韋]	刑	형벌 형 4급[刀]
片	조각 편	3급Ⅱ[片]	汗	땀 한	3급Ⅱ[水]	衡	저울대 형 3급Ⅱ[行]
便	편할 편	7급[人]	寒	찰 한	5급[宀]	兄	형 형 8급[儿]
	오줌 변		限	한할 한	4급Ⅱ[阜]	慧	슬기로울 혜 3급Ⅱ[心]
平	평평할 평	7급Ⅱ[干]	恨	한 한	4급[心]	惠	은혜 혜 4급Ⅱ[心]
評	평할 평	4급[言]	閑	한가할 한	4급[門]	浩	넓을 호 3급Ⅱ[水]
閉	닫을 폐	4급[門]	漢	한수 한	7급Ⅱ[水]	護	도울 호 4급Ⅱ[言]
弊	폐단 폐	3급Ⅱ[廾]	割	벨 할	3급Ⅱ[刀]	胡	되(오랑캐)호 3급Ⅱ[肉]
廢	폐할 폐	3급Ⅱ[广]	含	머금을 함	3급Ⅱ[口]	湖	호수 호 5급[水]
肺	허파 폐	3급Ⅱ[肉]	陷	빠질 함	3급Ⅱ[阜]	虎	범 호 3급Ⅱ[虍]
包	쌀[감쌀] 포	4급Ⅱ[勹]	合	합할 합	6급[口]	呼	부를 호 4급Ⅱ[口]
砲	대포 포	4급Ⅱ[石]		흡 흡		號	이름 호 6급[虍]
胞	세포 포	4급[肉]	港	항구 항	4급Ⅱ[水]	好	좋을 호 4급Ⅱ[女]
布	베 포	4급Ⅱ[巾]	抗	겨룰 항	4급[手]	戶	집 호 4급Ⅱ[戶]
浦	개[水邊] 포	3급Ⅱ[水]	航	배 항	4급Ⅱ[舟]	豪	호걸 호 3급Ⅱ[豕]
捕	잡을 포	3급Ⅱ[手]	項	항목 항	3급Ⅱ[頁]	或	혹 혹 4급[戈]
暴	사나울 폭	4급Ⅱ[日]	恒	항상 항	3급Ⅱ[心]	惑	미혹할 혹 3급Ⅱ[心]
	모질 포		海	바다 해	7급Ⅱ[水]	魂	넋 혼 3급Ⅱ[鬼]
爆	불터질 폭	4급[火]	解	풀 해	4급Ⅱ[角]	混	섞을 혼 4급[水]
表	겉 표	6급Ⅱ[衣]	害	해할 해	5급Ⅱ[宀]	婚	혼인할 혼 4급[女]
票	표 표	4급Ⅱ[示]	核	씨 핵	4급[木]	忽	갑자기 홀 3급Ⅱ[心]
標	표할 표	4급[木]	行	다닐 행	6급[行]	洪	넓을 홍 3급Ⅱ[水]
品	물건 품	5급Ⅱ[口]		항렬 항		紅	붉을 홍 4급[糸]
風	바람 풍	6급Ⅱ[風]	幸	다행 행	6급Ⅱ[干]	畫	그림 화 6급[田]
楓	단풍 풍	3급Ⅱ[木]	鄕	시골 향	4급Ⅱ[邑]		그을 획
豊	풍년 풍	4급Ⅱ[豆]	響	울릴 향	3급Ⅱ[音]	化	될 화 5급Ⅱ[匕]
皮	가죽 피	3급Ⅱ[皮]	香	향기 향	4급Ⅱ[香]	花	꽃 화 7급[艸]
被	입을 피	3급Ⅱ[衣]	向	향할 향	6급[口]	貨	재물 화 4급Ⅱ[貝]
彼	저 피	3급Ⅱ[彳]	虛	빌 허	4급Ⅱ[虍]	話	말씀 화 7급Ⅱ[言]
疲	피곤할 피	4급[疒]	許	허락 허	5급[言]	火	불 화 8급[火]
避	피할 피	4급[辵]	獻	드릴 헌	3급Ⅱ[犬]	華	빛날 화 4급[艸]
畢	마칠 필	3급Ⅱ[田]	憲	법 헌	4급[心]	禍	재앙 화 3급Ⅱ[示]
必	반드시 필	5급Ⅱ[心]	驗	시험할 험	4급Ⅱ[馬]	和	화할 화 6급Ⅱ[口]
筆	붓 필	5급Ⅱ[竹]	險	험할 험	4급[阜]	確	굳을 확 4급Ⅱ[石]
			革	가죽 혁	4급[革]	環	고리 환 4급[玉]
	ㅎ		玄	검을 현	3급Ⅱ[玄]	患	근심 환 5급[心]
			懸	달[매달] 현	3급Ⅱ[心]	歡	기쁠 환 4급[欠]
河	물 하	5급[水]	顯	나타날 현	4급[頁]	還	돌아올 환 3급Ⅱ[辵]
何	어찌 하	3급Ⅱ[人]	現	나타날 현	6급Ⅱ[玉]	換	바꿀 환 3급Ⅱ[手]
荷	멜 하	3급Ⅱ[艸]	賢	어질 현	4급Ⅱ[貝]	活	살 활 7급Ⅱ[水]
下	아래 하	7급Ⅱ[一]	穴	굴 혈	3급Ⅱ[穴]	荒	거칠 황 3급Ⅱ[艸]

黃	누를 황	6급[黃]
況	상황 황	4급[水]
皇	임금 황	3급Ⅱ[白]
悔	뉘우칠 회	3급Ⅱ[心]
回	돌아올 회	4급Ⅱ[口]
會	모일 회	6급Ⅱ[曰]
灰	재 회	4급[火]
懷	품을 회	3급Ⅱ[心]
劃	그을 획	3급Ⅱ[刀]
獲	얻을 획	3급Ⅱ[犬]
橫	가로 횡	3급Ⅱ[木]
效	본받을 효	5급Ⅱ[攴]
孝	효도 효	7급Ⅱ[子]
候	기후 후	4급[人]
厚	두터울 후	4급[厂]
後	뒤 후	7급Ⅱ[彳]
訓	가르칠 훈	6급[言]
揮	휘두를 휘	4급[手]
休	쉴 휴	7급[人]
胸	가슴 흉	3급Ⅱ[肉]
凶	흉할 흉	5급Ⅱ[凵]
黑	검을 흑	5급[黑]
吸	마실 흡	4급Ⅱ[口]
興	일 흥	4급Ⅱ[臼]
喜	기쁠 희	4급[口]
戱	놀이 희	3급Ⅱ[戈]
希	바랄 희	4급Ⅱ[巾]
稀	드물 희	3급Ⅱ[禾]

8급~3급Ⅱ 까지
1,500字입니다.

**시험 대비의 최종점검입니다.
확인 해 보고 부족한 부분은 한번 더 노력합시다.**

(1) 배정한자 : 읽기범위 (8級~3Ⅱ) … 9
　　　　　　　쓰기범위 (8級~4Ⅱ) … 116
　　　　　▶3Ⅱ 일람표 ………………… 26
　　　　　▶본문활용단어훈음 ……… 87
(2) 일자다음자 ………………………… 120
(3) 반대자/127・반대어/133・유의자/139
(4) 약자 ………………………………… 145
(5) 단어공부 [단　　문] ……………… 150
　　　　　　 [생활한자] ……………… 154
　　　　　　 [신문사설] ……………… 158
(6) 틀리기 쉬운 부수 ………………… 162
(7) 동음이의어와 장단음 …………… 163
(8) 고사성어 …………………………… 172
(9) 뜻풀이와 조어력